U0882801

文化与诗学

文体与文学研究

2020年第1辑（总第30辑）

主　　编：王一川　赵　勇

执行主编：陈太胜

编　　委：曹卫东　陈太胜　陈雪虎　程正民
方维规　彼得·芬沃思（Peter Fenves）
郭英德　季广茂　李春青　罗　钢
吕　黎　钱　翰　陶东风　王一川
塞缪尔·韦伯（Samuel Weber）
姚爱斌　张永清　张政文　赵　勇（按音序排名）

华东师范大学出版社
ECNUP
全国百佳图书出版单位
·上海·

图书在版编目（CIP）数据

文化与诗学：文体与文学研究 / 王一川，赵勇主编．—上海：华东师范大学出版社，2021

ISBN 978- 7-5760-1353-5

Ⅰ.①文…　Ⅱ.①王…②赵…　Ⅲ.①文学研究—文集　Ⅳ.① I0-53

中国版本图书馆 CIP 数据核字（2021）第 039942 号

文化与诗学·2020 年第 1 辑（总第 30 辑）

主　　编　王一川　赵　勇
执行主编　陈太胜
责任编辑　任红瑚
责任校对　杨　坤
封面设计　淡晓库

出版发行　华东师范大学出版社
社　　址　上海市中山北路 3663 号　　邮编　200062
网　　址　www.ecnupress.com.cn
电　　话　021-60821666　　行政传真　021-62572105
客服电话　021-62865537
邮购电话　021-62869887　　地址　上海市中山北路 3663 号华东师范大学校内先锋路口
网　　店　http：//hdsdcbs.tmall.com/

印 刷 者　北京密兴印刷有限公司
开　　本　700 × 1000　16 开
插　　页　1
印　　张　20
字　　数　275 千字
版　　次　2021 年 3 月第一版
印　　次　2021 年 3 月第一次
书　　号　ISBN 978-7-5760-1353-5
定　　价　65.00 元

出 版 人　王　焰

（如发现本版图书有印订质量问题，请寄回本社市场部调换或电话 021-62865537 联系）

目录

外国文论与比较文学

文体与文学研究

中国文论与文化

外国文论与比较文学

绝无仅有的本土轮转[1]

——西方早期中国文学史纂中的稽古与守旧话题

方维规

[摘要] 黑格尔所说“中国没有历史”是欧洲中心主义时期的一句名言，也是19世纪欧洲人的中国观之缩影，亦体现于西方早期中国文学史纂。本文以在中国学界鲜为人知的一部德语杰作、葛禄博撰《中国文学史》为基点，兼及另外几部同样还很陌生的同类德语著作，查考其中一个颇为突出的主题，即汉代和宋代在中国思想史中的关键意义。这两个时代均为勾稽往事、编修史书之盛世，然在欧洲人眼里，热衷于稽古与本土轮转，注疏儒家经典，垄断天下思想，实为朱熹之后中国精神生活全面停滞和僵化的主要原因。本文重点不是辨明是非，或驳议有些言说，而是述而不作，复述往昔旁观者的一些或许仍有参考价值的思考。

[关键词] 中国思想　本土轮转　守旧停滞　德国观点

葛禄博（Wilhelm Grube，又名顾威廉等，1855—1908）是德国东亚研究发展史上的重要人物，著述颇丰，出版于1902年的《中国文学史》[2]无疑最

---

[1] 本文为国家社科基金重大项目“西方早期中国文学史纂及其影响研究”（14ZDB086）的阶段性成果。

[2] 葛禄博：《中国文学史》，莱比锡：C. F. Amelangs，1902年（Wilhelm Grube, Geschichte der Chinesischen Litteratur, Leipzig: C. F. Amelangs, 1902）。（以下只标注书名和页码）

有影响。[1] 在20世纪的大部分时间里，这部著作一直被看作德国的中国文学史研究的代表作之一。有学者甚至认为，西方汉学界时至21世纪也没有一部雅俗共赏的文学史论著能与葛著媲美。[2] 该书材料丰富，脉络清晰，也以中国思想史分析见长。葛禄博的一个明确追求是，通过这部专著"同时呈现中国的精神生活史，并展示中国民族特性的形成"[3]。

葛氏《中国文学史》以"语言文字与文学的关系"作为该书"导论"，起首即述：

> 中国这一庞然大物，始于远古，迄于今日。一个早已消散的时代的证人，不仅根植于古代，而且至今滞留其中。国家形态，公共和私人生活，观念，习俗，趣味——总的说来一切依然如故。[4]

作为时代之子，葛禄博在19世纪与20世纪之交的这一视角，依然带着浓重的欧洲中心主义，顺应了当时盛行于欧洲的中国论，如赫尔德在其《论人类史哲学》中把中国喻为"木乃伊"[5]，或黑格尔在《世界史哲学讲座》（1837）中说当代中国和历史上的中国一模一样，"中国没有历史"。[6] 在葛禄博眼中，人们在中国的土地上几乎看不到内在变迁留下的痕迹，只会有被带

---

[1] 在中国的海外汉学研究领域，葛氏《中国文学史》命运不佳，迄今只是闻其名不见其文。葛著当时在欧洲反响强烈，出版翌年即有书评10多篇发表在著名报刊、文学期刊或汉学专业杂志上，评论者包括著名汉学家夏德（Friedrich Hirth）、沙畹（Edouard Chavannes）、高第（Henri Cordier）等学者。

[2] 参见魏汉茂、胡伊丽：《葛禄博（1855—1908）：一个语言学家、民俗学家和汉学家的生平、著述和收藏》，威斯巴登：Harrassowitz，2007年，第21页。[Hartmut Walravens/Iris Hopf, Wilhelm Grube（1855—1908）: Leben, Werk und Sammlungen des Sprachwissenschaftlers, Ethnologen und Sinologen, Wiesbaden: Harrassowitz, 2007]

[3] 葛禄博：《中国文学史·序言》，第VIII页。

[4] 葛禄博：《中国文学史》，第1页。

[5] 赫尔德：《中国》，载《德国思想家论中国》，法兰克福：Insel，1985年，第129页（J. G. Herder, "China", in: Deutsche Denker über China, hrsg. von Adrian Hsia, Frankfurt/M.: Insel, 1985）："中国是一具绸缎和象形文字裹着的木乃伊，它的血液循环和兽类的冬眠一样。故而锁国抵外，民族自大，只同自己比，既不认识也不喜欢外界天地。"

[6] 黑格尔：《世界史哲学讲座》卷二：《东方世界》，汉堡：Felix Meiner，1976年，第278页。（G. W. F. Hegel, Vorlesungen über die Philosophie der Weltgeschichte, hrsg. von Georg Lasson, Hamburg: Felix Meiner, 1976, Bd. II: Die orientalische Welt.）

回两千年之前的感觉。特别是深入了解了中国的语言、历史和文学之后，这一感觉更为强烈：

> 在其他远古历史研究领域，无论是推究传说或古老传统，还是辨析死的岩石，研究者往往需要耗费大量精力并借助丰富的想象才能重构往昔，而我们这个领域所面对的是鲜活的东西，能看到一段活着的古代。[1]

“导论”以此开头，目的是引出另一判断，即对中国文学的总体判断：“针对文化习俗的东西，自然同样适用于文学，它永远是前者的忠实镜像。这里也能见到一个奇特现象：古代仍旧强有力地、活生生地在当下延续。”[2] 葛氏在此做了一个比较：在德国，读过中世纪的《尼伯龙根之歌》甚或宗教史诗《救世主》原文的人一定不多；而在中国，稍受过教育的人都能背诵《诗经》这一可以追溯 3 千年的作品。这一对比绝非赞美，而是要进一步深化前说，强调僵化缘于“精神的束缚”：

> 中国的这一传承延续性，委实绝无仅有。人们完全可以对此啧啧称羡，可是对这个国家的精神发展来说，很难称其为一种福音。旧物的顽强生存，啮噬着新事物的生命力；传统之神圣纽带，成为精神的束缚。因此，许多（若非大多数）中国文学作品在我们的感觉中留下的印象是呆滞、守旧和扭曲。一个欧洲读者在阅读一部中国小说时，时而会有一种感觉：唯有读者在感同身受干着急，却面对着好多面具。[3]

文中所言“呆滞、守旧和扭曲”，在葛氏眼里自然是退化或异化所致，他对《诗经》可是大加赞赏，赞美其本色、自然、生动，具有极高的文化史价值。[4] 他甚至认为，“那个时代的黎民富有人情味，比今天的中国人离我们

[1] 葛禄博：《中国文学史》，第 1 页。
[2] 同上，第 3 页。
[3] 同上，第 4 页。
[4] 同上，第 52—53 页。

更近，今日触目皆是扭曲和不自然的生灵，[……]”[1]

葛氏《中国文学史》凡 467 页，“导论”之后用三分之一的篇幅论述四书五经、诸子百家，这种铺陈在早期西方中国文学史纂中颇为常见；20 世纪初的文学概念，基本上还是一种大文学史观，涵盖后人所说的“杂文学”和“纯文学”。见诸中国文学史纂，则主要记述经传诸子史册。本文仅就该书（旁及同类著作）叙写汉代和宋代文学时的一个极具代表性的观点，展现西人如何看重这两个朝代在中国思想发展中的意义：一方面是“推明孔氏”（班固：《董仲舒传》），弘扬儒学，导致文学复兴和繁荣；另一方面是独尊儒术（虽非春秋战国时期的儒学原貌），垄断天下思想，实为中国文化之禁锢，造成中国这样一个没有个体个性的民族个性，历史中国也就没有自由意志和进步可言。

在论述汉代文学时，葛禄博首先断定，汉代极力实行秦始皇的大一统思想，却有焚书坑儒的始皇所不具备的历史意识。这就保证了汉代成就的持久性。在孔子那里，克己复礼、回归上古是救世之道，因而为此编修古代经典，这一信念又在汉代复活。[2] 卫礼贤（Richard Wilhelm，1873—1930）在其《中国文学》（1926）专著中，亦论及汉代的“文学复兴”：经历了始皇焚书，汉代以其献书和整理校勘之举，首先当被看作文学复兴时代。董仲舒“表章六经”的主张得到贯彻。人们可以毫不夸张地说，今日所见儒家经典，总体上均源于汉代，即便那不是无源之水，而且后人（如在宋代）也对古代经典做过重大改动。汉代文人所奠定的基础，成为流传千年的根基。[3]

然而，葛禄博认为不幸变化亦起始于汉代，中国性逐渐与儒学画上等号，甚至融合为同一概念，四书五经被奉为民族圭臬，一个“死穴”便在中国思想史中生根：汉儒的兴趣仿佛只在收集、编纂和评点之事，这很不利于

---

[1] 葛禄博：《中国文学史》，第 53 页。

[2] 同上，第 185—187 页。

[3] 卫礼贤：《中国文学》第二版，维尔德帕克 – 波茨坦：Akademische Verlagsgesellschaft Athenaion，（1926）1930 年，第 102、104 页。

创造性精神生活。[1] 葛氏认为，孔子只会向后看，古代是其理想图景。他仅着眼于实在和可行，漠不关心实际之外的东西，这是其局限所在，殊不知想象的威力常比现实更有现实意义。没有超越的意志和想象力，宗教、艺术、科学都无从说起。本来，孔子精神并不排除其学说向宗教、认识论方向拓展的可能性，可是发生的却是历史灾难，即孔子其人被神化，他的学说被教条化，这就给所有发展戴上了枷锁。[2]

早在肖特（Wilhelm Schott, 1802—1889）撰写的世界上第一部中国文学史《中国文学论纲》(1854）[3] 中，作者就强调了孔子在汉代以降中国政治和日常生活中的地位。"我们称之为'孔教'的东西，实为一种更古老的国教，孔子这位伟大的民众导师完全因循了旧章。[……] 但它已经更多地与治国有关，民众及其诉求早已不重要了。"[4] 肖特对中国文学整体的看法是：中国文学的价值所在，并不都取决于思想的原创性和观点的睿智。"这里不是指国中人杰，而是说那些有着清醒目光的平常人，即那些像蚂蚁般勤劳的辑录人，[……]"[5]

卫礼贤在论述近代文学的绪论中，先就近代文学艺术的断代问题做了说明：中国史纂常把中世亦即汉唐之后的宋代定为近代之肇端，这无疑是正确的。宋代有其两面性，它一方面在某种程度上成为始于汉代、在唐代达到顶点的成就之收场，宋代在各个领域均有可观的收集编录之作。另一方面，在收场的基础上又逐渐出现新的语言和艺术走向，成为近代文化建筑的地基。[6]

---

[1] 葛禄博：《中国文学史》，第 187 页。

[2] 同上，第 461 页。

[3] 方维规：《世界第一部中国文学史的"蓝本"：两部中国书籍〈索引〉》，《世界汉学》第 12 卷（2013），第 126—134 页。

[4] 肖特：《中国文学论纲》，《柏林皇家科学院 1853 年文集》，柏林：Druckerei der Königlichen Akademie der Wissenschaften，1854 年，第 299 页。（Wilhelm Schott, Entwurf einer beschreibung der chinesischen litteratur, in: Abhandlungen der Königlichen Akademie der Wissenschaften zu Berlin, aus dem Jahre 1853, Berlin: Druckerei der Königlichen Akademie der Wissenschaften〔F. Dümmler〕, 1854, S. 293—418.（以下只标注书名和页码）

[5] 同上，第 294 页。

[6] 卫礼贤：《中国文学》，第 158—159 页。

卫著发表之时，大文学史观或“杂文学”概念已经逐渐退场，人们在卫著中也能更多见到今人所理解的“文学”。作者从文化史的角度来论述中国文学的特色和变迁。与本文涉及的其他文学史著作相比，卫礼贤不轻易做出思想史上的总体判断。并且，卫著很少批判色彩，这或许与他在中国生活过25年的“中国情结”有关。在与《中国文学》同年发表的卫氏代表作《中国之魂》(1926)中，中国的主要特征被描写成“温和”与“安宁”，[1]翻转了黑格尔那种对停滞不前的中国与静止孤立的中国文化的看法。当然，卫氏中国观也受到第一次世界大战后欧洲的颓废世态和文明批判的影响。

在卫礼贤之前，葛禄博在分析宋代对近代中国的影响时首先指出，就文化史而言，汉代、宋代与欧洲的两个时代亦即亚历山大和文艺复兴时代相仿，喜于勾稽往事、编修史书，依傍前人的显著特点是折中主义和停滞不前。汉代和宋代同为修史盛世，相似之处还见于时隔千年的两位治史大家之名：司马迁和司马光。[2]与卫礼贤把宋代看作新的起点有所不同，其他早期中国文学史编纂者多半把宋代视为僵化之始。

肖特已在其《中国文学论纲》中单列了“朱熹的影响及中国经传的僵化”一节，视朱熹为停滞之病根。所谓“僵化”，是说孔孟以来的儒学集大成者朱熹之后，儒学建树少而又少。然而，哪怕在道教和佛教兴旺之时，儒学经典也从未黯然失色，实为官僚等级制度之最可靠的支柱。朱熹这位“12世纪的作家，终于成为儒学最坚实的柱石，直至今日难以撼动，而另两个学说的根基则在最近几百年中日益衰败”[3]。葛禄博不会反对肖特对儒学发展的总体判断，但他认为朱熹并不是一个善于独辟蹊径的哲学家，他的真正意义不在哲学本身，他首先是一个注疏者。孔子学说从来不乏反对者；儒家经典中的矛盾观点，始终给对手提供弹药。于是，疏证儒家经典，使之成为不可

---

[1] 方维规：《中国魂：一种神话——论他国集体形象的产生与特征》，载马汉茂、汉雅娜主编《德语国家的中国研究之发展、历史、人物与展望》，汉堡：Mitteilungen des Instituts für Asienkunde Hamburg，1999年，第98—114页

[2] 葛禄博：《中国文学史》，第323页。

[3] 肖特：《中国文学论纲》，第343页。

攻克的精神堡垒，这才是朱熹的抱负和毕生事业。葛禄博在肯定朱熹了不起的功绩的同时，更是剖析了儒学成为"国家认可的教义"的缘由：

> 在700年后的今天，朱熹学说丝毫无损地绝对左右着中国人的思想。在历史发展中，……佛教则因其不断扩张的势力而夺走了大量直接参与生产的民众，从而具有非常显著的与国作对的性质。于是，仅出于完全现实的国家利益，儒学也必受重视，它过去和现在都是国中保守主义原则的承担者，它过去和现在都是——如肖特不无道理所强调的那样——官僚等级制度之最可靠的支柱。毫无疑问，国家出于本身利益而认可和倡导朱熹学说，对其广泛传播起到了非同寻常的作用。可是，单凭外在权威手段是不够的；倘若一种观念不能迎合众人的精神需求，它也就无法驾驭众人，而这正是朱熹学说所缺乏的东西。民众所缺，是一种积极的宗教，而这既非中国古代国教、亦非道教或佛教所能担当的；我们在近代中国民间宗教中所能见到的宗教折中主义，更是难当重任。人的普通权威需求没有得到满足，于是乎"给我便是"（*δός μοι ποῦ στῶ*）！这一空缺必须填补，朱熹做到了，且没有借助某一积极宗教，而是一种积极的伦理学说。"子曰"从此有了约束力。朱熹将各种经书内容塑造成一个互不违忤、无懈可击的统一学说，最终修成今人所见之儒学。[1]

与朱子学说相关，葛氏在论述宋代及其对近代中国影响时的一个突出主题，便是中国精神生活在近代的僵化。作者首先从"经史子集"说起：理当在中国文学史中占据重要位置的戏曲和小说未被纳入其中，原因在于它们在中国不被看作高雅文学。对此，葛氏解释具有一定的说服力：高雅文学和低俗文学之引人注目的区分，以及唯独崇尚前者，这对真确评价中国性及其精神品质有着至关紧要的提示。这一现象不是偶然或奇想所致，而是缘于中

[1] 葛禄博：《中国文学史》，第341—342页。

国文化之特殊的历史发展。汉代以收集和编修经书著称，这与秦始皇焚书有关。那些经书得以重生，无异于凤凰涅槃，从而获得殉道者之光环。这就不难理解它们为何成为民族圣物，而且作为永恒的典范光照人间，并给后世哲人学者定下基调。与此同时，辉煌的汉代也投下了长长的阴影，严重阻碍了后来中国思想的自由发展。[1]葛氏把禁锢中国思想发展的始作俑者定于汉代，而其真正原因却指向千年之后的集大成者：

> 不只是文学创造力，整个精神生活和伦理行为也同时步入停滞状态，这主要是在朱熹的影响下发生的。他所开启的儒学公式化和教条化，只能起到遏制思想的作用。[……]个性完全消失在成规之中，僵化的形式摒弃了鲜活的道德。因此，整个近代中国性在彻头彻尾的内在虚假中尽显病态。[2]

不足为奇，7个世纪的全面停滞和僵化，只有一类文字功夫大放异彩，即学究们的图书编修，如《文献通考》《太平御览》《渊鉴类函》《永乐大典》《古今图书集成》《大清会典》《康熙字典》，等等。“中国人在这个领域取得的成就，人类史上绝无仅有。”[3]此时，人们或许还会想到肖特之说：“印度人作诗，中国人叙事。对前者来说，生活之纠葛微不足道，故而没有必要一五一十地写下来留给后世；后者则记载自己及其祖先的一切，以保证其在人间永存。中国人的国史撰述可追溯至远古神话！”[4]这是肖特对两个古老东方民族的比较。

葛氏《中国文学史》始终有着极强的思想性。该书“结论”，其实是在论述孔子与中国文化的关系。在他看来，给中国人指引方向、给中国文化打

---

[1] 葛禄博：《中国文学史》，第351—352页。

[2] 同上，第353页。

[3] 同上，第358页。

[4] 肖特：《中国文学论纲》，第343页。在古代印度文学中，成就最高、影响最大的有诗歌总集、史诗、寓言故事、戏剧和文论等。《吠陀》是印度最古的诗歌总集，两大史诗《摩诃婆罗多》和《罗摩衍那》则是古代印度文学的重大收获，也是梵语文学中最著名的作品。

上烙印的孔子，也成为这个民族的重要因素。既然如此，千年停滞的根源，实际上也就指向孔子，仿佛就是中国文化的宿命："无疑，后世儒学对孔子学说的重塑，不是孔子的主观愿望，不能让他承担责任。但在客观上，他无法摆脱责任。这不仅是这一历史人物的悲剧所在，也是一个民族命运的悲剧。谁也无法否认他的高尚情操，他的正直性格，他的人格和学说所具有的严肃的道德性。然而，孔子本质所缺，是一种向上看的目光，意志的大胆飞翔，[……] 这种缺失，必然使他提升民众伦理的追求无法兑现。"[1]

另一部文学史专著，何可思（Eduard Erkes，又名叶乃度，1891—1958）著《中国文学》（1922）在论及宋代文学发展时，承袭前人之见，看到的几乎只是文学创造力的衰退，且主要缘于整个精神生活的停滞不前，时人的主要精力集中于注疏儒家经典。何氏仿照葛禄博的论述思路，先以周敦颐、二程兄弟、张载的哲学思想做铺垫，然后转向将儒学"塑造成中华民族的共同财富和中国思维之定式"的朱熹。正因为此，中国之"精神上的进步停息了，精神创造的所有方面开始僵化。人们热衷于稽古。中国近代始于宋朝，其特征就是守旧和停滞。"[2]体现于文学创作，何氏论述元代的一段文字很能代表他的观点："在文学的许多方面，尤其在哲学和诗歌方面，创作基本上仅停留于复述和效仿经典，或者稍做一些变动，但不再能够超越，更不用说放弃。"[3]

行文至此，或许会给人留下一个印象：仿佛这些中国文学史的作者对中国文化和文学的评价一无是处。实际情形当然并非如此。以肖特为例：尽管他阐释中国文化时的一些观点无法摆脱彼时西方主流思想的影响，甚至以黑格尔的口吻，说中国没有"自由意识的进步"，从而虽有漫长的历史但没有真正的历史可言，[4]但他并不认为能够简单地说中国故步自封，文学上亦然。中国人有很强烈的写作愿望，这就生发出一种旺盛的本土轮转，即取法本土

[1] 葛禄博：《中国文学史》，第 460—461 页。
[2] 何可思：《中国文学》，布雷斯劳：Ferdinand Hirt，1922 年，第 62、65 页。（Eduard Erkes, Chinesische Literatur, Breslau: Ferdinand Hirt, 1922.）
[3] 同上，第 71—72 页。
[4] 肖特：《中国文学论纲》，第 354 页。

前贤，乃至心摹手追；此外还有大量经典注疏，不断让人咀嚼前人留下的精神食粮。[1]

> 基于这一不可否认的事实，人们不当草率做出结论，以为千百年来这一民族的精神生活完全僵化，毫无创造能力。一个事实马上能够反驳这一观点，即中国人推崇的家庭小说只有几百年的历史。另有一些方面的变革，甚至根本性的变革，见之于某些时代。若将《诗经》中的诗歌与唐代诗歌或后来的诗歌相比，便能见出形式和品格上的巨大差异。中国人对《诗经》的虔敬，并未阻碍后人发明新的格律。同样，诗的语言、格调，甚至对世界和自然的观察，都发生了某种程度的变化。[2]

即便本文重点论述的葛禄博，对于中国文化的批评显而易见，有时甚至言辞激烈，但是另一方面，作为一个同中国有着深厚感情的人，他同欧洲中心主义还是有着一定距离的。就在写作《中国文学史》前不久，他在一封发自北京的信（1897 年 9 月 1 日）中说："若同俄国农民相比，中国农民何其高大！这里是文化，一个古老的、停滞的文化。虽然，人们总还是会对其表示敬意。中国人的文化，只归功于自己，归功于自己的力量和智慧。"[3]他还写道（1897 年 11 月 21 日）：

> 一个有着几千年历史的民族，犹如一座来自遥远远古的纪念碑矗立在那里。它凭借自己的创造力、在几乎未受外来影响的情况下所创造的文化，是人类历史上绝无仅有的例子。它虽有诸多缺陷和古怪之处，但也不得不让我们惊羡。一个创造了如此伟大事物的民族，一定会有更大的成就！[4]

---

[1] 肖特：《中国文学论纲》，第 293 页。

[2] 同上，第 293—294 页。

[3] 葛禄博信札，转引自魏汉茂、胡伊丽：《葛禄博（1855—1908）：一个语言学家、民俗学家和汉学家的生平、著述和收藏》，第 22 页。

[4] 同上，第 22 页。

这几乎是对黑格尔观点的解构，同时也显示出葛氏整个论述中的矛盾之处。

发表于1922年的何可思《中国文学》，可谓恰逢其时，能够及时观照中国文学的现实发展。他认为19世纪是西方影响之下的中国精神生活新时代的肇端。面对前所未有之变局，魏源等“睁眼看世界”的先行者开始求新求变，寻找不同于朱熹学说、适应时代要求的儒家思想。康有为则以其《新学伪经考》对西汉末年刘歆伪造的“古文”经学展开猛烈的攻击，为了从根本上打击正统派和顽固派的“恪守祖训”，宣扬其维新主张。作者还提及康有为的弟子梁启超等人的成就。何氏指出：“总体而言，维新文学只是一个更大变革的先声，而这变革既针对中国文学，又包括整个中国文化。当然，整个新变还远远没有结束，但至少能让人看到其生成及其远景。”并且，“辛亥革命必须发生，以冲破使中国僵化的宋代思想之藩篱。”[1]

何可思认为，若说传统中国以其保守主义著称于世，那么，如今则是日新月异之时。他把目光主要对准新时期的语言巨变，几乎未提推动语言大转变的时代危机、文化需求和社会变革。在他看来，彼时思想领域最引人注目、最重要的新变是以现代白话取代文言，给文学风格带来了深刻变化。[2]无疑，何氏《中国文学》当为西方最早论及中国新文学亦即白话运动的文学史著作之一。作者对新文学的结语是：“要了解中国文学之最新发展的全貌，还缺乏各方面的材料；它还处于发轫阶段，[……]然而，如果所发生的一切不是假象的话，我们则可以毫无疑问地说，中国又一次站在其文学史新时代的起点。对于中国的思想发展乃至整个人类来说，这个文学新时代也会成果丰硕，也会像周代汉代、唐宋时代那样重要。”[3]

---

[1] 何可思：《中国文学》，第77页。

[2] 同上，第77—79页。

[3] 同上，第81—82页。

作为双重书写的文学批评：耶鲁学派批评的范式特征[1]

戴登云[2]

[摘要] 诗无达诂。因此从来没有定于一尊的批评。批评必然是随缘而发、随物赋形的，但这并不意味着我们不可以讨论批评的典范性。古今中外，具有经典性的批评可谓汗牛充栋，但大都未对批评的经典性本身作过本体性的反思。作为文论史上少有的对批评的本体属性作过系统反思的文论流派之一，耶鲁学派批评至少体现出了经典性的文学批评所具有的如下一些范式特征：寄生性、双重性、修辞性、互文性、发生性等，并对之作了理论的总结。耶鲁学派的这一批评观念和范式特质具有丰富的形而上学意蕴。深刻领会这些形而上学意蕴对于我们反思当代批评的典范性缺失问题，不无助益。

[关键词] 耶鲁学派　修辞批评　双重书写　生成诗学

一、无所不在的修辞

批评永远也无法逃避修辞。这不仅是因为批评的对象——文学文本总是充斥着大量的修辞；为了获得更好的表意效果，相当多的文学批评也自觉不

---

[1] 本文为国家社科基金一般项目“‘耶鲁学派’诗学的隐性范式与当代文论创新研究”（18BZW007）的成果之一。

[2] 戴登云，西南民族大学中国语言文学学院教授，博士生导师。

自觉地诉诸修辞。

可是，在相当长的时期之内，修辞的重要性却始终未得到西方诗学和形而上学的承认。其中原因当然与柏拉图对修辞的贬斥有关。更主要地，是因为西方传统修辞学始终把“修辞”当成是一种（政治化的）语言手段，一种（实用的）说服工具。[1]基于这一认知和定位，西方传统修辞学、诗学和形而上学便从未如其所是地想过：“修辞”是否还具有某种超越性的本体属性？“批评”与“修辞”是否有着某种非此不可的内在联系？直到“语言学转向”之后，现代修辞学才逐渐意识到：原来一切皆修辞！在批评中，修辞须臾不可或缺！耶鲁学派就是秉持这一基本观点的代表性批评流派之一。

耶鲁学派文论“言说”的根本特征之一，就是对（文学）修辞的前所未有的关注，以及对修辞的无所不在的运用。耶鲁学派文论“思想”的核心，就是利用修辞的多义性来消解传统的同质性形而上学。根据这一事实，学界通常认为，修辞批评就是耶鲁学派的学派特点和范式特征。然而，在指出这一事实之后，大多数学者都忘了深入考辨，耶鲁学派的修辞批评究竟涉及文学、批评的哪些方面，又形成了什么样的谱系特征？这些谱系特征是否表征了耶鲁学派文论家对修辞、对文学和对批评的某种超越性认识？更进一步，倘若在文学批评中运用修辞具有某种先天的必然性和合法性，那么，这种运用是否存在着某种极限边界的限制？

除开那些单纯为了增强表达的文学色彩的修辞细节，耶鲁学派对修辞的无所不在地运用，涉及文学和批评的方方面面，很好地体现出了耶鲁学派的理论自觉。

首先是那些为批判传统的文学观而信手拈来的种种形形色色的比喻。比如，早在《乔治·布莱的文学批评》（1963）一文中，米勒就将布莱（Georges Poulet）所假定的那种封闭自足的现象学“意识”比拟为一个从不迸裂的“球形气泡”。作为这一意识气泡的有序和透明的表达，一个作者的

[1] 在古希腊，研习修辞和修辞学的主要目的，是为了在法庭诉讼和政治辩论中占据优势地位。

全部作品于是就成了一个其各个部分、各个要素相互影响有机结合的充实思想的“水晶宫殿”（a palace of crystal）。[1]

在《探寻文学研究的依据》（1984）一文中，米勒又将马修·阿诺德（Matthew Arnold）笔下“靠一种内在的悬浮在深渊之上的魔力”自我支撑的、超然于作为事实的真实或虚假的诗歌形象，描绘成一座“高高地悬在混乱之上”的“浮桥”（like an aerial floating bridge over chaos）。[2] 显然，这些比喻都带有一种反讽的意味。

到了《解读叙事》（1998）一书，米勒的批判则显得更加尖锐。他径直将用理性的形而上学预设来征服叙事的欲望——即假定叙事总是具有开端、中部和结尾，总是要刨根究底地追问叙事的“真相”的形而上学传统——命名为一种“亚里士多德式的俄狄浦斯情结”。[3]

其次是对传统批评观的精妙绝伦的揶揄。最典型者如德曼。他在《阅读的寓言》（1979）一书的第九章“寓言（朱丽叶）”的开头，竟然这样挖苦和讽刺那种拘泥于字面意义的阐释倾向——亦即教条主义的阐释倾向：“所有这一切有点像推测费希特的绝对自我究竟是骑在马背上还是站在山顶上，或是推测康德的先验图式究竟是蓝眼睛还是褐色眼睛（All this is a little like speculating whether Fichte’s absolute Self rides on horseback or stands on a mountain top,or whether Kant’s Schemata have blue or brown eyes.）。”[4] 对那种

---

[1] J.Hillis Miller.‘The Literary Criticism of Georges Poulet.’MLN,78:5（December 1963）,p475. or See:J.Hillis Miller.Theory now and then.Harvester Wheatsheaf.1991.p34.——说明：耶鲁学派诸家的文论著作，相当一部分都是先以单篇论文的形式发表，后来才结集成书或论文集的。结集时往往又有所修订。为尊重思想发布的历史实际，本文在引用他们的原文时，一般以最早的版本为准。但为方便读者查阅，所给文献出处，则大多为通行版本。为节约篇幅，一般不再作繁琐的文献考据。好在各家著述的文献目录对他们著作的版本情况通常都有所交待，感兴趣的读者可自行对照查阅。

[2] J.Hillis Miller.Theory now and then.Harvester Wheatsheaf.1991.p266. 中译文参见米勒：《重申解构主义》，郭英剑等译，中国社会科学出版社，2000 年（2011 年第 2 次印刷本，下同），第 79 页。——说明：本文所引耶鲁学派论著，凡已有中译文的，一般引用现有译文。如有修改或因特别需要，则同时给出原文和中译文出处。未标明中译文出处的，则由笔者所译。

[3] 这是该书第一章的标题。米勒：《解读叙事》，申丹译，北京大学出版社，2002 年，第 1 页。

[4] Paul de Man. Allegories of Reading，Yale University Press.1979.p189. 德曼：《阅读的寓言》，沈勇译，天津人民出版社，2008 年，第 201 页。

拒绝或抵制理论反思的研究倾向，他也毫不客气。在《当代批评的危机》（1967）[1]一文中，他曾把这种倾向类比为“就像历史学家因战争会威胁并扰乱他们为从事井然有序的研究工作所必不可少的安宁而拒绝承认它的存在一样”（as if historians refused to acknowledge the existence of wars because they threaten to interfere with the serenity that is indispensable to an orderly pursuit of their discipline.）。[2]

第三就是对文学创造和文学史的生成过程的修辞性表达。代表者如布鲁姆。和米勒一样，布鲁姆也极善于营造有关“文学”的修辞意象。在为学界所津津乐道的《影响的焦虑》（1973）一书中，他所运用的修辞手段，如用典、类比、寓言、夸张、隐喻等，其数量之多、种类之繁富，简直到了让人眼花缭乱的程度。这些修辞手段产生了惊人的表意效果。且不说人们早已耳熟能详的六种修正比，单是他将前辈诗人类比为阻挡新人的声音进入“诗人的乐园”的遮护天使，是后辈诗人朝着可能性（创造性）的道路上遇到的伪装的斯芬克斯，就足以让人惊骇于诗人与诗人之间的残酷竞争。更别说他将诗歌的影响——误读史解读为一出弗洛伊德所谓的家庭罗曼史，将强者诗人的创作视为俄狄浦斯式的弑父行为。这一有关文学史和文学创造的核心隐喻，前所未有地揭示了文学创造的崇高性和悲剧性：文学创造乃是“双目失明的俄狄浦斯的一场自我窒息的悲壮事业”。[3]

第四就是对文学本身的修辞性认知。在《阅读的寓言》中，德曼将文学寓言的字面义和本义的不一致戏拟为字面义对它的本义的残酷虐待。在《阿尼阿德涅的线：重复与叙述线索》（1976）[4]一文中，米勒用“阿尼阿德涅的线”这一意象来为那种打破形而上学单向度的线性预设的、错综交织的和双重性的叙述线索赋形。

---

[1] 该文最初发表于 Arion 6:1, Spring 1967, p38—57。收入《盲视与洞见》时作了修订，题目也改为《批评与危机》。

[2] Paul de Man, Blindness and Insight, University of Minnesota Press, 1983, P8.

[3] 布鲁姆:《影响的焦虑》，徐文博译，生活·读书·新知三联书店，1989 年，第 9 页。

[4] 该文后来经修订后成为米勒《阿尼阿德尼的线》（1992）一书的第一章。

在《解读叙事》中，米勒将文学文本中的异质成分比拟为火成岩的异类结晶体。在《论文学》(2002)中，他又将文学（的功能）比喻为一盏“马塞尔的魔灯”，[1] 因为它能够在不同的时空中自由穿越。

第五就是对批评本身的修辞性领会。在《史蒂文斯的岩石与作为治疗的批评》(1976)一文中，米勒曾将“批评”视为是疗治那种追求超时间的永恒幻想的“医术”。而哈特曼“荒野中的批评”这一广为人知的说法(1980)，则很自然地令人想起：在一片荒凉的旷野中，批评家正在殷切地呼告一种新的文学命运和批评命运。

乔治·艾略特（George Eliot）的《丹尼尔·德荣达》(1876)中的女主人公葛温多伦·哈勒斯只要独处于任何旷野，就会突发某种歇斯底里的惊恐症。在《远古景象》(1976)一书中，莫里斯·布朗肖（Maurice Blanchot）详细描述了一个七八岁的孩童站在窗前观望户外冬日城市或乡村景色之上豁然敞开的天空（虚无）的情景。在《探寻文学研究的依据》(1984)一文中，经过巧妙的编织，米勒便将它们转化成“只要我们尚未确认能使文本言之有理、可以解释的法则，那么这就如同我们已面对面地与远离我们的无边无际的存在相遇”[2] 这一批评本身的存在处境的隐喻。

耶鲁学派文论家不仅赋予了“文学”“批评”种种修辞意象和隐喻，有时，他们还将他们对有关“文学”“批评”的种种修辞性认知，运用于自己的整篇文章或整本书的写作和架构本身，使得整篇文章或整本书本身也成了有关“文学”“批评”的某种寓言、隐喻或象征。比如，布鲁姆的《影响的焦虑》就好似布鲁姆一个人在舞台上独白或朗诵的一出庄严的诗剧：剧情就是强力诗人们如何写出伟大的诗，同时配以序曲、插入章、尾声的完整形式。

[1] 在普鲁斯特的《追忆逝水年华》中，主人公马塞尔小时候有过一盏魔灯。它能在他的墙上甚至门把手上投射出邪恶的哥罗（Golo）和不幸的吉涅维弗（Genevieve de Brabant）的形象，它们从墨洛温王朝的过去，被带到了他的卧室。

[2] 米勒：《重申解构主义》，郭英剑等译，中国社会科学出版社，2000，第 72 页。

在《作为“寄主”的批评家》(1977)这篇为解构主义批评辩护的名文中，为了与“批评的寄生性”这一理论主张相对应，米勒也特意采用了一种寄生性的书写策略。他先是在文章的开头引用了萨克雷（W. M.Thackeray）的《亨利·埃斯蒙德》(1852)中的如下一段对话作为题记（作为提挈整篇文章的核心思想的反向的隐喻）：

> “我宁死也不离开这里，”荷尔特先生文雅地一笑说，“那画里的常春藤就是这么说的，这寄生物紧紧地攀附着橡树，真像是多情呢。”
>
> “会杀死母本的啊，先生！”塔舍尔夫人大声嚷道。

然后在正文的开头转述了艾布拉姆斯（M.H.Abrams）在《文化史中的理性与想象》(1976)一文中的一处引证。该引证说，韦恩·布思（Wayne Booth）断言，对某一部作品作“解构主义”的解读，“显而易见地要寄生”于“明显或单义性的解读”。在转引完这一引证后，米勒指出，在此处的引文中，前半句是布思的话，后半句则是艾布拉姆斯的。通过这种层层的引用和转述，米勒便将自己的文章“刻意地”编织成了一个“链锁结构”的例子，以此体现出文本与文本之间的“寄生性”。这样一种写法无疑使文章的“形式”与其所主张的“理论观点”高度一致或匹配起来。

比上述批评家更激进的是，德曼不仅将修辞贯彻为一种本体化的批评策略，他甚至还试图以修辞的方式，给予这种修辞批评以一种理论的概括。按通常的做法，一本旨在“建构”一种阅读理论的书，应该叫作“何谓阅读”或直接叫作“阅读理论”；一本旨在对阅读的修辞属性作理论反思的书，应该叫作“阅读修辞学”。可是，德曼却给出了修辞性的命名：“阅读的寓言”。通过此命名，德曼便彰显了他的修辞批评的元修辞学属性。

在《阅读的寓言》第二章“修辞手段（里尔克）”[1]中，德曼完整地引用

[1] 该文最初用法文发表（1972）。收入《阅读的寓言》时，由德曼翻译并作了修订。

了里尔克（Rilke）的一首诗：[1]

我爱你，最温和的法则
我们与它作斗争，但也因为它而成熟
我爱你，我们无法克制的强烈的怀乡病，
我爱你，我们永远走不到的森林，
我爱你，我们的沉默发出的歌唱，
我爱你，捕捉奔放的感情的神秘之网。

你为自己创造了一个如此巨大的开端，
从那时起你开始创造我们，——
在你的阳光普照下，我们已经成长得
如此成熟，如此根深叶茂，
从而此刻你才能在天使、人类、圣母
掌职期间非常宁静地实现你的意志。

让你的右手撑托住天国倾斜的宁静吧，
并默默地承受我们暗地里强加给你的负担。

按传统的理解，完全可以将这首诗视为是“向超自然的存在所作的祈祷”。诗歌向一个被赋予“上帝”名称的神祈祷时的狂热产生了一个以神为中心的结构问题。然而，当德曼以“这首诗试图说出的实体是如此转弯抹角、如此多样，以致这个实体变得模糊不清、根本不可能为它找到一个共同的属性，甚至这个实体本身就从未要求一个严格属于它的属性”为由，将这首诗的“主题”转换为“创作本身的困难”和“语言自身的法则”的隐喻，

[1] 德曼引用的是德文原文。目前大陆出版的各种里尔克诗歌的中译本，都没有收录该诗。这里引用的是沈勇的译文。参见德曼：《阅读的寓言》，沈勇译，天津人民出版社，2008 年，第 32 页。

或“挣脱语言的法则所造成的束缚而获得自由”的隐喻时，[1]使这种“转换”得以可能并具有合法性的隐秘动因，即德曼不动声色地所诉诸的一种元隐喻的、元修辞学的思维方式：

由于所有的存在都是一种修辞，诗才会成为一种修辞的修辞或隐喻的隐喻。由是，诗歌批评不仅应该用一种修辞的方式来看待修辞、一种隐喻的方式来看待隐喻，而且还应该用一种修辞的修辞或隐喻的隐喻——元隐喻的方式来看待一切（文本）。

二、解读的不可能性

“双目失明的俄狄浦斯在走向神谕指明的神性境界。强力诗人们跟随俄狄浦斯的方式则是把他们对前驱的盲目性转化成应用在他们自己作品中的修正比。”[2]

毫无疑问，耶鲁批评家们将自己视为强力诗人。他们跟随俄狄浦斯，用取自“曾经对西方的想象力之生命起过核心作用”的各种术语、意象和典故，来重新命名他们所认识的文学、批评和修辞。问题是，耶鲁文论家的这种修辞化的批评策略，其意图只是为了让熟悉的事物陌生化，将新奇的思想变得更易理解和接受吗？抑或还有更深层的动因？

要辨明这一点，最好的办法莫过于梳理一下传统批评所具有的特点，以及耶鲁学派文论家对批评这一事情本身的认知。

传统的文学批评观念总是认为，只要我们一阅读，就先天地假定了阐释的可能性。可是，我们的阅读实践却一再与这种朴素的信仰相违背。在《阅读的寓言》第三章[3]中，德曼指出，从文本中阅读出的意义注定会与文本所

[1] Paul de Man. Allegories of Reading，Yale University Press.1979.p31. 德曼：《阅读的寓言》，沈勇译，天津人民出版社，2008 年，第 34 页。

[2] 布鲁姆：《影响的焦虑》，徐文博译，生活·读书·新知三联书店，1989 年，第 9 页。

[3] 该文最初用法文发表（1972）。收入《阅读的寓言》时，由德曼翻译并作了修订。

表述的意义不一致。这一事实势必要让人怀疑，“文学文本是否就是关于它描写、讲述或表达的东西？”[1]

文学文本并不就是单纯地指文本所描写、讲述或表达的东西。由此必然导致阅读或理解的障碍，即阅读的不可能性。反过来讲，如果在至今还是无限遥远的理想的阅读中，“阅读的意义注定与表述的意义相一致的话，那么事实上就不会存在真正的问题了”。[2]换言之，即“阅读”就不再有任何必要和“意义”。

德曼不只在一个地方谈到了阅读的不可能性。早在《盲视的修辞学：德里达对卢梭的阅读》(1971）这篇文章中，他就已经断言：“在对文学进行任何概括论述之前，首先必须阅读文学文本，而阅读的可能性绝不应该被视为是一件理所当然的事。它是一种理解行为，它无法被观察，也无法用任何方式来规定和证实。一个文学文本并不是一种能够被赋予任何形式的确定性存在的现象性的事件，既不能作为一种自然的事实，也不能作为一种思想的行动。它不导向超越性的感知、直觉或知识，但是却要求一种保持内在性的理解，因为它从自己的角度提出了自身的可理解性问题”。[3]到了《阅读的寓言》一书，他对这个问题的揭示则更具个性色彩、更具系统性。

在《阅读的寓言》第九章中，德曼描述道，按通常的方式，“小说的解释必须以消解指称和修辞手段之间的对立关系作为开始”。[4]然而事实表明，要做到这一点非常不容易。“一部分困难来自于‘写作’和‘阅读’的朴素区别，来自于把全部注意力集中于原作者的问题、排斥读者的方面的做法。……如果阅读就是理解写作，那么阅读便以可能认识所写的事情的修辞状况为先决条件。理解首先意味着确定一篇文本的指称模式，而且我们认为完全能够做到这一点。我们假定，谁有能力运用一种语言的词汇学代码和语

[1] 德曼：《阅读的寓言》，沈勇译，天津人民出版社，2008 年，第 63 页。

[2] 同上，第 63 页。

[3] Paul de Man, Blindness and Insight, University of Minnesota Press, 1983, p107.

[4] 德曼：《阅读的寓言》，沈勇译，天津人民出版社，2008 年，第 213 页。

法代码，谁就能理解指称话语。当我们遇到修辞格时，只要我们能够分清字面义和比喻义，我们就能恢复修辞手段的本来指称。……即使人们常常认为诗歌语言就是这种情况，修辞手段是多义的，并且产生几种意义，某些意义甚至可能是相互矛盾的，但是字面义和比喻义的大量细分仍然普遍盛行。任何一种阅读总是涉及在含义和象征之间做出选择，而且只有在一个人假定可能区分字面义和比喻义的情况下，才能作出这个选择。这个决定不是任意作出的，因为它是建立在各种文本的和语境的因素基础之上的（语法、词汇学、传统、习惯法、语调、公开的陈述、发音符号等）。但是表示这个决定的必要性是不可避免的，否则话语的整个秩序就会瓦解。这种情况意味着，比喻的话语总是被与非比喻的话语形式相对比；换句话说，这种情况假定了作为一切语言的终结的指称意义的可能性。假定一个人能够轻松愉快地摆脱指称意义的强制，这是非常愚蠢的。”[1]

德曼慧眼独具，认为这就是卢梭在《朱丽叶或新爱洛绮丝》的第二篇《序言》中虚构 N 不断地逼问 R 究竟是不是这些书信的原作者这一对话的隐喻意义：N 总是假定了一个文本的易读性。然而，经过德曼的详细解读，卢梭的《第二论文》和《论语言的起源》中的语言理论却攻击、削弱了这个模式。德曼认为，在卢梭的这些文本中，“对作为主要语言功能的命名的讨论实际上对指称语言的状况提出了怀疑。指称语言变成了将语言的根本比喻性掩藏在假象后面的反常的修辞手段。严格地说来，指称语言可能就是假象。结果，本身是语言的组成部分的易读性（可读性）的假设不仅不再被认为理所当然，而且被发现是反常的。没有阅读，写作就不可能存在，但是一切阅读之所以存在错误，是因为它们假设了它们自己的可读性。虽然所写下的一切必须被阅读，并且每一个阅读都可以得到逻辑证实，但是，需要证实的逻辑本身是无可证实的，因此在真理的权力方面逻辑是没有事实根据的”。[2]

德曼从文本的字面义和比喻义的矛盾张力中发现了解读的不可能性。殊

[1] 德曼：《阅读的寓言》，沈勇译，天津人民出版社，2008 年，第 213—214 页。
[2] 同上，第 214 页。

途同归，在对批评与文学的各种肯定的、或然性的、可能性的、怀疑的、否定的、归属的和确信的悖论性关系或处境的反思中，布鲁姆也发现了同样的秘密。在《影响的焦虑》的“尾声”“途中有感”中，他以诗体的形式写道：[1]

奔波了三天三夜的他来到了这个地方，
但却肯定这个地方是不可到达的。
于是他停下来，思考着：
这一定是那地方。……
或者这不可能是那地方。……
或者这可能是那个地方。不过我也许没有到达那个地方。我也许一直在这儿。
或者这儿空无一人，我只是属于这个地方，在这个地方之中。并没有人能到达这个地方。
这也许不是那个地方。……
但这肯定是那个地方。……
奔波了三天三夜的他没有能到达那个地方，于是他又策马离去。
是这地方认不得他，或者找不到他？是他没有能耐吗？
故事里只是提到：人们应该达到那个地方。
奔波了三天三夜的他到达了这个地方，
但他肯定这个地方是不可到达的。

解读是不可能的。然而解读又是如此必须甚至急迫。于是，“所有的解读都成了误读”。在稍后的《误读图示》(1975)一书的“导论”中，布鲁姆说，“阅读，如我在标题里所暗示的，是一种延迟的、几乎不可能的行为，如果更强调一下的话，那么，阅读总是一种误读”。[2]

不仅如此，在该书的第四章，布鲁姆还进一步把误读的根源追溯到“言

---

[1] 布鲁姆:《影响的焦虑》，徐文博译，生活·读书·新知三联书店，1989年，第170页。
[2] 布鲁姆:《误读图示》，朱立元、陈克明译，天津人民出版社，2008年，第1页。

说”之不可能性，从而使自己的思考达到了前所未有的深度：

“要用语言开创任何事物，我们都必须借助于某种比喻，而那种比喻必须保护我们抵御一个居优的比喻。”“要说、并要意指一新事物，我们必须使用语言，且必须比喻地使用。”[1]

“要看到，起源、诗歌和人类，不仅依赖于比喻，而且它们就是比喻。”[2]

总之，布鲁姆认为，由于诗歌（言说）在根本上的比喻性（修辞性），因此，诗的意义基本上是不确定的。“阅读，尽管有一切人道主义的教育传统，仍然几乎是不可能的，因为每一位读者同每一首诗的关系都是由一种延迟的比喻所支配。”[3]

和德曼、布鲁姆一样，米勒也把解读的不可能性之最终根源归结为语言的修辞性。只不过，他的切入角度更加多样，思想演变的过程更加曲折。比如，在《阿尼阿德涅的线：重复与叙述线索》中，米勒关注的重点是叙述的多重性或迷宫。而在《作为“寄主”的批评家》中，他主要讨论的则是批评家与诗人完美融合的形而上学愿望（即某种同一性幻想）的不可能。

在《作为“寄主”的批评家》这篇文章中，米勒认为，在雪莱的作品中，“光明”与“阴影”、“自然、超自然和人完美结合的性爱”与“乱伦禁忌”、“理想主义”与“怀疑论”两种力量总是两极对立、交互寄生、彼此纠缠、相互瓦解、反复无穷。雪莱祈求获得统一性。他无数次地叩击着这一复杂机制。但每次叩击都以失败告终，唯留下自己作为遗留物，留下语言这一使这种循环重新开始的发生学印痕。

雪莱无力在不毁灭两者的情况下使两者融为一体。与此相似，批评家，如同那些明确地受到雪莱“影响”的诗人一样，作为后来之人，他也一次又一次地重复这种模式，一次又一次地无力“成功地做成此事”。由是，对于这条由重复组成的链锁所引申出的格式，批评家便可以得出这样的看法：

---

[1] 布鲁姆：《误读图示》，朱立元、陈克明译，天津人民出版社，2008 年，第 68 页。

[2] 同上，第 68—69 页。

[3] 同上，第 69 页。

“批评家想解开他所阐释的文本中各种成分的疙瘩，却只会使这些成分在另一个地方再次扭结起来，始终会遗留下一团迷雾，或者说原有的迷雾未消，又增添了新的迷雾。批评家在叙述对这种决定诗人生涯的无止境的重复的看法时陷入了自己的叙述的窘境。批评家对此的感受就是无力彻底把自己研究的诗人搞清楚，找到一种最后的决定性的表述，一劳永逸地给这个诗人作出结论”。[1]

诗歌中的对立力量打破了批评家与诗人完美融合的幻想，小说中的多重叙述则为解读带来了更多的难题。对于后者，米勒的思考更持久，更具体系性。

如前所述，早在《阿尼阿德涅的线：重复与叙述线索》中，米勒就注意到，叙述的迷宫既表现为整体，又表现为局部或某个特定方面。从整体上讲，“没有任何一条线索（人物、现实关系、人际关系，或者其他任何东西）可以被追溯到一个能够提供某种纵览、控制和理解整体的方法的中心点。相反，它迟早要抵达一个交叉路口，犹如一把生硬的叉子，每一条道路都明白无误地通向一堵白墙。这种双重盲目既是想抵达迷宫中心的失败，事实上又是一种对某个无处不在、无处可在、任何线索或途径都可企及的错误中心的阐释”。[2]

从局部去看，迷宫又常表现为甄别比喻语言与字面语言（比喻义与字面意）、或文本与文本所反映的文本外现实（文本与现实）、或小说模仿外部事物的观念与小说使事物发生的观念（小说模仿生活与生活模仿小说）的困难。“批评家也许不能确定在两种重复的因素之中哪一种是另一个的本源，哪一种是另一个的‘描述’，或者是否它们事实上是一种重复，或是异类的、不能被兼容并蓄进一个模型，是双重中心的还是非中心的。”[3]

此外，叙述的多重性还使读者在阅读某个特定的段落时，无法判断到底

[1] 米勒：《重申解构主义》，郭英剑等译，中国社会科学出版社，2000 年，第 146 页。

[2] 同上，第 167—168 页。

[3] 同上，第 168 页。

是谁在说话，是作者、叙述者还是人物，是何时何地对谁说的。

“更令人疲惫不堪的是”，批评家还常遭遇将叙述形式问题的一部分从其问题症结的整体分离开来理解的不可能性。“他不能分离开一部分然后单独地研究它。部分 / 整体，内部 / 外部之分成为不可能。其结果是部分与整体不能区分，外部的早已在内部。”[1]

如果上述看法尚带有批评实践的经验总结性质，那么，在《小说与重复》（1982）一书，米勒对解读之不可能性的反思，则达到了形而上学的层次。在该书中，米勒先是指出了为作品提供一种“单一的、统一的、具有逻辑上的连贯性的解释”的不可能这一阅读中的常见现象：读者在努力地理解一部作品时，感受到许多因素经解释后便能趋于有序化。可是，真实的情况是，在任何有序化的过程中，总会遗漏掉一些重要的细节。为什么会产生这种情况呢？从真理的原初起源的（不可能性的）高度出发，米勒对这一现象作出了新的解释。

米勒指出，以往的阐释，总是会假定作品中存在唯一的隐秘真理。“这隐秘的真理将被描述为解释的唯一本源，它能说明这部小说中的一切。”[2]作品的“读者和叙述者一样，被引导着一步步深入文本，期待着迟早将最后一层面纱揭去，那时他将发现自己最终面对的不是失踪的事物的标记，而是完全真实的事物。这将是真实的源头、真正的起点”。[3]然而事情的真相毋宁是，“在一连串事件的开端或结尾的终点处，你找不到能解释一切的依稀可辨的有序化的本原。对这一本原所作的任何系统化的阐述都将明显地残缺不全，它在许多重要之处留下了尚待说明的空白。它是残剩的晦涩，解释者为此大失所望，这部小说依旧悬而未决，阐释的过程依旧能延续下去”。[4]

要揭示隐秘的真理是不可能的，要抵达最初的起点是徒劳的。个中原因

---

[1] 米勒：《重申解构主义》，郭英剑等译，中国社会科学出版社，2000 年，第 169 页。
[2] 米勒：《小说与重复——七部英国小说》，王宏图译，天津人民出版社，2008 年，第 58 页。
[3] 同上，第 67 页。
[4] 同上，第 58 页。

倒不是因为真理太神秘，起点太遥远，个中原因在于，修辞的本体属性所产生的效应，本来就是这样的。在《解读叙事》中，米勒是这样说的："倘若反讽构成故事的不可能性，那么它也标志着评论的不可能（这种评论意为可论证的解释性解码）。或者换个角度说，由于故事内在反讽的存在，对叙事的评论，犹如故事自身，总是在一根颤动不已的钢丝上被悬置，下面是由其自身的不可能构成的深渊。评论一旦遭遇身为永久悬置、无处不在的反讽，自己也会被悬置于因无法做出令人满意的阐释而形成的深渊之上，而决不会逐渐完全阐明文本的意思。情况之所以如此，是因为'作出令人满意的阐释'意味着将阐释收归一个单一的逻各斯（甚至是可以辨认的多重逻各斯），譬如，回归任何具有毫不含糊的确定意思（甚至是一种复杂意思）的片段，而评论或许可以将这一片段用作阐释旅程的起点站"。[1]

三、批评的双重纠结

在《文学与语言：一个评论》（1972）这篇文章中，德曼指出，"文学语言的决定性特征确实在于其修辞性，某种更广泛意义上的修辞性。然而，因为这种修辞性远不足以构成文学研究的一个客观基础，所以就意味着时时存在着误读的威胁"。[2]"文学语言的特殊性存在于错误阅读与错误解读的可能性之中。"[3]或许正是因为这个原因，在解读《爱弥儿》的《信仰自白》的那篇文章——《胆小的上帝》（1975）的结尾处，德曼才要告诫我们说："阅读的不可能性不应等闲视之"。[4]

---

[1] 米勒：《解读叙事》，申丹译，北京大学出版社，2002 年，第 154 页。

[2] Paul de Man. "Literature and Language: A Commentary". New Literary History，4（Autumn 1972）. p188.

[3] Ibid.p184.

[4] Paul de Man. "The Timid God（A Reading of Rousseau's Profession defoi du vicaire Savoyard）." Georgia Review 29:3, Fall 1975.p 533—58. 此文后来收为《阅读的寓言》第十章，改题为"Allegory of Reading（Profession defoi）"。德曼：《阅读的寓言》，沈勇译，天津人民出版社，2008 年，第 262 页。

在我看来，德曼的告诫至少包含三层意思：首先，他批判了传统的批评观对阅读的基本存在处境的遮蔽；其次，他揭示了阅读之所以具有价值的悖论性前提：正因为阅读的不可能性，才使得阅读成了一桩严肃的事；第三，他由此也暗示了阅读这回事情的不确定性：由于阅读的不可能，即由于表述的意义与对这个意义的理解究竟是否融汇一致还有待确定，“阅读不得不在这种不确定的混合状态中开始，一面是对字面义的忠实，一面是对这种阅读的怀疑”。[1]

阅读仿佛必须采取一种双重姿态。作为反省并实践这一双重姿态的著名文本之一，《阅读的寓言》第三章“阅读（普鲁斯特）”一开头，就直截了当地指出，由于普鲁斯特小说的基本特征乃是建立在前瞻和回顾活动的作用的基础之上的，这个交替活动如此类似于阅读活动，更确切地说，类似于重读活动，因此，我们完全可以将《追忆似水年华》视为一个有关阅读的隐喻。分析这个隐喻，或许将使我们领会到不少阅读的秘密。

具体而言，德曼是将马赛尔沉湎于阅读的那一段情节[2]当作范例，来展开他的批判性反思的。在德曼看来，马赛尔有关阅读的追忆表明，从一开始，阅读就意味着一种戏剧性的防卫机制：它必须躲在一个内部的、隐蔽的地方，以防止外部世界的入侵。这个地方被明确地肯定为比外部世界更可取，一系列富有魅力的一致的属性同它联系在一起。

然而，只有当这种幽闭的、与世隔绝的生活被证明为是补偿一切似乎因此而牺牲的东西的最佳策略时，阅读才开始展现它真正的魅力：“阴暗凉爽”的房间因它的对立面的特性而奇迹般地丰富起来，因此它获得了光明，这使阅读得以可能。它因此还获得了夏日的温暖，这使马赛尔由此可以前所未有地想象到夏日的全景。

---

[1] Paul de Man. Allegories of Reading.Yale University Press.1979.p58. 中译文参见德曼：《阅读的寓言》，沈勇译，天津人民出版社，2008 年，第 63 页。

[2] 中译文请参见普鲁斯特：《追寻逝去的时光·第一卷·去斯万家那边》，周克希译，华东师范大学出版社，2012 年，第 83—84 页；或《追忆似水年华·第一卷·在斯万家这边》，徐和瑾译，译林出版社，2010 年，第 83—84 页。

在这一悖论性的处境中，阅读肯定了恢复一切被这内部的沉思冥想所抛弃的东西的可能性，肯定了恢复必然同沉思冥想的生活相对立的一切优点的可能性。“于是产生了两条明显不相容的含义链：一条含义链由‘内部’空间的概念引发，并且受‘想象力’的支配，它拥有凉爽、宁静、阴暗和总体的特性；反之，另一条含义链同‘外部’相关，依赖于‘感觉’，它以温暖、活跃、光明和零碎这些对立的特性为标志。这些最初静态的两极对立依靠一个多少有点隐蔽的中继系统投入循环，因为这个隐蔽的中继系统允许一些特性进入替代、互换和交叉，而交叉使内部世界和外部世界的不相容性变得和谐一致。”[1]

然而这一“和谐一致”极其不稳定。因为，这一“和谐一致”只不过是一种修辞的效应。它无法服从真理的检验，反过来，倒使文本的主题和修辞策略化为泡影，使隐喻的互补的、总体化的力量突然消失。“审美反应的阅读和修辞意识的阅读同样令人深信不疑，然而它们之间的分裂却消解了文本已经建立起来的内部和外部、时间和空间、容器和内容、部分和整体、运动和停滞、自我和理解、作者和读者、隐喻和换喻的伪综合。这种分裂的作用如同一个矛盾修辞法，但是由于它标志逻辑的不一致，而不是描写的不一致，因而它事实上是一个绝境。它指明至少不可避免地产生两种互相排斥的阅读，并断言在比喻和主题的层次上真正的理解是不可能的。”[2]

德曼在字面义与比喻义的不可克服的矛盾张力中发现了阅读的双重性。与此不同，通过对“批评”对于“文本”的非从属性、批评对于他者的不可逾越性、文本线索自身的多重性，以及批评对于文本线索的再组织、对文学再现之元再现机制的揭示，米勒从多个角度阐明了批评的双重纠结。

针对“文本”与“批评”的关系乃“寄主”与“寄生物”的关系的流行论断，在《作为“寄主”的批评家》一文中，米勒梳理了“parasite”和

---

[1] 德曼:《阅读的寓言》，沈勇译，天津人民出版社，2008 年，第 65 页。

[2] Paul De Man.Allegories of Reading.Yale University Press.1979. p72. 中译文参见《阅读的寓言》，沈勇译，天津人民出版社，2008 年，第 76—77 页。

“host”这两个词的词源和词义的双重性对立或多义性，[1] 然后推出结论说，“明显或单义性的解读”与“解构批评”、“文本”与“批评”、“文本”与“引用文本、先前文本或其他文本”的关系并非简单的二元对立的“寄主 / 寄生物”关系，而是“彼此都为同桌食客，是主人兼客人，主人兼主人，寄主兼寄生物，寄生物兼寄生物”的三角关系。[2] 由此，米勒便重新构想了“文本”的统一性概念，即“统一总保持着双重性，但在这种统一性的形象表述中，它却显示出两者能逾越寄生性隔墙合二为一、但又依然一分为二的可能性”。[3]

或许是为了增强其论战性，《作为“寄主”的批评家》特意地凸显了某种解构特征。这使它对批评的双重性的揭示过于程式化，即过于形式。与此不同，《阿里阿德涅的线：重复与叙述线索》中的相关思考，则大多基于文本的实际。在该篇文章的开头，米勒引述约翰·罗斯金（John Ruskin）说，要注意阅读的问题“似乎根本与进入无关，而再次与出来有关。……阿里阿德涅的线暗示着即使战胜怪物也徒劳无益，除非你能够同样从怪物的迷宫中解脱出来”。[4] 然后便在文章中作出了引申：“批评家遇到的不可能性可能不是企及某个指挥中心，而是从迷宫中脱身出来，从外部观之，赋予其法则或找到它的法则。任何分析或阐释的术语总是错综复杂地纠缠进批评家正试图观自外界的文本之中。这种情况关联到将批评和分析术语（即批评家需要用来阐释小说的术语）与小说本身使用的术语区分开来的不可能性。任何小说都已经阐释了它自身。它在其自身中使用了与批评家使用的同样的语言，遇到的是与批评家遇到的同样的困境。批评家可能以为自己安全、理性地外在于文本的矛盾话语，但他早已缠身于它的蜘蛛网之中。在企图建立起一套阐

---

[1] 从词源上讲，parasite 包含如下义项：在食物旁边、食客、寄生者、生物学或社会学意义上的寄生物或寄生者；host 包含如下涵义：圣饼，主人、客人，食客、被食者，陌生人、敌人等。See:J. Hillis Miller.Theory now and then.Harvester Wheatsheaf.1991.p143—150.

[2] 米勒：《重申解构主义》，郭英剑等译，中国社会科学出版社，2000 年，第 119 页。

[3] 同上，第 143 页。

[4] 同上，第 152—153 页。

释小说的一般‘理论’术语时，在企图避免理论而走向文本本身、不带任何理论预设地解释文本意义时，会碰到同样盲目的分叉，双重的障眼物，或者双重约束”。[1]

延续这样的思考，《小说与重复》进一步揭示了文本自身所具有的错综复杂性，以及批评自身的内在要求。在该书的第二章中，米勒指出，“和地毯的图案不同，文学的文本没有一种一目了然的形式格局可供批评家从外部加以审察，并把它视为一种空间形式，……批评家必须进入文本，文本的丝线内外迂回编织、出没无定，与其他丝线交叉盘结，这一切批评家无不了然在胸。在这一过程中，他往丝线织物中添加进自己的阐释丝线，或者以这样或那样的方式对丝线织物加以切割，因而他不是成为织物组织的一部分，便是改变了织物。只有以这种方式，他才有希望识别出那闪烁不定的中心或根基，这中心并不是讲述故事时围绕着的、可见的、固定的标志，……它是自相矛盾的，作为事物的中心，它不是处于事物的内部，不是一个点状的中心，相反它外在于该事物，环绕着该事物”。[2]

由于特别标举批评过程的想象性和原创性，使得布鲁姆在谈论批评家和诗人的关系时，不像米勒那样，主要批判批评家强制与诗人的意识同一的权力意志，而是强调二者既相互依存又相互对抗的对话性。他把这叫作逆反式（antithetical，又译“对偶式”）批评。在《影响的焦虑》第二章中，布鲁姆说，“在和诗人的关系上，我们并不是和死者角逐的新人。我们更像向亡魂问卦的巫师，竖着耳朵想听听死者的歌唱。这些强大的死者就是我们的塞壬女妖，不过她们的歌唱并非为了阉割我们。当我们聆听她们的歌声时，我们有必要记住塞壬们自己的悲哀”。[3]

如果上述说法过于修辞和隐晦，那么，如下说法就显得相当直接：

卢梭说过，没有他人的帮助谁也无法全部享受自己的个性。一种逆

[1] 米勒：《重申解构主义》，郭英剑等译，中国社会科学出版社，2000年，第169页。
[2] 米勒：《小说与重复——七部英国小说》，王宏图译，天津人民出版社，2008年，第26页。
[3] 布鲁姆：《影响的焦虑》，徐文博译，生活·读书·新知三联书店，1989年，第66页。

反式批评必须以此认识为基石，因为它是每一位强力诗人追求隐喻的最大动力。[1]

所有自称具有第一位重要性的批评流派不是在同义反复——诗就是诗，诗意味其自身，就是在还原——诗意味着某种自身并非是诗的东西。逆反式批评的出发点必须同时否定同义反复和还原。体现这一否定的理想说法是：一首诗的意义只能是一首诗，不过是另一首诗——一首并非其本身的诗。[2]

仿佛这样说还不够，在《影响的焦虑》的“插入章”中，布鲁姆还专门发表了一份“逆反式批评的宣言书”：

如果想象就是误释，就是使得所有诗篇逆反其前驱者，那么，模仿一位诗人而进行的想象就是为其自己的阅读行为而学会自己的隐喻。由是，批评就必然也变为逆反式——模仿创造性的误解的奇特行为的一系列转向。[3]

没有解释，只有误释。[4]

批评是深刻的同义反复的话语——是一位唯我主义者的话语：他知道他意指的是正确的，但讲出口来的却是错误的。[5]

所有这些说法，不过都是对批评之双重性带有差异的同义反复而已。这一“同义反复”在稍后的《误读图示》中表现得更为准确、有力：“高明有力的读者，其阅读将关系到别人，也关系到他自己，因此，他被置于修正者的两难困境之中：他既希望发现他自己同真理的原始关系，究竟是

---

[1] 布鲁姆：《影响的焦虑》，徐文博译，生活·读书·新知三联书店，1989 年，第 71 页。
[2] 同上，第 71—72 页。
[3] 同上，第 99 页。
[4] 同上，第 100 页。
[5] 同上，第 102 页。

在文本中，还是在现实（无论他是否把现实也当成文本）中；同时也希望向所接受的各种文本展露他自己的痛苦，或者展露他想要诉诸历史的痛苦之事”。[1]

与其他几位批评家主要从具体的阅读和批评实践中发现批评的双重性不同，哈特曼则通过对批评史的“神圣的丛林”的批判性分析，表达了他对批评的复杂性及其自主性的认识。在《荒野中的批评》（1980）一书中，他是这样来描述批评的发生学过程的：带着被指教、被令人惊异的事物所吸引的企盼和希望，我们试图进入一个禁区、一个未知的领域。这个领域就是作家所虚构的世界。作家用他那精巧而明显的虚构诱惑着我们，而我们竟然经常对此感到惊讶，并趋向于卷入这种诱惑的纠缠之中，或者完全耽于这种诱惑。

本来，我们希望通过此种卷入来全面理解这一世界。可诗人的意图是如此虚无缥缈、诗人的技巧是如此错综复杂、诗的主题和题材是如此多样，以致我们最初的希望完全变成了奢望。

在勾勒了批评的发生学处境之后，哈特曼指出，概括起来，批评必须处理的问题包含如下：如何看待真理和可传达性之间的关系？如何看待艺术的激进性？怎样评价关于艺术的纯正的理想？怎样评价文学艺术的社会政治影响？

非寓言的阅读能够存在吗？解释是否不言而喻地是一个偏见的表达，是无意识或半无意识的文化政治？

如何看待文学史上不同文体的斗争？真的存在纯粹的民族语言吗？如何看待净化语言的理想？

究竟该如何看待对文本的细读，对理论的敌视？

心灵是如何被文本构造的？批评家的权威、诗人的权威为何总是与欺骗很接近？

---

[1] 布鲁姆：《误读图示》，朱立元、陈克明译，天津人民出版社，2008 年，第 1 页。

批评如何才能创新？如何对待创造性的批评？批评需要读者来阅读，根本就没有纯粹的批评或纯粹的创造，批评家该如何面对这一事实？

这些棘手的问题使“批评家对作品的反应成了一种审慎的犹豫不决。我们似乎不能够预先说出，在哪里，一个作者的修辞会损害作品本身；或者在哪里，读者会陷入混乱”。[1] 由此所造成的困难局面就是：“阅读仿佛必定是一种在神奇领域的旅行——并且又常常是对那种倾向的一种抵制”。[2]“就像一个异国习俗的观察者一样，批评家通常处在承认他所看到的东西的和谐性和富于吸引力的战栗与用自己的开明的习俗的名义反对它这两者之间。甚至不直接接触这种现象，它也可以使批评家处于左右为难的矛盾境地。同时，……如果批评家使他自身陷入破坏性的因素之中，那么，事实上，他仍然创造了他欲去探究的作者。批评家总是一个幸存者，或者某个来晚的人。因此，成为一个批评家的人物或者角色也就牵扯在掌握与奥秘或修辞学与解释学的含糊的冲突之中。”[3]

在《荒野中的批评》的第二章结尾处，哈特曼如是评论道：“在莎士比亚的《皆大欢喜》中，罗瑟琳装扮成年轻的侍酒者，要未能认出她的情人奥兰多把她当作罗瑟琳向她求婚，说这样她就可以治愈他的相思病。这种求婚具有的那种复杂性，正是布鲁姆要归还给阐释的关系的。一个隐蔽的文本要我们以它本身的名义去追求它，而这个文本显现在我们面前的却不是它本然的样子。得到的报答是与种种真正的心灵的结合，尽管是一个延误了的结合，这种结合产生了一种两重性，而这种两重性有助于把希望插进对于它的无缘无故所作的更深奥微妙的描述之中”。[4]这无疑是哈特曼为批评的含糊性所找到的最精妙的比喻之一。

---

[1] 哈特曼：《荒野中的批评：关于当代文学的研究》，张德兴译，天津人民出版社，2008年，第37页。
[2] 同上，第39页。
[3] 同上，第42页。
[4] 同上，第72—73页。

四、修辞批评的范式特征

哈特曼认为，在批评所遭遇的所有难题中，批评家的心灵的公开展示是最令人迷惑不解的和应该被努力加以领会的。而“在遏制这种迷惑不解方面，有效的批判性的评论与虚构本身并非截然不同。在其自身之内，虚构也带有一种解释学的困惑：存在着一种中心的转移、一种能够加以改变的前景或者一种辨别‘被感受到的意义’的詹姆士式的努力”。[1]

在这里，哈特曼表明，为克服解读的不可能性，虚构是最佳的策略。因为虚构自身也带有一种解释学的困惑，正好与批评的双重性存身处境相互吻合。只有“虚构”，才能使评论“越过界限，并成为像文学那样被需要：它是一种无法预言的或者不稳定的类型，这种类型并不能够服从于它的参考的或者评论的功能”。[2]

“可见，批评家就是这样的一个人，他使我们有效地了解虚构所具有的令人迷惑的特征。书本是我们的第二次堕落，也是一种来自知识的诱惑的重演。它们所激起的最内在的希望，可能就是海因利希·冯·克莱斯特（Heinrich von Kleist）所表现的那种东西：只有通过第二次尝到智慧之果，我们才能重回伊甸园。”[3]而这就是哈特曼坚持“事实上，应当把批评看作是在文学之内，而不是在文学之外”[4]这一观点的原因。

虚构是最强有力的。是虚构带着灵魂在杰作中冒险，是虚构使批评成为修辞的修辞、文学的文学。同样的，哈特曼是强有力的。是他的论证，揭示了超越解读之不可能性的秘密路径。是他的论证，揭示了耶鲁学派之所以采用修辞批评这一书写策略的根本原因。

问题是，究竟该如何为耶鲁学派的修辞批评命名呢？继续把它叫做“解

[1] 哈特曼：《荒野中的批评：关于当代文学的研究》，张德兴译，天津人民出版社，2008年，第23页。
[2] 同上，第230页。
[3] 同上，第23页
[4] 同上，第1页。

构”吗？在《阅读的寓言》一书的“前言”中，当提到“解构”一词时，德曼是这样说的：“没有任何其他词语如此言简意赅地表述了无论是肯定地还是否定地评价由它所暗示的那种不可避免的评价之不可能性”。[1] 可见，在德曼的心目中，他主要是在与批评的不可能性高度契合的意义上来使用“解构”一词的。从这样一个角度讲，用“解构”来命名耶鲁学派的修辞批评实践，就是不全面的。

依我看，用“双重书写”或“生成诗学”来命名耶鲁学派，最恰当不过。因为，耶鲁学派毕生致力于具体文本的解读实践，自身却从属批评理论的范畴。在解读文本的过程中，他们不仅区分了文本的字面义和隐喻义，还把隐喻的结构视为是文本（语言）的本体结构。在为解读文本所形成的批评文本中，他们不仅处处玩弄字面义和隐喻义的张力，而且常常将整个文本营构成一个核心隐喻：字面义指向所批评的文本，隐喻义则指向自身的批评、一般意义上的批评、写作和文本、文学史的生成机制本身，以及人类的根本存身处境（的内在悖论），等等。

德曼说，“隐喻通过运用它自己的寓言将自己普遍化，似乎转移了它的本义”。[2] 通过隐喻的隐喻，耶鲁学派不再致力于发现文学的本质，而致力于文学意义的生成。从这样一个角度讲，此处的“双重书写”便与艾布拉姆斯所谓的“双重书写”具有了不一样的涵义。艾布拉姆斯较早地注意到了德里达的解构策略具有一种“双重书写”的特征（《如何以文行事》，1979）。但是，仔细辨析他所谓的“双重书写”，可以发现，他的论述仍然是建立在某种“逻辑或观念实体/修辞或隐喻”的二元论述框架之上的，[3] 因而有将德里达所指向的发生性本原降解为某种绝对稳固基础的嫌疑，与此处所述奠基于“修辞—隐喻”的一元关系基础上的“双重书写”观念似不属于同一个层次。

---

[1] Paul De Man.Allegories of Reading.Yale University Press.1979. p X . 中译文参见《阅读的寓言》，沈勇译，天津人民出版社，2008 年，第 2 页。

[2] 德曼：《阅读的寓言》，沈勇译，天津人民出版社，2008 年，第 78 页。

[3] 艾布拉姆斯：《以文行事：艾布拉姆斯精选集》，赵毅衡、周劲松等译，译林出版社，2010 年，第 256—257 页。

艾布拉姆斯的“双重书写”语带贬义。与此不同，保罗·戈登（Paul Gordon）的《批评的双重：美学话语的比喻意义》（1995）一书则将耶鲁学派所主张和追求的“双重性”视为是整个西方经典美学话语中早已客观存在的一个“事实”，一个美学话语内在地具有的本体属性。

早在2500年前，希腊哲人和智者普罗泰戈拉曾宣称，“每个问题都有两个相互对立的答案。包括这一说法本身”。戈登认为，这一说法“建构了审美/修辞话语的基本原则”。[1] 围绕这一原则，戈登以部分西方经典著作为例，详细分析了在隐喻、修辞、寓言、悲剧、精神分析、批评、解构和比较中广泛存在的双重性，并揭示了双重性的四个不同维度或特征：“一个是两个双重要素之间相似中的不相似之联系。另一个就是每一个双重要素内部的双重性。第三是对双重化事实和双重性要素具有一个统一的起源这一假定的追问。第四就是使用一种非逻辑的语言来描述批评的双重及其效应的必然性”。[2]

戈登进一步论证了“双重批评”作为一种批评范式的普遍性、复杂性和合法性。但是，我们现在更关心的是，在方法论的层面，耶鲁学派的双重批评究竟具有什么样的值得效法的范式特征呢？

关于这一问题，在《符号学和修辞学》（1973，后经修订成为《阅读的寓言》第一章）中，德曼是这样夫子自道的：在批评史上，批评家同时具备技术的原创性和推理的雄辩力的愿望从来就没有实现过。正因为此，追求形式和意义的和谐，才永远具备了一种不可抵挡的吸引力。然而，不管是形式主义的内在研究也好，还是其他非形式主义的外在研究也罢，从修辞学的角度讲，他们其实都是建立在内部/外部这一二元对立的修辞的基础之上的，都受这一内部/外部隐喻的庇护。由于以往的争论从未认真探究过这一点，

[1] Paul Gordon .The Critical Double:Figurative Meaning In Aesthetic Discourse.The University of Alabama Press.1995. P12.

[2] J.Hillis.Miller. “Foreword” . In Paul Gordon .The Critical Double:Figurative Meaning In Aesthetic Discourse.The University of Alabama Press.1995. Xiv–xv.

因此，分析 / 拆解一下这一隐喻的内部结构，或许不失为一种有效推进文学批评的突破口。由于当代法国和其他一些地方实践的文学符号学已从能指与所指的区分出发，对这一问题做了深入的探讨，因此，德曼只好另辟蹊径，从语法义与修辞义的区分出发，来着手对这一隐喻的解构。

"语法 / 修辞这对范畴当然不是二元对立的，因为它们决不互相排斥，但它破坏和扰乱了内部 / 外部样式的整齐对称。我们可以把这个图谋转变为阅读和解释的行为。如同我们所说，通过阅读，我们进入了一个文本，这一文本起先外在于我们，而现在却通过理解的行为变成了我们自己的。但是这个理解立刻变为文本外的意义描写；用奥斯丁（Austion）的术语来说，以言行事的行为变成以言取效的行为——用弗雷格（Frege）的术语来讲，含义（Bedeutung）变成了意义（Sinn）。我们一再产生的疑问是，从语义学上看，这个转变是沿着语法线路还是沿着修辞线路发展的？阅读的隐喻确实将外部意义和内心理解、行为和反思统一成单一的总体吗？"[1]

在这一疑问的引导下，德曼的批评实践，大都遵循了如下线索：首先是提炼文本的关键概念和核心主题；然后便是从修辞的层面裁决这些主题的两极对立概念框架和逻辑假定，以及其不可克服的内在困难、术语的混乱等；接着将其修辞结构本体化；然后便着手修辞的转化、交叉；最后将修辞作为隐喻，为某种修辞性的存在赋予新的修辞。

不只是德曼，可以说，耶鲁学派的所有文论家，都自觉地体现出了为批评探索一种新的范式的问题意识。就米勒的实践而言，这一范式意识是以如下方式体现出来的：为了避免重犯传统批评所犯的错误，不再为了同一性假定而遗漏掉作品的许多重要的细节，米勒主张，一个好的读者应该"尤其注意文本中的特异之处、差异点、不连贯的句子、无根据的结论和明显不相干的细节，简而言之，所有无法解释的标志，所有不可理解的、也许是疯狂的

[1] Paul De Man. Allegories of Reading.Yale University Press.1979. p12—13. 中译文参见《阅读的寓言》，沈勇译，天津人民出版社，2008 年，第 14 页。

标志”。[1] 米勒身体力行，为我们写下了如下大量的米勒式批评或写作：首先将作品中的某个修辞细节或典范性片段“修辞化”；然后再将之转换成读者与作品、批评家与文本、作家与文本、作家与人物、人物与人物之间的关系、文本的内部结构、部分与整体的关系、文本与文本之间的关系、作家昔日之我与今日之我的关系、相互对立事物的平行关系、文本的象征化寓意、文本的终极喻指或本原之不可能性等的本体化的象征、寓言或隐喻；然后致力于揭示文本的错综复杂性。

深究起来，米勒式批评要求人们：

1. 回到文本本身：“每一位读者都要亲自从事艰苦、审慎的慢读工作，力图发现文本实际上说些什么，而不是将他或她想要它们说的或希望它们说的强加于文本。文学研究的前进并不是靠随意地发明新的概念或历史方案（这在任何情况下都不过是旧方案的改头换面），而是靠每一位新的读者都必须重做的那种与文本的格斗”。[2]

2. 追溯隐秘的预设前提：“我所要求的那种质问既不是进行‘纯理论’的工作，也不是从事纯实践的工作，即一系列的论证。它是介于这两者中间或为两者作准备的工作，是清理地基或一种挖掘地基的尝试。它是在批评的根本意义上的‘批评’，即区分性的验证，在这里是对构成理论与实践之间桥梁的媒介的验证”。[3]

3. 奠基之不可能性，或深渊之下还有深渊，即在根基处自我颠覆、自我构建、自我破坏：“这种取代基础的颠倒、自我构建、自我破坏性的语言形式，提出没有坚实基岩的桥梁，是我所称的批评的根本特点”。[4]

经过这些努力，批评最终便必然成为一种双重性写作。因为批评必须通过采取传统的术语来间接地描述自己的企图，从而使自己成为“寄生性的写

---

[1] 米勒：《重申解构主义》，郭英剑等译，中国社会科学出版社，2000 年，第 72 页。

[2] 同上，第 81—82 页。

[3] 同上，第 85 页。

[4] 同上，第 87 页。

作”：“我所称作的批评讲述一个有开头、中间、结尾的故事，支撑着逻各斯或基础，同时又打断或解构那个故事”。[1]这就是米勒所反复强调的转义修辞学。

与莎士比亚总是将自我隐含在作品之中的策略不同，布鲁姆总是直接将自我投身或融入到自己的批评话语中。为了摆脱前辈诗人如莎士比亚、弗洛伊德等对他造成的影响的焦虑，他不仅把原创性的精神力量及其审美特质、人性的丰富性及其艺术特征，以及强力诗歌的文学史影响列为自己考察的重心，而且还竭力使自己的批评体现出强力诗人的原创性及人性力量。

用他自己的话来说，他的批评遵循了他在《如何读，为什么读》一书中所提出的“恢复阅读的五个原则”：

第一个原则，清除你头脑里的虚伪套话。这里所说的虚伪套话“是指洋溢着道貌岸然的陈腔滥调的讲话”。[2]

第二个原则，不要试图通过你读什么或你如何读来改善你的邻居或你的街坊。“自我改善本身对你的心灵和精神来说已是一个够大的计划：不存在阅读的伦理学。心灵应留在家中，直到它的主要无知被清洗干净”。[3]

第三个原则，一个学者是一根蜡烛，所有人的爱和愿望会点燃它。“你作为读者的发展的自由，是自私的，不过这点你大可不必害怕，因为如果你变成一个真正的读者，那么你的努力所引起的反应，将证实你会成为别人的启迪”。[4]

第四个原则，要善于读书，我们必须成为一个发明者。爱默生意义上的“创造性阅读”，即布鲁姆本人一度形容的“误读”。“我们阅读，往往是在追求一颗比我们自己的心灵更原创的心灵，尽管我们未必自知。”[5]

第五个原则，寻回反讽。虽然这个原则会让人濒临绝望，不可传授，但

[1] 米勒：《重申解构主义》，郭英剑等译，中国社会科学出版社，2000 年，第 89 页。
[2] 布鲁姆：《如何读，为什么读》，黄灿然译，译林出版社，2011 年，第 8 页。
[3] 同上，第 8 页。
[4] 同上，第 9 页。
[5] 同上，第 10 页。

“反讽的丧失即是阅读的死亡，也是我们天性中的宝贵教养的死亡”。[1]

“反讽要求某种专注度，以及有能力维持对立的理念，哪怕这些理念会相互碰撞。把反讽从阅读中剔除出去，阅读便失去所有的准则和所有的惊奇。……反讽将清除你头脑中那些空头理论家的虚伪套话，并帮助你像那位蜡烛似的学者那样炽烈地燃烧起来。”[2]

概括来讲，在耶鲁学派文论家中，德曼开创了修辞批评的基本格局。在这一基本格局中，布鲁姆植入了想象的原始场景和创造的辩证法，米勒持之以恒地消解传统批评的同一性预设，哈特曼则终生致力于对批评本身的现象学直观和文化研究。他们都探讨了一种新的文论言述的表意范式的可能，他们的“学派”特征不是本质主义的。他们的问题意识相互交织，他们的运思路径交互去蔽，以致生发出了一个共同的问题域，并获得了一定程度的重叠共识。由于这种共识的生成机制还如此隐蔽，揭示它们，就成了当代文论研究的应有命题之一。

---

[1] 布鲁姆:《如何读，为什么读》，黄灿然译，译林出版社，2011 年，第 10 页。

[2] 同上，第 12 页。

从“牧歌殇落”到“金融帝国”

——歌德文学世界表现的经济图景

叶　隽[1]

[摘要] 本文从歌德的作品《赫尔曼和多罗泰》和《麦斯特的漫游时代》入手，凸显其表现的“牧歌殇落”的时代意象的意义，展现德国资本语境的特殊性。最后以《浮士德》为中心来呈现出“金融帝国”的辉煌景观，表现出歌德作为一个天才诗人和时代精神代言人的特出之处，即用诗性资源来展现经济图景与社会真实，以秘索思的路径来更为切中地把握时代脉搏。

[关键词] 歌德　金融帝国　经济史　文学史

一、“牧歌殇落”——从《赫尔曼和多罗泰》到《麦斯特的漫游时代》

歌德无疑是那个时代最为敏锐的精神承担者，《赫尔曼和多罗泰》这首叙事诗就是一个很好的例子。歌德在《序诗》中说：“我要领你们到德国人宁静的家中”（Deutschen selber fuhr ich euch zu, in die stillere Wohnung）。这里的德国人，不仅有“宁静”的家，而且“接近自然，陶冶人性”（Wo sich,

[1] 叶隽，同济大学特聘教授，人文学院文化史与文化哲学博士生导师。

nah der Natur, menschlich der Mensch noch erzieht）[1]。可以说，这样的田园风景，不仅给我们呈现出一幅宁静怡和的庄园美景，而且也是牧歌时代最后的一缕余晖。可是，在这貌似优美的图像之外，却有完全相反的内容存焉。马克思对这种现象有一针见血地揭示："在真正的历史上，征服、奴役、劫掠、杀戮，总之，暴力起着巨大的作用。但是在温和的政治经济学中，从来就是田园诗占统治地位。"[2]这里告诉我们的，是一般学术的"讳疾忌医"，是对粉饰太平的知识叙述的严重抗议，同时也是揭开历史真相的明确宣言。马克思理论的伟大之处，正在敢于撕开血淋淋的事实，并追索背后的规律。但我们要追问的则是，昔日风光绮丽的田园究竟是如何消逝的呢？德国人在多大程度上还能保有自己的宁静之家？当列车在隆隆黑烟中咆哮而来，当速度以前所未有的迅疾将人类联结，即便德国人自觉地将自己区分于西方之外，可也不能拒绝这样一种全球化的裹挟。歌德似乎是极端敏感而洞察的，在《麦斯特》《浮士德》等代表作中同样表现出了相关的经济图景。在《麦斯特的漫游时代》中，作为家庭纺织业领导人物的苏姗娜夫人（Frau Susanne）面对机器生产威胁职业的生存恐惧可以视作一例，用她的话来说就是："机器的剧增使我又惊又怕，它如山雨欲来，虽然速度缓慢，但却方向已定，不容抗拒。"[3]以歌德这样的通达从容的智者，竟然也感受到机器时代开端背后的那种巨人之力，而发出如此浩叹，真是大势所趋，概莫能外。幸则人的一生岁月有限，否则看到日后的资本驱动和机器裹挟，其速度之迅猛，更远超其想

---

[1] "Hermann und Dorothea", In Goethe, Johann Wolfgang von: Gesammelte Verse und Gedichte（歌德诗选）. Geneva: Eurobuch, 1993. S.573. 钱春绮译《赫尔曼和多罗泰》，载 [德] 歌德：《少年维特的烦恼·赫尔曼和多罗泰》，杨武能等译，人民文学出版社，2003 年，第 143 页。

[2] 德文为：In der wirklichen Geschichte spielen bekanntlich Eroberung, Unterjochung, Raubmord, kurz Gewalt die große Rolle. In der sanften politischen Oekonomie herrschte von jeher die Idylle.[Marx: Das Kapital. Marx/Engels: Ausgewählte Werke, S. 4375（vgl. MEW Bd. 23, S. 742）][德] 马克思、恩格斯：《马克思恩格斯全集》第 23 卷《资本论》第 1 卷《资本生产的过程》，人民出版社，1972 年，第 782 页。

[3] 德文为：Das überhandnehmende Maschinenwesen quält und ängstigt mich, es wälzt sich heran wie ein Gewitter, langsam, langsam; aber es hat seine Richtung genommen, es wird kommen und treffen.[Werke: Wilhelm Meisters Wanderjahre. Goethe: Werke, S. 7635（vgl. Goethe-HA Bd. 8, S. 429）http://www.digitale-bibliothek.de/band4.htm] 此处中文为作者自译。

象，真不知其情何以堪？

牧歌是一曲情思悠扬的天人合一之乐，当我们在草原之上放马驰骋，观日落月升，看牛羊成群，那是一种何等的欢乐啊？然而，在现实之中，这似乎是永远不可能实现的电视画面，我们不知道古代人在那样一种时刻是否能感受到后人附加给他们的这种诗情画意，但现代人却永远只能在影像复制中感受那种被制造的浪漫牧歌。正如歌德所看到的那样，机器将代替牧歌，技术必然进步，货币将驱动人性。如马克思所言，“一切坚固的东西都烟消云散了”[1]，相比较原始人和古人所曾经拥有的宁静生活，现代人将不得不面临技术理性所带来的一切。

家庭纺织业与机器纺织业的区别在哪里？因为就获得经济利益而言，两者并无本质区别，家庭纺织的目的也是为了获取利益资源，也是为了求利谋生；但机器的运用是一种无止境的扩张，它大规模地扩大生产，追逐利润，将本来作坊式的生产方式以一种工具理性的极端化方式进行极度的扩张，从而获得疯狂的利润。当机器作为一种能够将人性不断变异而驱逐的工具时，这种“物器变化”是一种质性变化的转折，它必将给人类社会带来根本性的转变。只不过，百姓日用而不知，在历史大进程中的个体实在太过渺小，他们的喜怒哀乐其实很难被真实记录下来；然而借助文学文本的“虚构描述”，我们或则能略微逼近历史场景中的某种原相。

麦斯特漫游之际，其实已经历过种种资本刺激之后而迅猛发展的世界，他无法将自己的世界仍停留在田园牧歌之中，所以会有“教育省”的理想及其幻灭。这其实正是歌德对其所处时代的巨变之秘索思接触感应及其自身内心痛苦的反映，正所谓“歌德的整个创作好像就是一幅自身陷入分裂的世

[1] 一种叙述，参见 [美] 马歇尔 · 伯曼（Berman, Marshall）：《一切坚固的东西都烟消云散了——现代性体验》（All that is solid melts into air: the experience of Modernity），徐大建等译，商务印书馆，2003 年。

界的动荡之图像”[1]，诚哉斯言！如谓不信，考察一下他的另一部巨作《浮士德》，就可以看得很清楚。

二、“金融帝国”的呈现——以《浮士德》为中心

歌德当然是相当敏锐的，这不仅表现在他对机器工业时代发出的裹挟之声的倾听，而且能对通过纸币发行的资本运作方式实现权力欲望的批判[2]。浮士德的理想当然是获得权力、实现事业，可歌德却不仅要帮助浮士德实现他那个是男人就会有的虚荣之梦，还需要“会当凌绝顶，一览众山小”，他要俯瞰这个世界的来世今生，或许还想努力把握未来，所以他会相当坦然地表示：“人类会变得更聪明，更具识别力，但不会更好，更幸福，更有力，或者至少在某些时代如此。我似已预见到某一时刻的来临，上帝不再能从人类身上获得乐趣，那就必然会毁灭一切，求得更生冲创之力。我相信，这一切都已在冥冥之中早有注定，在遥远未来的某个时日，必将开始又一轮新的恢复冲创之力的时代。但距离那刻肯定仍有漫长的时日，我们依旧可在成

[1] 原文为：Goethes ganze Dichtung ist fast nur das Bild der Zerrüttungen einer mit sich selber in Zwiespalt geratennen Welt. Ense, Karl August Varnhagen von: Im Sinne der Wanderer（漫游者的意义，1832）, in Mandelkow, Karl Robert（hg.）: Goethe im Urteil seiner Kritiker–Dokumente zur Wirkungsgeschichte Goethes in Deutschland（批评者眼中的歌德——歌德在德国影响史资料）.Band II. München:C.H.Beck, 1977. S.28.

[2] 参见 Jaeger, Michael: Fausts Kolonie: Goethes kritische Phänomenologie der Moderne（浮士德殖民地：歌德的现代性批评现象学）. Würzburg: Königshausen & Neumann, 2004. 吴建广《一部人本主义的悲剧——德意志文化框架中的＜浮士德＞》，载刘明厚主编：《艺术化与世俗化的突围》，上海百家出版社，2010 年，第 129 页。徐畅：《“魔鬼的发明”？——从＜浮士德＞的纸币主题看人本主义批判》，载《外国文学评论》，2014 年第 3 期。

千上万的年头里在这块可爱的、古老的土地上享受生活，就像现在这样。”[1]这是魔术师般的预言，然而歌德居然就说了，虽然是私下谈话，但却振聋发聩。从这近两百年的人类发展史来看，歌德的判断竟是何其准确。是啊，这资本主义主导的近两个世纪的历史，确实创造了无比辉煌的文明成就，尤其是通过技术的极大发展，使得人类可以享受到更为丰富的物质生活。可人类确实没有变得“更好、更幸福、更有力”，甚至人类活得非常可悲，用时髦的话来说，就是“幸福指数”并不高，何以然？这真是一种悖论啊，人的生活幸福究竟要靠什么才能提升？为什么曾经食不果腹的人类，可以有“朱门酒肉臭”，可以有“斗富夸豪”，但却绝不醒悟。也或许是，作为一代诗哲的歌德，隐隐约约已经意识到，人类在作茧自缚。很多制度性的设计，都是如此，譬如金融。

如果说现代性的最为核心的器物因素是资本，那么资本制度设计的最关键环节则是金融。金融是一个非常奇怪的东西，其最大特征就是“虚拟性”，人走到“虚拟世界”这个地步，乃是非常悲哀的一个事情。穆齐尔（Musil, Robert,1880–1942）算是自然科学出身的作家，但他也对数学中的“虚数”现象十分困惑不解，其忧虑正与对理性无限扩张的极端性倾向而相匹配[2]。或许还正如尼采所言：“人是联结在动物与超人之间的一根绳索——悬在深渊

---

[1] 德文原文为：“Aber laß die Menschheit dauern, so lange sie will, es wird ihr nie an Hindernissen fehlen, die ihr zu schaffen machen, und nie an allerlei Not, damit sie ihre Kräfte entwickele. Klüger und einsichtiger wird sie werden, aber besser, glücklicher und tatkräftiger nicht oder doch nur auf Epochen. Ich sehe die Zeit kommen, wo Gott keine Freude mehr an ihr hat und er abermals alles zusammenschlagen muß zu einer verjüngten Schöpfung. Ich bin gewiß, es ist alles danach angelegt, und es steht in der fernen Zukunft schon Zeit und Stunde fest, wann diese Verjüngungsepoche eintritt. Aber bis dahin hat es sicher noch gute Weile, und wir können noch Jahrtausende und aber Jahrtausende auch auf dieser lieben alten Fläche, wie sie ist, allerlei Spaß haben.” 1828 年 10 月 23 日谈话，Eckermann, Johann Peter: Gespräche mit Goethe–in den letzten Jahren seines Lebens（歌德谈话录——他生命中的最后几个年头）. Berlin und Weimar Aufbau-Verlag, 1982. S.600.

[2] Musil, Robert: Die Verwirrungen des Zoeglings Toerless（学生特尔莱斯的困惑）. Reinbeik: Rowohlt, 1978, S.74.

上的绳索。”或许说到底还是，“人是应被超越的某种的东西。”[1] 歌德在更高的层次上来思考这一问题，他似乎意识到人类的进步与毁灭的双重性交织问题[2]，而其连接点或许就在这“虚拟”之中。人类是需要信仰的，人类毕竟不是一般意义上的动物。人类如何才能走向积极意义上的“超人”？在《浮士德》中，歌德似乎做出了最初的尝试。

按照兵部大臣（Heermeister）的看法：“士兵们只要有钱，可不管它从哪儿来。”（Fragt der Soldat doch nicht, woher es kommt.）[3] 这里说得是一个简单的道理，“有钱能使鬼推磨”！作为社会底层的军人，他们关心的是“钱”本身，而非获取金钱来源的正当性与否。还是梅菲斯特这段对金钱的膜拜淋漓尽致：

> Wo fehlt's nicht irgendwo auf dieser Welt?
> Dem dies, dem das, hier aber fehlt das Geld.
> Vom Estrich zwar ist es nicht aufzuraffen;
> Doch Weisheit weiß das Tiefste herzuschaffen.
> In Bergesadern, Mauergrüden
> Ist Gold gemünzt und ungemützt zu finden,
> Und fragt ihr mich, wer es zutage schafft:
> Begabten Manns Natur– und Geisteskraft.

> 世界上哪有什么完美无瑕？
> 不缺东就少西，这里是金钱在匮乏。

---

[1] 德文为：Der Mensch ist etwas, das überwunden werden soll. Nietzsche, Friedrich: Also sprach Zarathustra. Stuttgart:Alfred Kröner Verlag, 1988. S.8.《查拉图斯特拉如是说》（节选），载［德］尼采：《尼采散文选》，钱春绮译，百花文艺出版社，1995 年，第 37 页。

[2] 1828 年 10 月 23 日 谈 话，Eckermann, Johann Peter: Gespräche mit Goethe–in den letzten Jahren seines Lebens（歌德谈话录——他生命中的最后几个年头）. Berlin und Weimar Aufbau–Verlag, 1982. S.600.

[3] Werke: Faust. Eine Tragödie. Goethe: Werke, S. 4766（vgl. Goethe–HA Bd. 3, S. 155）中译文参见［德］歌德：《歌德文集》第 1 卷，绿原译，人民文学出版社，1999 年，第 219 页。

金钱当然不可能遍地俯身拿，
智慧却明白要向最深处去挖。
在矿脉之中，在墙垣之下，
处处有那金币与金块可细加寻查。
如果你们问我，谁能把它掘扒？
天才者的自然力与精神力值得回答。[1]

宰相（Kanzler）显然不愿意屈服在梅菲斯特荒谬的“金钱论”之下，所以他慨然以基督徒的身份驳斥了所谓的“自然和精神”论（Natur und Geist – so spricht man nicht zu Christen）[2]，强调：“自然是原罪，精神是恶魔，/他们产育下的混血儿就叫疑惧。/我们这里与此截然有异！/古老的帝国只有两系并立，/圣徒与骑士/将皇帝的尊严毅然捍卫；/他们在暴风雨中凛立，/为教会与国家报酬不计。/可另类的暴民精神，/竟会发展成一种叛逆：/异教徒与巫术师！/他们将城市与国家败坏。”[3] 宰相提出了针锋相对的一组概

[1] [Werke: Faust. Eine Tragödie. Goethe: Werke, S. 4764（vgl. Goethe–HA Bd. 3, S. 154）] 此处为作者自译。参见散文体中译文：这世界哪会样样齐全？要不缺这，就会缺那，只是这儿缺的是金钱。金钱诚然不能俯拾皆是；智慧却懂得从深处把它发现。铸好的和没有铸好的黄金，大都埋在墙根下，矿脉里。你们问我，谁能让它们得见天日：只有靠天才的自然力和精神力。[德]歌德：《歌德文集》第1卷，绿原译，人民文学出版社，1999年，第217页。另诗体中译文：世上哪儿有十美十全？不缺这，就缺那，这儿缺少的是金钱。地板下固然扒它不出，可是智慧却懂得朝深处挖掘。在矿脉中，在墙垣下，金币和金块到处可查。你们要问我，谁能把它掘起？那得靠聪明人的天资和智力。[德]歌德：《浮士德》，董问樵译，复旦大学出版社，1983年，第294页。

[2] Werke: Faust. Eine Tragödie. Goethe: Werke, S. 4764（vgl. Goethe–HA Bd. 3, S. 154）

[3] 此处作者自译。德文为：Natur ist Sünde, Geist ist Teufel,/ Sie hegen zwischen sich den Zweifel, Ihr mißgestaltet Zwitterkind./ Uns nicht so! –Kaisers alten Landen/ Sind zwei Geschlechter nur entstanden, / Sie stürtzen würdig seinen Thron: / Die Heiligen sind es und die Ritter; / Sie stehen jedem Ungewitter/ Und nehmen Kirch' und Staat zum Lohn./ Dem Pöbelsinn verworrner Geister/ Entwickelt sich ein Widerstand:/ Die Ketzer sind's! die Hexenmeister!/ Und sie verderben Stadt und Land.[Werke: Faust. Eine Tragödie. Goethe: Werke, S. 4764—4765（vgl. Goethe–HA Bd. 3, S. 154）] 散文体中译文参见[德]歌德：《歌德文集》第1卷，绿原译，人民文学出版社，1999年，第218页。另诗体中译文参见[德]歌德：《斯泰封插图本浮士德》，郭沫若译，吉林出版集团有限责任公司，2009年，第172页。部分翻译：“天资和智力——不许对基督徒这样谈，/所以把无神论者烧成灰烟，/因为这类话儿极端危险。/天资是罪恶，智力是魔鬼，/它们生出个畸形的混血儿，/怀疑就是它的名字。/我们这儿与此迥异！”[德]歌德：《浮士德》，董问樵译，复旦大学出版社，1983年，第294—295页。

念，即为帝国柱石的两大集团“教士和骑士”，同时其对立面则为“异教徒和巫术师”。如此，以宗教为基本标志，基督徒—异教徒成为基本对立面；而骑士—巫师的对立同样有趣，因为如此则可彰显政权基础的差异所在。但在梅菲斯特这里，价值标准有了彻底的改变，无论是信仰还是阶级身份已然不再重要，重要的是金钱为标志的资本登场。而资本的出现，不仅是对固有权力结构的威胁，即便是对基督教，也是一个重大挑战。

因为即使站在基督教立场，我们也会发现，对金钱的态度也颇有自相矛盾之处。《旧约》还说“金钱万能”（《旧约　传道书》10：19），到了《新约》则批评“爱金钱是万恶之源”（《新约　提摩太前书》6：10）。为何新旧之间差别如此之大，却需要仔细推敲。我们知道，《旧约》是希伯来人，也就是犹太人所遵奉的基本经典；而《新约》则是欧洲人所进一步发展出来的，他们更倾向于以一种本土化的方式来接受圣经。这两者之间对金钱态度的区分，恐怕正显示出基督教演进过程中的地方性适应问题。如果用侨易学的眼光来看，就是物质位移导致了精神质变，这种变化不仅体现在基督教西征欧洲本土，而且表现在其教义内涵不断发生质性变化。犹太人是个商业民族，他们显然很注重金钱的功用；而欧洲人显然不以经商为然，他们不仅更在意知识与精神层面的提升，而且对金钱要等而下之，其思路似乎更近于孔子“君子喻于义，小人喻于利”（《论语・里仁》）。所以宰相说：“撒旦对你们布下了金丝罗网，/ 他存心不良，你们切莫上当。”（Der Satan legt euch goldgewirkte Schlingen: /Es geht nicht zu mit frommen rechten Dingen.）[1] 如此苦口婆心，可惜有几人能够体会？或许，即便众生明白金钱是“金丝罗网”，也会像飞蛾扑火般地前赴后继。毕竟，人不是神，人本就是一种动物，一种不断发展的动物；虽然我们自以为是万物灵长，发展出了一般动物所不具备的知识、力量和空间，但人毕竟又还属于动物，所以尼采会说：“人之所以伟大，乃在于他是桥梁而不是目的；人之所以可爱，乃在于他是过渡和没

[1] Werke: Faust. Eine Tragödie. Goethe: Werke, S. 4766（vgl. Goethe–HA Bd. 3, S. 155）[德]歌德：《浮士德》，董问樵译，复旦大学出版社，1983 年，第 297 页。

落。”[1]人终究还只是一种过渡，甚至是一种难以摆脱没落的过渡，这一点看看人类对待金钱，对待金融，这种虚拟资本的态度就可以知道了。

梅菲斯特力推货币改革，意味着纸币印制的必然实施。一旦钞票发行，就取得了极为神奇的效果，宫内大臣（Marschall）固然是愁眉一扫空，“所有的欠账都一笔勾销。/ 高利贷者不再伸出魔爪，/ 我真摆脱了地狱般的苦恼；/ 在天上也未必如此逍遥。”[2] 兵部大臣更是欢天喜地：“欠饷已分期付清，/ 全军重新整顿，/ 雇佣兵精神抖擞，/ 连酒家和侍女也笑脸迎人。”[3]财政大臣更是描绘了普天同乐的景象：“臣等立即将钞票依次盖印：/ 分为十、三十、五十、一百四等。/ 陛下想象不到人民多么欢欣。/ 瞧瞧你的城市吧，原来死气沉沉，/ 而今却熙来攘往，无比繁盛！ / 御名固然久已造福世界，/ 但从未受到人民如此爱戴。”[4]权力在古代乃是无往不利的利器，具有立竿见影的效果；可即便是如此拥有强势权力的高官们，居然也在金钱面前如此俯首称臣、卑躬屈膝，由此可见，资本之力量是何其巨大了。更重要的是，这种资本的出现，打破了原先的以真金白银为度量工具的“财富”观念，是用作为虚拟货币的纸币来实现的，这是金融的小试牛刀；就其本质而言，是工具理

---

[1] 德文为：Was groß ist am Menschen, das ist, daß er eine Brücke und kein Zweck ist: was geliebt werden kann am Menschen, das ist, daß er ein Übergang und ein Untergang ist. Nietzsche, Friedrich: Also sprach Zarathustra. Stuttgart:Alfred Kröner Verlag, 1988. S.11.《查拉图斯特拉如是说》（节选），载［德］尼采：《尼采散文选》，钱春绮译，百花文艺出版社，1995 年，第 40 页。

[2] 德文为：Rechnung für Rechnung ist berichtigt,/ Die Wucherklauen sind beschwichtigt,/ Los bin ich solcher Höllenpein;/ Im Himmel kann's nicht heitrer sein.[Werke: Faust. Eine Tragödie. Goethe: Werke, S. 4815（vgl. Goethe–HA Bd. 3, S. 186）http://www.digitale–bibliothek.de/band4.htm]［德］歌德：《浮士德》，董问樵译，复旦大学出版社，1983 年，第 350 页。

[3] 德文为：Abschläglich ist der Sold entrichtet,/ Das ganze Heer aufs neu' verpflichtet,/ Der Landsknecht fühlt sich frisches Blut,/ Und Wirt und Dirnen haben's gut.[Werke: Faust. Eine Tragödie. Goethe: Werke, S. 4815（vgl. Goethe–HA Bd. 3, S. 186）http://www.digitale–bibliothek.de/band4.htm]［德］歌德：《浮士德》，董问樵译，复旦大学出版社，1983 年，第 350 页。

[4] 德文为：So stempelten wir gleich die ganze Reihe, / Zehn, Dreißig, Funfzig, Hundert sind parat./ Ihr denkt euch nicht, wie wohl's dem Volke tat./ Seht eure Stadt, sonst halb im Tod verschimmelt,/ Wie alles lebt und lustgenießend wimmelt!/ Obschon dein Name längst die Welt beglückt,/ Man hat ihn nie so freundlich angeblickt.[Werke: Faust. Eine Tragödie. Goethe: Werke, S. 4817（vgl. Goethe–HA Bd. 3, S. 187）http://www.digitale–bibliothek.de/band4.htm]［德］歌德：《浮士德》，董问樵译，复旦大学出版社，1983 年，第 351—352 页。

性在起作用，是现代知识的营构之力量在发挥“魔幻之力”。

在如此一幅万物生平的太平图景前，虽然皇帝自己都心存疑虑，“老百姓真会把这当作十足的金银？/可用这支付军队和百官的工薪？”[1]可是撒旦既已被放出，那就不是打开魔瓶者所能控制的了。按照宫内大臣的描述：

> 要控制这流通的东西势不可能，
>
> 它们快如闪电，四散飞奔。
>
> 兑换店都敞开大门：
>
> 每张钞票可以自由兑换金银，
>
> 至于打点折扣，那是本等。
>
> 钞票从那儿流到肉铺、面包店和酒馆：
>
> 半个世界似乎只想到吃喝乐玩，
>
> 另一半又在服装上斗巧争妍；
>
> 成衣匠在缝，衣料商在剪。
>
> 遍酒肆在“皇帝万岁”声中酒如喷泉，
>
> 又烹又煎，杯盘声叮铛不断。[2]

这段描述确实过于形象，货币的力量在此被特别凸显出来，在这里仿佛成了无所不能的“金手指”，可以撒豆成兵，潇洒自如，又如自由的孙行者，可以一个筋斗十万八千里，海空天空任其跃。可要知道，货币本是人造之

---

[1] 德文为：Und meinen Leuten gilt's für gutes Gold?/ Dem Heer, dem Hofe gnügt's zu vollem Sold? [Werke: Faust. Eine Tragödie. Goethe: Werke, S. 4817（vgl. Goethe–HA Bd. 3, S. 187）http://www.digitale–bibliothek.de/band4.htm][德]歌德：《浮士德》，董问樵译，复旦大学出版社，1983年，第352页。

[2] 德文为：Unmöglich wär's, die Flüchtigen einzulassen;/ Mit Blitzeswink zerstreute sich's im Lauf./ Die Wechslerbänke stehen sperrig auf:/ Man honoriert daselbst ein jedes Blatt/ Durch Gold und Silber, freilich mit Rabatt./ Nun geht's von da zum Fleischer, Bäcker, Schenken;/ Die halbe Welt scheint nur an Schmaus zu denken,/ Wenn sich die andre neu in Kleidern bläht./ Der Krämer schneidet aus, der Schneider näht./ Bei »Hoch dem Kaiser!« sprudelt's in den Kellern,/ Dort kocht's und brät's und klappert mit den Tellern.[Werke: Faust. Eine Tragödie. Goethe: Werke, S. 4817（vgl. Goethe–HA Bd. 3, S. 187—188）http://www.digitale–bibliothek.de/band4.htm][德]歌德：《浮士德》，董问樵译，复旦大学出版社，1983年，第352页。

物，甚至仅是一种虚拟意义之器物，竟然能有如许功用。甚至让高官慨叹，“控制这流通的东西势不可能”！这究竟又意味着什么？人类已经制造出自身难以驾驭的物器，而这种物器甚至仅是一种虚拟器物。这就难怪梅菲斯特对自己的发明创造十分自负，他说：

> 不用金银珠宝而用纸币，
> 行政便利是人人皆知；
> 既不用讲价，也不用更换，
> 可以任意陶醉在酒地花天。
> 你要金银，随时都可兑现，
> 如果不行，就去开掘一些时间。
> 开出了金链和金盏，
> 拍卖后立即按票额偿还，
> 让那些毒骂我们的怀疑者丢脸。
> 人们用惯了纸币就不要别的东西。
> 从今后在帝国各地，
> 珠宝、黄金、纸币都绰绰有余。[1]

这是创造者对自己才智的自负，但何尝又不是一种潘多拉盒子打开之后的沾沾自喜。每个人都会有自己的优点，每个人也都不可能不存在自己的弱点。任何创造物也都是如此，作者此处只不过借梅菲斯特之名而展示出西方逻各斯路径的现代发展的“发明创造”而已。这种东西虽然貌似“经济学

---

[1] 德文为：Ein solch Papier, an Gold und Perlen Statt,/ Ist so bequem, man weiß doch, was man hat;/ Man braucht nicht erst zu markten, noch zu tauschen,/ Kann sich nach Lust in Lieb' und Wein berauschen./ Will man Metall, ein Wechsler ist bereit,/ Und fehlt es da, so gräbt man eine Zeit./ Pokal und Kette wird verauktioniert,/ Und das Papier, sogleich amortisiert,/ Beschämt den Zweifler, der uns frech verhöhnt./ Man will nichts anders, ist daran gewöhnt./ So bleibt von nun an allen Kaiserlanden/ An Kleinod, Gold, Papier genug vorhanden.[Werke: Faust. Eine Tragödie. Goethe: Werke, S. 4819（vgl. Goethe–HA Bd. 3, S.188–189）http://www.digitale–bibliothek.de/band4.htm][德]歌德：《浮士德》，董问樵译，复旦大学出版社，1983年，第353—354页。

家”的发明创造，但并非没有轨迹可循，譬如在瓦格纳的笔下，阿尔伯里希（Albrich）有这么一段对于魔戒的诅咒：“指环通过诅咒落到我手，/ 指环该同样受到诅咒！ / 当它的黄金，/ 给予我无边的权力，/ 那它的魔力，/ 将使戴它的人死于非命！”（Wie durch Fluch er mir gerieth,/verflucht sei dieser Ring!/mir – Macht ohne Maaß/nun zeug sein Zauber/Tod dem – der ihn trägt!）[1] 这是一种极富象征意义的譬喻，意味着将财富与权力挂钩，表面看去，黄金—金钱—货币不过是在经济层面上来定位，可一旦沟通了这种内在逻辑关系同时也就指向了权力，指向了魔力，魔咒。莱茵黄金确实是一个耀眼的意象，它以一种财富象征的意象而化身为权力的标志。而此处梅菲斯特发明的纸币，则以另一种现代意象给我们揭示了物器无所不能，无所不在的驱动力。

在马克思看来：“原始积累的方法可以是其他一切东西，但决不是田园诗式的东西”（In der Tat sind die Methoden der ursprünglichen Akkumulation alles andre, nur nicht idyllisch.）[2] 浮士德给我们展现的金融帝国，当然可以被认为是原始积累的一种表现形式，因为正是通过现代化的人为设计，货币—金钱—资本—金融，成为一种具有魔力般的制度设计，并转而作用于其发明者的人类，发生出魔力般的功用。但浮士德毕竟不是一般的创业者，他凭借的是魔鬼的力量，成就的是“填海造田”的辉煌事业。

浮士德在初对海伦之际，感叹道：“这儿就是现实，我在这儿立定脚跟！ / 精神可以从这儿和幽灵斗争，/ 伟大的双重王国已经建成。”[3] 这个“双

[1] Das Rheingold. –Vorabend zu dem Bühnenfestspiel: Der Ring des Nibelungen. “[Sämtliche Schriften und Dichtungen: Fünfter Band. Richard Wagner: Werke, Schriften und Briefe, S. 2607（vgl. Wagner–SuD Bd. 5, S. 254）]《尼伯龙族的指环》，高中甫等译，载 [德] 瓦格纳：《瓦格纳戏剧全集》下册，高中甫、张黎主编，中国文联出版公司，1997 年，第 89 页。

[2] Marx: Das Kapital. Marx/Engels: Ausgewählte Werke, S. 4376（vgl. MEW Bd. 23, S. 742）[德] 马克思、恩格斯：《马克思恩格斯全集》第 23 卷《资本论》第 1 卷《资本生产的过程》，人民出版社，1972 年，第 782 页。此处作者自译，略有出入。

[3] 德文为：Hier fass' ich Fuß! Hier sind es Wirklichkeiten, / Von hier aus darf der Geist mit Geistern streiten,/ Das Doppelreich, das große, sich bereiten. Werke: Faust. Eine Tragödie. Goethe: Werke, S. 4841（vgl. Goethe–HA Bd. 3, S. 201）。[德] 歌德：《浮士德》，董问樵译，复旦大学出版社，1983 年，第 382 页。

重王国”（Das Doppelreich）的概念值得重视，因为在这里指的应当是“现实世界”和“精神世界”。德国人向来重视精神的层面，是一个拥有哲学的伟大民族，但再抽象的精神生存也仍然脱离不了物质生存的基本层面，虽然马克思说“物质基础决定上层建筑”或许略过绝对，但总体来说，却有其不可反驳的道理。至少这种表达更具抽象原理的特征。甚至，或还是应当承认“金钱推动世界”[1]？货币虽然本是人类为了更好地生活而发明出的一种物器而已，但它自诞生之后就随着人类生活和文明史的进程逐步变形，并使其附着了不同层面的含义。从货币发展到金钱，已经是发生了一种质性的变化，因为货币仅仅是一种物质交换的象征性符号而已，可金钱则意味着财富、是一种身份地位的象征；从金钱发展到资本，则更是一种质性的转变，因为金钱还仅是财富象征，而资本则进入到一种内在性规律的物自体必然诉求层面，资本已是一个非生物性的但却活生生的“物”了，甚至是一种“生命”，这种“生命”是以不断追逐利益为使命的，它反过来能驱动其创造者——人为其奔命。货币、金钱、资本这三个概念仿佛三位一体，但究其实质，很有不同。到了资本这个阶段，物器层面已经解决不了这个问题了，就必然要上升到制度层面了，资本主义这个概念必须在制度层面来理解。

制度的意义怎么高估也不过分，因为通过制度的设定，就可以使得一种或为偶然的现象进行规律化的运作，是一种常规性的、经常发生的社会事实。而最为关键的则是金融资本的横空出世，在希法亭（Hilferding, Rudolf, 1877–1941）看来，金融资本乃是资本“自己最高和最抽象的表现形式”[2]。而阿里吉（Arrighi, Giovanni, 1937–2009）则非常明确地指出：“金融资本不是世界资本主义的一个特殊阶段，更不用说是它的最新和最高阶段，而是一种反复出现的现象，标志着中世纪后期和现代早期欧洲资本主义时代的最初

[1]《卡巴莱夜总会》（1972 年），转引自［英］尼亚尔·弗格逊（Ferguson, Niall）：《金钱关系——现代世界中的金钱与权力》，蒋显璟译，东方出版社，2007 年，第 1 页。
[2]《前言》，载［德］鲁道夫·希法亭（Hilferding, Rudolf）的《金融资本——资本主义最新发展的研究》，福民等译，商务印书馆，1994 年，第 1 页。

开端。在整个资本主义时代，金融扩张表明了世界规模的积累已经从一种体制转换成为另一种体制。它们是‘旧’体制不断被摧毁，‘新’体制同时被创建的相互关联的两个方面。”[1]根据立基于布罗代尔学理基础的思路，阿里吉进而将 20 世纪概括为三大阶段：

> （1）19 世纪末和 20 世纪初的金融扩张阶段。在这过程中，英国的“旧”体制的结构被摧毁了，美国的“新”体制的结构被创建了；
>
> （2）20 世纪五六十年代的物质扩张阶段。在这期间，美国的“新”体制在贸易和生产的世界范围的扩张中占据了优势；
>
> （3）目前的金融扩张阶段。在这个过程中，此时成了“旧”的美国体制的结构开始被摧毁，“新”体制的结构很可能正在创建中。[2]

金融资本的出现乃是文明史上的重要事件，因为正是货币到资本再到金融资本的出现，使得人类社会结构发生了根本性的转变，譬如资本主义的出现。歌德当然并不希望看到以前的牧歌时代从此消逝，但他绝不会逆历史潮流而动，乃用如椽巨笔深刻记录了“金融帝国”的最初萌芽状态，这正表现出作为诗性资源的知识力量或许正在于此，这种由诗人感知力而引发的“史诗叙述”，或许正是值得我们再三关注的。

“牧歌殇落”固然给我们描绘出一幅“天苍苍，野茫茫，风吹草低见牛羊”的草原牧歌的一去不返，而“金融帝国”的呈现，也绝不仅是海市蜃楼的虚幻景象。资本时代以一种呼啸而来的暴风骤雨飘过 18–19 世纪；但正如阿里吉所描绘和洞察的那样，金融资本时代的出现和鼎盛，将对我们身处的现时代产生极为重要的影响，无论其中霸主更迭如何，以“金融资本”为标志的时代特征将是对西方现代性和东方现代性的重大挑战。

---

[1]《前言与致谢》，载 [意] 阿锐基（Arrighi, Giovanni）：《漫长的 20 世纪——金钱、权力与我们社会的根源》，姚乃强等译，江苏人民出版社，2001 年，第 8 页。阿锐基即阿里吉。

[2] 同上，第 8 页。

三、现代之殇——从席勒的《审美教育书简》说起

席勒（Schiller, Friedrich, 1759—1805）将古代希腊人作为典范，认为他们具有性格的完整性，而近代人则不是："给近代人造成这种创伤的正是文明本身。只要一方面由于经验的扩大和思维更确定因而必须更加精确地区分各种科学，另一方面由于国家这架钟表更为错综复杂因而必须更加严格地划分各种等级和职业，人的天性的内在联系就要被撕裂开来，一种破坏性的纷争就要分裂本来处于和谐状态的人的各种力量。"[1] 在与希腊国家进行比较之后，席勒对近代社会做了如下的描述：

> ……如今已被一架精巧的钟表所代替，在那里无限众多但都没有生命的部分拼凑在一起从而构成了一个机械生活的整体。现在，国家与教会，法律与道德习俗都分裂开来了；享受与劳动，手段与目的，努力与报酬都彼此脱节。人永远被束缚在整体的一个孤零零的小碎片上，人自己也只好把自己造就成一个碎片。他耳朵里听到的永远只是他推动的那个齿轮发出的单调乏味的嘈杂声，他永远不能发展他本质的和谐。他不是把人性印在他的天性上，而是仅仅变成他的职业和他的专门知识的标志。……死的字母代替了活的知解力，训练有素的记忆力所起的指导作用比天才和感受所起的作用更为可靠。[2]

仿佛是纯粹抽象的理性思辨，但实际上所有这些典型现象的归纳和总结，都有着极为现实的社会生活基础为支撑的。而这种所谓"精巧钟表的时代"，正是资本时代的代名词，席勒以他作为诗人和史家的敏锐洞察力，非常准确地捕捉到了大时代变化的症候，可谓是"一叶落而知天下秋"，可是他料想不到的或许是，这个已经开启于历史进程中的大时代，将彻底地颠覆

[1] [德] 席勒:《审美教育书简》，载冯至:《冯至全集》第 11 卷，河北教育出版社，1999 年，第 36—37 页。这里的近代，亦可理解为现代。

[2] 同上，第 37—38 页。

以往的人类以农耕游牧为主的时代，并将持久地改变和影响着人类的生活和存在方式。牧歌一曲伤逝去，田园将芜何处归？席勒曾悲哀地说："人如斤斤小智小慧，将永远是细人。耳之所营，目之所见，永远是一个轮子的转动，将永远不见全体，永不明大道。"[1]这真是与老子所谓"大道废，有仁义；智慧出，有大伪"（道德经）之说默契相通。素朴诗人显然更表达出席勒的理想："这种诗人出现于世界的少年期：他们庄严而圣洁"[2]。我曾说过："这种素朴诗人的理想，显然是追求一种和谐的世界，它曾存在于自然之中，却因人类文明的发展而断裂终止消逝，宛如那悠扬温婉的田园牧歌，人未散而曲已终。"[3]对于理想主义者来说，这种类似田园牧歌式的素朴诗人理想，显然是值得追求的一种境界。可问题在于，在资本时代，这种曾经存在于历史事实中的理想情景是否还能"昨日重来"？

虽然颇为隐晦，但我们或许要问，是否有一个歌德、席勒时代的资本德国呢？我认为是有的，虽然可能还只是"形态初萌"，但借助诗人的洞察细微，我们还是不难捕捉出其中的蛛丝马迹。譬如在冯塔纳的小说世界里，我们或许能够更细致地观察到资本德国兴起的详细景观，在曼氏兄弟的后世追述中，我们可以感受到那个时代磅礴崛起的"资本症候"。歌德的资本德国却迥然不同，那是大诗人一叶落而知天下秋的洞察先机，是一个时代将大变型前的未雨绸缪，是对西方现代性的"望闻问切"；故此，资本德国虽然与英、法有很大的殊异性，但却不能否认其存在。

在歌德的资本德国中，似乎一切都还只是"牛刀初试"，但那种"山雨欲来风满楼"的气势则隐含迫人，让最伟大的诗人和思想巨子们都感受到一种"黑云压城城欲摧"的凌厉之气而不得不调动全身心的知识和思想资源以

[1] 转引自［德］里德：《德国诗歌体系与演变——德国文学史》，王家鸿译，台北：商务印书馆，1980 年第 2 版，第 149—150 页。

[2] 参见《威尔第的素朴》，载［英］伯林：《反潮流——观念史论文集》，冯克利译，译林出版社，2002 年，第 340—343 页。

[3] 叶隽：《史诗气象与自由彷徨——席勒戏剧的思想史意义》，同济大学出版社，2007 年，第 403—404 页。

应对之，乍看之仿佛小题大做，但如果从现代性缘起问题的重要性来看，他们显然是时代的先知先觉者，而先知总是痛苦的，因为他们总能感受到别人无法感觉到的那种“冲动萌芽”状态。本雅明（Benjamin, 1892—1940）说：“在马克思着手分析资本主义生产方式时，这种生产方式尚处于生产阶段。马克思是一个弥赛亚式的学者，他的全部努力，在于使他的研究具有预言未来的价值。”[1] 其实任何伟大的时代与国度，都有其预言未来的伟人和圣哲，也就有所谓“弥赛亚式的”问题，歌德作为伟大的诗人与思想家自然也不例外，他的敏锐、洞察和烛照力，都堪称“前难见古人，后少见来者”，作为一个已经预见到自己的物种灭亡的人物，却能从容不迫地继续过完自己的俗世生活，并享受之，坚持之，创造之，创作了几乎是人类迄今为止最为庞大而精致的知识与文学系统过程，歌德的文学与知识世界，我认为这是怎么高估都不过分的。但我们必须指出，再伟大的人物也都超越不出他的时代和环境而存在，他既会深刻地影响和作用于他的时代和环境，同时也避免不了受到其所处时代和环境的限制和影响。从“资本萌芽”到“金融帝国”，这是一个质性的转变，是人类在社会空间建构过程中走向不归路的一个关键性转折点，虚拟世界的出现其实可区分多个层次，我们正在经历的乃是金融杠杆发展到极端形态的一种表现（尤其以金融衍生品的无序滋生为标志），而歌德那个时代对纸币——这个最初的虚拟价值的呈现形式的警惕和戒厉，以《浮士德》为中心来呈现出“金融帝国”的辉煌景观，表现出歌德作为一个天才诗人和时代精神代言人的特出之处，即用诗性资源来展现经济图景与社会真实，以秘索思的路径来更为切中地把握时代脉搏，应该说不但表现出诗人对自己所处国土与国民的忧思关怀以及接续地气的诗人面相，而且也展示了大思想家的直觉敏锐和“纸上苍生”的另类意义。

[1]《机械复制时代的艺术作品》，载 [德] 本雅明：《单向街》，陶林译，江苏凤凰文艺出版社，2015 年，第 74 页。

日俄战争文学书写中的清政府“局外中立”[1]

周冰心[2]

[摘要] 日俄战争于1904年爆发，主战场在中国东北地区，清政府在日俄开战后旋即宣布“局外中立”，成为中国近代史上标志性的“国耻”事件之一。本文在历史学界披露的相关史实的基础上，在大量日俄战争文学的书写中还原了更丰富的“中立”史事，深刻分析在清政府的“局外中立”背后，从上层朝廷到下层百姓，在文学作品中反映出来的复杂情态，以原始文本出发，为日俄战争做出更为鲜活的注脚，为历史文献提供更为全面的阐释。

[关键词] 日俄战争　日俄战争文学　局外中立

1904—1905年发生的日俄战争，是20世纪初期较大规模的国际战争。战争主战场在中国，最后以日胜俄败而告终。这场战争对中、日、俄三国发展的历史进程都产生了不可估量的作用，对远东地区的国际力量对比，对第一次世界大战的爆发与铺垫，对整个20世纪乃至21世纪的国际政治秩序都产生了长远而深刻的影响，所以，日俄战争在史学界也有“第0次世界大战”之称。与此同时，以这场战争作为背景、题材的文学作品也在中日俄三

[1] 本文是北京外国语大学中国文化走出去协同创新中心资助项目“日俄战争文学中的中国形象”阶段性成果，项目批准号CCSIC2018-YB15；也是中央财经大学教育教学改革基金2020年度资助课题，课题立项编号为：2020ZXJG30。。

[2] 周冰心，文学博士，现任职于中央财经大学文化与传媒学院中文系，主要研究方向为东北亚比较文学，日俄战争与日俄战争文学。

国中大量涌现，包括诗歌、散文、小说等各类文学体裁，重要的回忆录、日记类作品也囊括其中，颇具规模，可以把此类作品统称为“日俄战争文学”。从“日俄战争文学”中所折射出的中日俄三国的文学史、文学思潮发展史、文学理论发展史、知名作家创作情况、国民舆论与心态、社会思潮的变换等等，错综复杂、盘根错节，也一并形成了以日俄战争作为轴心、蔚为大观的“日俄战争文学现象”。本文仅以部分日俄战争文学为例，尝试探析在日俄战争期间清政府的“局外中立”实质。

1904 年 2 月，主战场在中国的日俄战争爆发。日俄战争爆发的第五天，清政府即表态：“现在日俄两国失和用兵，朝廷轸念彼此均系友邦，应按局外中立之例办理。”[1]。与此同时，公布了具体的“局外中立条规”，共有 35 条。

当时，中立政策一出，旋即出现了不少有关清政府中立的嘲讽性诗歌。例如著名诗人陈三立的《短歌寄杨叔玫，时杨为江西巡抚，令入红十字会观日俄战局》一诗写道：“海涎千斛鼍龙语，血浴日月迷处所。吁嗟手持观战旗，红十字会乃蝨汝。天帝烧掷坤与图，黄人白人烹一盂。跃骑腥云但自呼，而忘而国中立乎，归来归来好头颅。”此诗缘于时任江西巡抚的杨叔玫奉命作为万国红十字会组织成员国之一代表，去东北观日俄战情，眼看“黄人白人烹一盂”，似乎是一种津津有味的看客姿态，却忘记了这是在中国的土地上涂炭生灵。有的就直接以“中立”为题。如李希圣（1864—1905）的《中立》：“渡辽车马日纷纷，袖手看人古未闻。国是近来徒尔尔，妖言吾亦欲云云。事前丧饵非无计，局外雌雄尚未分。闻道临边诸将语，太平援例论功勋。”[2]在自己的国土上开战，却袖手旁观，闻所未闻。而战事还未分出胜负，我们的官员又开始为了爬上高位、论功行赏起来。樊增祥所作的《中立》则直指清政府当时颁布的 35 条中立条例，只不过是个幌子而已：“眈眈两虎薄庭除，画我辽阳作阵图。争鹿未知谁得者，斗龙何取我观乎。鼎形早

[1] 王彦威、王亮辑：清季外交史料（第 181 卷），台北：文海出版社，1985 年 9 月。
[2]《雁影斋诗存》民国二十四年铅印本。

失三分二，博局曾微一注孤。三十五条中立例，春王正月出皇都。[1]耽耽两虎，在我辽阳作战，而我们却抛出了三十五条所谓的“中立”条例，以为这样就万事大吉，殊不知大势已去，已经失去了自己领土的话语权。

其他的诗作虽然没有以“中立”为题名，但在字里行间也表达出对清政府“局外中立”的强烈不满。如沈汝瑾（1858—1917）的《朝议》与《闻道》，其中《朝议》写道：“朝议怯中立，外夷强构兵。凿冰船出海，飞火炮穿营。风雪边城戍，疮痍痛哭声。深宫正开宴，歌舞乐升平。”诗歌用鲜明的对比表现了清政府的腐败与无能，日俄已经开战，凿冰出海，在中国的土地上生灵涂炭，而朝廷一面事不关己地“中立”，一面还不忘酒池肉林、歌舞升平。这样的晚清国象只能让人扼腕叹息，而另一首《闻道》也写出了东三省作为主战场所遭受到的苦难：“闻道东三省，强夷兵苦鏖。黄金填海尽，白骨蔽城高。粮绝军宵遁，山空鬼昼号。庙堂守中立，民命等鸿毛。”[2]指责清政府一纸“中立”抛得简单，但却置东三省的百姓于不顾，无论谁胜谁负，最无辜的还是老百姓，但是白骨蔽城又何妨，因为民命实在是轻于鸿毛。同样对清政府的“中立”态度进行讽刺的还有秦嵩的组诗《由凤凰城避兵入关道中感怀》：棋到将残局又更，竟甘壁上作闲兵。陆沉莫问谁家物，大好河山赌一枰。[3]

署名为潜子的诗人则在《俄事警闻》中发表《感赋两首》，直指自欺欺人的清政府早已经使中华大地沦为任人宰割的羔羊，而要收拾河山，还要大家齐心合力，共拯艰危——

> 主人鼾睡疆邻閧　一夕风云起户庭　尚讬危巢嬉燕雀　谁倾海水荡羶腥　巌关戍鼓声如死　木叶辽阳惨不青　荆棘铜驼泣秋雨　何堪载酒上新亭
>
> 长为刀俎我为鱼肉　中立依违忍自欺　落日秦关更西狩　入城胡马

[1] 钱仲联编著：《近代诗钞》(二)，江苏古籍出版社，2001年，第701页。

[2] 同上，第1072页。

[3] 吴闓生评选，寒碧点校编，《晚清四十家诗钞》，浙江古籍出版社，2006年，第305页。

欲南窥　蹇裳东海已无地　揽辔中原尚可为　收拾河山返完密　要凭心力拯艰危[1]

不光在中国国内，远在加拿大的康有为，依然对中国的局势牵肠挂肚。1905年的除夕，他曾写就《除夕加拿大海岛卧病感怀五首》，纵览当时国内的整体局势，叹息大好江山，无人管领，只管中立——

东辽鼙鼓人中立，西藏风云我不知。
绝好江山谁管领，空看书画想迷离。
从何说起中朝事？日饮亡何长夜悲。
忽念当年开国略，艰难百战是何时！[2]

同时，还有台湾鹿港出身的诗人洪月樵，在经历了甲午中日战争台湾被清政府割弃之痛后，依旧关注着祖国的局势，他的一首《闻东西战事感赋》也表达了对清政府坐视不管、无能昏庸的愤怒，作为一个台湾籍作家，此诗更加可贵——

朝廷不为鼓舞计，坐视外人立两甄。
辽东辽西无净土，海南海北飞灰尘。
叹我有险不能握，日以大地供戕残。[3]

由以上的"中立"诗歌，可以看出清政府的"局外中立"政策已经成为丧权辱国的代名词。但抛开感情因素，还需要客观分析清政府这项外交政策是在何种背景下做出的。

其实早在日俄开战前，清政府就已经开始对自己所处的局面进行了预判，1903年11月，袁世凯和湖广总督张之洞被召见商量日俄开战后的对策，

[1]《俄事警闻》1904年2月19号第67号。

[2] 陈永正编注，《康有为诗文选》，广东人民出版社，1983年6月，第291页。

[3] 转引自方建春《中国近代诗歌中的忧患意识与尚武精神》，《固原师专学报》（社会科学版），2000年，第4期。

袁世凯进言了如何自保，也就是“局外中立”的雏形，1904 年 1 月 19 日，日俄两国已经剑拔弩张，袁世凯上奏清廷，主张中立，还给清廷普及了国际法中有关中立的规定。所以这项外交政策的推出，某种意义上确实是当时清政府权衡利弊后的结果，并不是一时被吓得临时以“中立”仓促逃脱。而针对日俄开战以后的具体情况，近些年还有一些历史研究从不同角度进一步剖析了其“局外中立”的实质：如日俄交战期间，清政府是否真正恪守了“中立”承诺，“中立”的背后究竟隐藏了多少力量的相互制衡以及底层民众是否也同时恪守了中立的承诺等等诸如此类的问题。2005 年第 2 期的《文史哲》发表的喻大华的文章《日俄战争期间清政府“中立”问题研究》，就对清政府的“局外中立”政策进行了深入的解读，尤其对清政府名为中立，实则在很多情况下未能遵守中立的承诺，给出了详细的说明。其中包括袁世凯及其北洋军为日军提供情报支持，清军为日军“特别任务班”袭扰俄军提供炸药、经费等援助，奉天的个别团练甚至清军涉嫌参与了日军攻击俄军的某些军事行动，放任日军在辽西中立区招募华人助战的活动等等。[1] 这使我们对清政府的“局外中立”政策又有了新的认识，同时，也让我们注意到“局外中立”的背后还掺杂着复杂的外交背景以及百感交集的国民情绪。单从国民情绪来看，自明治维新以来，尤其是甲午中日战争以后，中日关系就在发生着微妙的变化，日本作为曾经的“小国”与“学生”，近代化进程突飞猛进，军事力量也愈发强大。直到甲午战争之后，清廷的战败，给中国人当头棒喝，变革与学习已经迫在眉睫。1896 年，《马关条约》签订后一年，清朝即首派 13 名留学生到日本，此后逐年增加，到 1906 年，也就是日俄战争结束后一年，留日学生已经发展到八千名左右。留学人数的大量增加，从某个侧面也代表着普通国民的好恶选择，那么，当日俄双方在中国交战之时，以这些背景作为铺垫的话，官方的“局外中立”承诺在普通民众中能否真正实现呢？历史学领域已经从诸多角度证明了清政府“中立”的“暧昧性”，与

[1] 参见喻大华《日俄战争期间清政府“中立”问题研究》，《文史哲》2005 年第 2 期。

此同时，在日俄战争文学中，恰恰也出现了合适的注脚与阐释，旁证了历史现象的复杂。

文学作品虽然常常因虚构性与历史学的“求真”相斥，但不能否认的是，特定时期的特定文学作品，会从另一个侧面为我们提供历史资料之外的参考。一些日俄战争文学作品的出现，为我们全方位了解当时的中立政策、舆论的态度、国民的心态等留下了耐人寻味的想象空间。上文提到的诗歌作品是直接以“中立”为题，抒发对清政府的不满，也有一些诗歌显现出了国人感情倾向的复杂性。

首先，面对日俄开战，中国的国民心态并不是不偏不倚的。所据《警钟日报》在1904年2月28日的报道，民众“往往闻日本战捷即喜悦不胜如梦如醉”。在历经“拒俄运动”之后，社会舆论也是一边倒地偏向日本。比如我们大家熟知的秋瑾所作的著名的《黄海舟中日人索句，并见日俄战争地图》就表达了这一倾向：

> 万里乘风去复来，只身东海挟春雷。
> 忍看图画移颜色？肯使江山付劫灰！
> 浊酒不销忧国泪，救时应仗出群才。
> 拼将十万头颅血，须把乾坤力挽回！[1]

这首诗约写于1905年，写在秋瑾第二次赴日途中。有日本友人向秋瑾索诗，并给她看日俄战争的地图。秋瑾见图心生万千感慨，写下了此诗。这首诗一改哀鸣之音，作为“女流之辈”，却体现了其意气风发、救亡图存的豪情，颇震撼人心。秋瑾还有另外一首诗歌，是应日本友人要求所作的《日本服部夫人属作日本海军凯歌》，也鲜明体现了她的“亲日”倾向：

> 狡俄阴鸷大无信，盟约未寒莽寻衅。全球公理置不珍，夺我陪都恣

[1] 郭长海，郭君兮辑注，《秋瑾全集笺注》，吉林文史出版社，2003年，171页，原稿题目为《日人银澜使者索题，并见日俄战地，早见地图，有感》，《小说林》最早发表此诗。

蹂躏。

当时詟语至外交，十年不觉祸以包。经营未半机谋露，转瞬松花起怒涛。

喋血瞋人侈虎视，蚕食东方势未止。明治天皇雄武姿，独立精神寒鉴齿。

奋发神威不可当，投袂扫穴殴贪狼。将军爱国皆擐甲，侠士闻风尽裹粮。

貔貅海上军容壮，冒雪凌霜如挟纩。一炬横飞敌舰摧，精魂都向波中丧。

何物么么不自思，怒车螳臂敢相持？一歼再歼慑其魄，五日堂堂三报捷。

捷报飞来大地观，从今世界庆安澜。草木山河皆变色，未许潜蛟侧目看。

仁乎壮哉赤十字，女子从军卫战士。吁嗟一线义勇队，唤起国魂强宗类。

掀天揭地气不磨，吮血吞冰勿蹉跎。几欲起舞乘风去，拍手樽前唱凯歌。[1]

该诗背景是日本海军在日俄海战中大胜俄军，日本国民庆祝游行，秋瑾友人服部繁子邀请秋瑾以此作诗。诗中“盟约未寒”中的盟约，就是中俄签订的《中俄交收东三省条约》，但后来俄军拒不根据条约撤军，也由此引发后来波及全国的拒俄运动。“捷报飞来大地观”，指的便是每逢日本胜利的消息传到日本国内，日本民众都提灯游行庆祝，场面盛大，当时在日本留学的中国学生宋教仁也在日记中提到了日本海战胜利后东京人山人海的庆祝场景。在诗歌的最后，秋瑾歌颂了在明治天皇领导下的日本奋发图强、蓬勃向上的面貌。确实，这种心态代表了很多留日学生的心理，面对贫弱的祖国，

[1] 郭长海，郭君兮辑注，《秋瑾全集笺注》，吉林文史出版社，2003年，第122页。

面对曾经同样贫弱如今却能战胜俄国的“小日本”，很多留日学生五味杂陈。既羡慕明治维新后日本的国家富强、国民的生机勃勃，又痛感于自己国家的愚昧、落后、麻木不仁。

除了在国民心态的侧重上有所反映外，日俄战争文学也部分还原了历史面貌与线索。如李希圣（1864—1905）《与客谭日俄战争》，指出了当时清政府意图联日，来赶走沙俄的情况：“谁谓西邻士马豪，聊城弃甲比山高。庙谟始觉联吴好，天意宁烦诅楚劳。遣吏征兵闻哭泣，连年举债尽脂膏。北盟旧事多同异，留取丛谈付蔡絛。”[1]的确，地方上的部分督抚是主张联日拒俄的，如湖广总督张之洞、邮传大臣盛宣怀等，而据一些史料披露，清廷当时的一些举动，有暗中支援日本的意图，如上述史料所披露的种种支持等。1904年5月7日，俄军还指责“兴京厅以南所扎之华队随同日人攻打俄人”，虽然清廷坚决予以否认。

此外，清廷东北地方政府官员对日军招募华人义勇队之举，亦故意采取了听之任之的放任态度，以至于俄军抗议之声不断。梦周的《兄弟从军歌（十二月调）》，就从一个颇为独特的角度反映了日俄战争中清政府放任国人去参战的举动——

> 二月二来龙抬头，兄弟二人奔向辽州。观罢了日俄大争战，可怜那辽东民作人马牛。
>
> 三月三日天气新，兄弟二人才去从军。报仇雪恨就在那东三省，杀的那敌国兵吊了三五。[2]

几十年后，日本防卫厅的战史专家们也含蓄地承认：“日俄战争时的日清关系良好，在满洲作战中得到不少方便。”[3]而俄国也不是等闲之辈，放任清政府“中立”。俄国的军需局官员就曾逼迫盛京将军增棋为其预备运车

---

[1]《雁影斋诗存》民国二十四年铅印本。

[2] 梦周《兄弟从军歌（十二月调）》，载《第一晋话报》第六期。

[3] 此处详见喻大华《日俄战争期间清政府“中立”问题研究》，载《文史哲》，2005年第2期。

五百辆，作为运送俄军之用。于是有人作诗云："海风吹雨睹长天，寂寞关河绝可怜。最是伤心看岭路，柴车络绎如云边。"诗后附一说明，"俄人征民车千余，悉编为官车，用以载运辎重。上摩天岭时，余适遇之，蜿蜒数十里，添溢山谷，道为之阻。"[1]可见，清政府这种"中立"，绝不是真正置身事外的"中立"，国家贫弱，国民依旧备受欺凌。

当然，诗歌创作中寥寥几句，承载的历史史实还很有限，日俄战争小说的创作则更具有代表性。近代小说《中国兴亡梦》就是其中非常典型的作品。《中国兴亡梦》[2]作为晚清《新新小说》创刊的开篇之作，刊登在1904年《新新小说》的第1、2、5期上，作者署名为侠民。据考证，侠民（1874—1922），名龚杰，号子英，笔名有侠、侠客、三楚侠民等，江苏吴县人，光绪秀才，创刊《新新小说》并任主编。[3]这篇政治小说从主人公太虚君的梦境入手，以日俄战争为背景，主要描写了梦境中太虚君与友人爱克斯君大谈日俄战事，后来太虚君见到了东北的义勇军并加入其中，与日军联合大败俄军，实现东北自治的故事，但小说并未写完。在研究晚清小说的相关成果中，多认为该小说带有一定的乌托邦色彩，与梁启超的《新中国未来记》有一定的相似之处，比起传统的文言小说而言，写法较为成熟。关于文本的审美分析，在此并不赘述。本文观照的是这篇小说与清政府"局外中立"政策的或隐或现的联系，或者说在清政府已作势要"中立"的时候，底下的国民究竟是什么样的心态？而下层的姿态与上层又形成了怎样的呼应？虽说此小说有一定的幻想成分，但本篇小说的细节描写十分丰富，还有大量的战争描写，从中我们可以窥知一二。

首先，联日抗俄，可以说是《中国兴亡梦》的主流论调。小说里面有对日军大量的正面描写，如："日人坚忍不挠血肉之躯以死相搏，矫捷活泼虽以吾队敢死之士亦为惊叹不置。"而对俄军多是贬损。这样的国民心态，与

[1]《大公报》，1904年8月11日，总第764号，第3版。

[2] 小说引文均来自《中国兴亡梦》，《新新小说》，1904年第1、2、5期。

[3] 详见《"侠民"小议》，杜慧敏，《现代中文学刊》，2010年第4期。

当时的历史情况较为相符。甚至这种民间舆论的存在曾一度使俄国非常不满，指责中国“民情汹汹，甚为西人危”。但清政府则以“民情均甚安和”辩驳[1]。当然，这种局面的形成有一定的历史原因，简单来说，有和日本同文同种的感情倾向，有长期受到俄国边境骚扰的不堪之苦，也有立宪派当时的推波助澜。

除了感情倾向外，小说中更为关键的是有关招募兵役的问题。在清政府宣告中立条规中，第一条即明确规定“本国人民不得干预战时暨往充兵役”，可以说，日俄都没有遵守这个规定，日军更甚。最后两国竟为此都指责清政府为对方提供支持，清政府也都一概否认。不过，在《中国兴亡梦》中，有一个细节令人瞩目，即小说中所谓的东北义勇军，其实也就是当时的马贼，是和日军联合起来，大败俄军。在解开历史“谜团”的过程中，这个细节或许就是一个小小的注脚和缩影。

日俄战争期间，日军确实曾招募过东北马贼，最后打的旗号正是义勇军、正义军之类。这一工作主要由日军方面的青木宣纯负责进行，并得到了袁世凯等人的暗中帮助。通过《日俄战争档案史料》（辽宁省档案馆，辽宁古籍出版社，1995）中的资料，我们可以了解到，俄国为此曾与清政府交涉过：“日本在辽河以西无理任便招募华人……地方官阳奉阴违，禀报不实，暗助日本。”奉天地方官自己也承认：有的虽“实非卑职绵力所能查禁”，而有的确实“佯作不知，任听招募，并未力行阻止，是即暗助日本之处”。[2]

马贼问题在东北地区比较复杂，最初的马贼，简单来说，就是滋扰民众的土匪势力，不过，随着时局的发展，马贼的性质也在悄悄发生着改变。在日俄开战后，马贼由于长期以来与俄人的恩怨，所以往往只袭击俄军，这让日方甚为满意。在《中国兴亡梦》中对马贼的行侠仗义也有详细的介绍，说马贼“虽以劫掠为生，然亦颇有所择，劳力之贮蓄不取，血汗之贷价不取，正大之商贩不取，孤寡贫弱之养赡不取，无业小民犹时时出其所得金帛周其

[1] 转引自《<警钟日报>与“马贼问题”》，《甘肃社会科学》，2009年第6期。
[2] 此处材料参见喻大华《日俄战争期间清政府“中立”问题研究》，《文史哲》，2005年第2期。

缓急”。所以，“良善平民绝无以吾属为可怖者”。“而马贼与其势不两立的人”一是为富不仁之守财奴，另外就是“与其间官吏耳近则略吾土地之俄人”，可见对俄人之憎恨。

俄国人最初是想招募马贼来为其所用的，但是马贼虽名为“贼”，也痛恨俄人，决不与之为伍。后来，俄军血腥镇压马贼更是与马贼积怨已久，这与日军的做法截然不同，所以，后来马贼多数与日军联合，也就不足为奇了。《中国兴亡梦》中详细描写了日军来招募马贼的场面：

> 小山大尉服头等军服跨枣骝马驰入，郑重其容代表日军感谢之意，且曰贵国非守中立者乎，壮士何人胡为以死力相助，施盎趋而进操日语对曰，吾属不过东三省一平民耳，东三省者，本吾东三省人之东三省，俄入攫之满人弃之，吾属小人桑梓坟墓生命室家之所托焉，敢不战吾属尽吾分内之职，以保有吾土地初非有助于贵国，贵国仗义吾属方感其助我拜谢之暇，何敢重劳使者中立有约，非吾全国国民之意尤非吾东三省人之意，讵肯承认吾属不知有俄不知有日惟占吾东三省尺土，侵吾东三省寸权者则誓死力以抗御之。

1905 年 10 月 31 日，日本在战时辽西中立区非法招募的“东亚义勇军”全军集中于辽宁三家子，由日军桥口中佐主持举行了公开和“盛大的”解散仪式。在受到表彰后宣告军队解散，但随后就升起了清军的旗帜，被清政府全盘收编，开赴奉天各地“维持治安”。在小说中，几乎有类似的犒赏情节，辽阳大胜后，“日军统帅大山雄嘉侠勇军之神武，以牛十头酒千瓶来犒，全军无一受者王正谊辞曰大军之来，兴灭继绝亡国之民野无青草义骑云屯，生刍未约方滋以为愧也再辱厚赉情何以堪牛酒之赐，敢犒从者日军由是愈奇吾侠勇军。”

总之，从上述详尽的文学书写中我们确实可以从中窥知所谓的“中立”并不是“充耳不闻”那么简单，其中内情颇为复杂。总体来看，亲日疏俄的倾向较为明显。如果说从中国的这部日俄战争文学的代表性作品可以初步揭开“中立”谜团的话，那么日本作家的一部日俄战争小说更可以从另外一个侧面遥相呼应了我们的观点。

1931 年，日本著名儿童文学作家新美南吉在日俄战争结束二十多年以后，创作了短篇小说《张红伦》。这部短篇小说不但在日本文学史上不起眼，在新美南吉的创作中也并不是最有名的一部，译成中文也只有两千多字。但是这篇作品在日俄战争文学中的地位不容小觑。

小说描写的是日俄战争期间，日军的一位少佐青木夜间巡视时不小心掉进了一口深井中，被中国孩子张红伦和他的父亲救起，然后就住在他们家中养伤，养病期间和张红伦建立了深厚的感情，最后为了再次逃离俄军追捕，少佐匆忙逃跑，不得已与张红伦分别，临别时送了张红伦一块手表。战争结束多年以后，少佐已经在日本开始了安稳的职员生活，而就在某一天，一个来公司卖笔的青年引起了他的注意，他从青年的手表认出了张红伦，但青年没有承认，第二天青年却给少佐寄来了一封信，表明自己就是张红伦，但为了不给少佐添麻烦否认了自己的身份，因为自己也即将离开日本返回中国。小说就以这封信结束了故事，平淡、安静、不曲不折，但短短的两千字却使人有怅然若失的感觉。一个在中国土地打仗的日本军人和一位中国少年的情感到底能有多深厚，我们不得而知，小说中唯一对情感部分着墨的部分即少佐养伤期间，看到张红伦的模样，不禁提到了在日本与他年龄相仿的孩子，但这段描写本身刻画得也较为克制——

> 他（张红伦）说：“我也想去日本。那样就可以和你的孩子成为好朋友了。”少佐每次听到这样的话，日本的一切就会浮现在脑海中。从那扇小小的窗户，凝望着窗外的土地。窗外，从很远的地方传来轰隆轰隆的炮声，连绵不断。[1]

总体来看，这篇儿童文学作品意在表明战争期间一个普通军官与异国孩

[1] 笔者译自《コレクション 戦争 × 文学》第六卷《日清日露の戦争》東京：集英社，2011 年。

子之间的淳朴友情，但是从另一侧面，我们恐怕也能从日本作家的这篇作品中看出中国老百姓对日俄两国的情感认知是有所侧重的。面对素昧平生的日本军官，张红伦父子可以毫不犹豫地冒着被俄军发现的危险将其救起，就是最好的证明。

当然，作为一个儿童文学作家，新美南吉笔下的日俄战争看起来又过于"唯美"，因为在当时的状况下，也存在着相当一部分麻木不仁的中国百姓无视日俄双方的开战，无视国家利益，只顾个人利益的满足，《张红伦》里面也有一语带过的细节，如其他的村民是想把这位日本军官"卖"给俄国人谋利才引起后来日本军官的逃跑，一个"卖"的举动，就足以说明问题了。也正如日本作家德富苏峰在其中国游记《七十八游记》的感想部分《触目偶感》中，大肆谈论的那样："中国人不仅现在没有国家观念，而且从来就没有看到过一个成型的国家观念。"[1]在日俄战争中，作为主战场的中国，国人麻木不仁，丝毫不为自己的国家着想，并且利字当头，竟深夜偷偷潜入旅顺的堡垒，捡拾落在地上或者埋在土里的没有爆炸的弹丸，咚咚咚地敲打，就是为此失去生命他们也不后悔。所以"中国所有的问题用一个利字就可以解释了。世间万事都为了一个利字在转，一切根据利而转，一切朝着利转。要说中国人最为之努力的事，不是为了君主，不是为了国家，不是为了宗教，而是为了自己的利益最为努力。胆小者为了利也会变成勇士。懒惰的人为了利也会变得勤快。为了利可以舍弃生命。"[2]这个"利"就是中国人的信仰、宗教甚至生命。虽然德富苏峰的话不无偏激之处，并且带着战胜国的洋洋自得，但同时，也不得不承认，这种为了"利"而"中立"的现象确实是存在的，需国人反省。如鲁迅笔下的"幻灯片"事件中，也印证了这一点，日军要砍头示众的中国人，据说是为俄国人做间谍的，而围观的中国人拥有"强壮的体格，而显出麻木的神情"，从此，鲁迅意识到："凡是愚弱的国民，即

[1] [日]德富苏峰:《中国漫游记 七十八日游记》，刘红译，中华书局，2008年5月，第467页。
[2] 同上，475页。

使体格如何健全，如何茁壮，也只能做毫无意义的示众的材料和看客。”[1]鲁迅也由此做出了弃医从文的决定，以改变国民的精神。

综上所述，面对清政府背负了一百多年骂名的“局外中立”，我们在日俄战争文学作品中看到了更丰富也更复杂的历史“现场”。直面“中立”的不满与痛斥，是可以想象的，史学界所披露的清政府未能恪守中立原则的一系列行为，我们在文学作品中也找到了相关的佐证。并且，除却上层的态度外，底层的百姓面对日俄双方的情感侧重同样值得我们深思和注意，一方面，亲日疏俄的倾向确实是客观存在的，明治维新以来，尤其是甲午中日战争以后，中国从上到下的对日观都在悄悄发生着变化，弱国子民纷纷赴日留学即是明证，文学作品中的“天平”也有所倾斜。当然，另一方面也有为“利”而“中立”的现象，只不过，那是一种麻木不仁的中立。可以说，日俄战争文学作品中反映出的复杂情态，为日俄战争做出了更鲜活的注脚和更全面的阐释，而面对这些曲折而丰满的历史现场与文学书写，简单的“局外中立”这四个字或许远不能承载。一百余年后的今天，当我们再次回顾这段历史的时候，以一种俯视的姿态去分析“助日”抑或是“疏俄”的时候，都改变不了百余年前国家贫弱、国民无依的历史心结，或许这才是令今人尤为沉痛与悲哀的所在，也是激励今人民族自立、自强的所在。

[1]《鲁迅选集》第一卷，人民文学出版社 1992 年，第 3 页。

德勒兹的情动概念

张小溪[1]

[摘要] 本文旨在把握德勒兹情动概念的意义。对情动概念的把握应该避免陷入一种表象体制的逻辑之中。对情动概念的探究不是把握情动概念与其指涉对象的同一性，也不是把情动概念的历史或起源当作概念本身的意义。这意味着对德勒兹情动概念的理解不能简单地将其等同于斯宾诺莎的情动概念，而是要以戏剧化方法关注德勒兹对斯宾诺莎情动概念的阐释和使用，在这种“再来一次”之中把握德勒兹所带来的全新事物和不同之处。在德勒兹的情动概念中，最值得关注的就是情动概念与柏格森时间和“潜在”概念的结合。借助柏格森的时间和潜在，我们可以把握德勒兹的情动概念的全新之处：差异与生成。

[关键词] 情动　戏剧化方法　情状　差异　生成

一、如何思考情动？

情动（affect）是什么？情动这一概念指涉的是什么？它指涉的是我们的感受还是情感？在德勒兹看来，这一提问方式本身就是可疑的。[2]“是”这

[1] 张小溪，北京师范大学文艺学博士生。

[2] [法]吉尔·德勒兹：《荒岛及其他文本》，董树宝、胡新宇、曹伟嘉译，“戏剧化方法”，南京大学出版社，2018，第136页。

一问题恰好就是德勒兹试图在《差异与重复》中第一章所处理的问题：概念被视为表象性的，概念与它的对象具有某种同一性；概念就为了表象它的对象。“什么是……”的问题所体现的这一“先验幻象”（transcendental illusion）被称为“表象体制”（the regime of representation）。任何概念都意味着某种超个体的、普遍的事物。如果一个概念只能把握某个特殊的、在偶然的时间和空间中的内容，那么它还是一种概念吗？概念对对象的把握似乎意味着它立刻就区别于它所把握的对象[1]。摆在哲学家面前的问题是，如何利用概念去把握一种独异性（singularity）或此性（thisness），而不是取消或抹平这种独异性？德勒兹通过对差异概念和重复概念的分析挑战了这样一种先验幻象，以一种戏剧化方法来取代这种表象体制。与其问“什么是……”，不如问“谁？”“多少？”“怎样？”“哪？”“何时？”这并不是指一种概念的历史化，因为历史化乃是把一种此性纳入到当下的同质性之中，也即通过一种表象体制，将过去理解为一种曾在的当下。戏剧化方法要求研究者扮演一种演员的角色，将概念在当下重新上演，“再来一次”，也即将概念进行一种“反现实化”。德勒兹的哲学史研究就是这样一种戏剧化方法，也即将休谟、斯宾诺莎、尼采、柏格森等人的概念角色在德勒兹的剧场中重新上演：“被扮演的角色永远不属于某个人物［……］演员以他自己的方式再次重复这一宇宙的或物质的现实化，他的方式是独异而肤浅的——但也因此更加独特、更加有力、更加纯粹。因而，演员改变了原初的界限，从中抽出一条抽象线，他只保留事件的轮廓和光彩，生成为他自己的事件的演员——这就是反现实化。”[2] 德勒兹本人则宣称：

> ［……］我摆脱羁绊的主要方式是把哲学史设想成一种鸡奸［……］

[1] 其中具有代表性的观点是黑格尔在《精神现象学》中提出的“感性确定性批判”，梅利萨·麦克马洪（Melissa McMahon）谈到了这一点。参见[美]查尔斯·J·斯蒂瓦尔编：《德勒兹：关键概念》，田延译，重庆大学出版社，2018年，第66页。

[2] Deleuze,Gilles. The Logic of Sense, translated by Mark Lester with Charles Stivale. London: The Athlone Press,1990. 150.

> 我想象自己来到一位哲学著作者的背后，使其生子，那是他的儿子，是畸形儿、那确实是他的儿子，这一点至关重要，因为确实需要由哲学著作者说出我让他说出的一切。而孩子是畸形的，这一点也十分必要，因为哲学著作者应该经历那各种各样令我高兴的偏移、滑脱、断裂和散逸。[1]

对德勒兹而言，哲学家的"原意"也许并不重要。他的哲学史研究意味着以其他哲学家的名义讲出自己的哲学，但必须是由哲学著作者自己说出——确实是那个被研究者自己的哲学。问题不在于"还原"，不在于研究和对象的同一，而在于"偏移、滑脱、断裂和散逸"，在于德勒兹重演哲学著作者的概念时所带来的差异。即，问题在于重复带来的差异，而不是那个概念的起源。这才是对个别性的把握，也即对德勒兹的重复所带来的差异的把握。只有基于这一点，我们才可以开始思考何谓德勒兹的情动概念，而非简单地把情动概念归为斯宾诺莎的概念。

二、斯宾诺莎与德勒兹的情动（affect，affectus）

当然，如果我们要开始思考德勒兹的情动概念，就必须将其对斯宾诺莎的情动概念的戏剧再次重演一遍。情动这一概念与斯宾诺莎的诸多概念相关联。在斯宾诺莎的体系之中，神或自然（nature）是整体性的，是唯一的实体，而个体不过是神或自然的样式（modus），无论这个个体是人、动物还是无机物，或是粒子与社会。自然并不是稳固不变的，自然不断地从自身中生产着自身，也即自然被分为能产的自然和被产的自然，这一变化的原因就是内在于自然的本质，也即力量（puissance）。在样式上，个体具有有限性，对应着自然的本质，个体的本质即是 conatus（努力），这种 conatus 就是使

[1] [法] 吉尔·德勒兹：《哲学与权力的谈判》，刘汉全译，译林出版社，2012 年，第 6 页。

个体持存的力量。但个体是在自然之内，它是有限的，因此它必然会受到其他个体的影响。这种影响产生的效果就是情状（affection）。情状（affection，拉丁文为affectio）就其与实体/神/自然的关系来说，就是样式本身[1]。样式是实体之情状，这些样式是以神或自然的本性来解释的。就样式来说，情状也指发生于样式的东西，即其他样式对它的作用效果。作为影响效果的情状首先是一些形象或有形的迹象，其观念既包括受到影响的身体的本性，又包括产生影响的外界物体的本性；而情动，则意味情状变化中的变化过程：

> 这些形象情状或观念形成受影响的身体与心灵之某种构成，它意味着比从前的状态更多或更少圆满，所以，从一种状态到另一种状态，从一种形象或观念到另一种，有一些过渡，一些实际经历过的转变，一些绵延，通过它们我们转入更大或更小的圆满。不仅如此，这些状态，这些情状，形象或观念脱离不了把它们与先前的状态连接在一起，而且使他们走向以后的状态的那个绵延。圆满的这些持续绵延或变化称为感受或情动（affect，affectus）。[2]

德勒兹指出，我们当然可以把情动理解为一种情状的特殊状态或类型，但情状一般指涉的是身体的情状及其观念，它所指出的是受影响的身体之状态，并且同时意味着起影响作用的物体的存在。而情动则是适用于身体和心灵二者，它包括行动力量增大或减小。因此，情动和形象、情状或观念之间存在一种本性的差异。情状的本性在于受影响的状态，而情动的本性则是“纯属传递的，而且不是指示的或表象的，因为它是在包含两个状态之间的差异的实际经历过的绵延中受到考验”。[3]德勒兹在《批评与临床》中将情状称为标量符号，情动称为向量符号，很好地描述出了这种区别。换言之，作

[1] Affection在样式就神和就样式自身而言这两种情况下分别被翻译为分殊和情状，但其实际上的内涵是一致的。

[2] [法]吉尔·德勒兹：《斯宾诺莎的实践哲学》，冯炳昆译，商务印书馆，2004年，第56页。

[3] 同上，第57页。

为标量符号的情状只有大小，而作为向量的情动不仅有大小，还有方向（即增大或减小）。[1]

情动“并不是心灵把现在的情状与过去的情状比较，而是说，构成情动之形式的观念肯定身体有某种情状，此情状实际上包含比从前较多或较少的实在性。”[2]情动不是比较，而是绵延中的变化。对于身体来说，身体所遭遇的某些物体可以与身体相组合，身体扩大了它的行动能力，那么这个物体对身体来说就是“好”的。身体因此向更大的圆满转变，行动力量增加，称为快乐之情动。相反，身体的某些关系被遭遇的物体消解，身体向较少的圆满所转变，行动力量减少，就称为痛苦的情动。身体的行动力量的变化在增进或者减少，是因为外部样式的力量添加进来或者受阻。情动（快乐或痛苦）来自它所有的形象情状或者观念，即与我们身体适合或不适合的物体的观念。当情动转向它所来自或引起它的观念时，快乐就成为爱，痛苦就成为恨，对象成为了情绪的对象（所爱的对象或所恨的对象）。作为趋势和过程的情动，有别于不同情状的比较。

德勒兹在万塞讷的斯宾诺莎的课程中（1978 年 1 月 24 日情动与观念）着重探讨了斯宾诺莎的情动问题。德勒兹在这里指出了情动本身不同于观念。情动和观念都属于思想的样式，但观念始终是表象某物的，而情动则是指那些不表象任何对象的思想样式。希望、疼痛、爱、意愿等这些不具对象的思想样式是情动。[3]德勒兹指出，就 Conatus 被一定的情状的观念规定去做这事或那事而言，情动就是 Conatus 本身。快乐和由此产生的东西是以行动力量或存在力量相对地增大的方式充满受影响的能力；而痛苦正好与此相反。所以，Conatus 是旨在增强行动力量或体验快乐的被动情感的一种努力。[4]我们可以设想这样一个样式，这个样式受制于外部的情状和情动，它

[1] [法]吉尔·德勒兹：《批评与临床》，刘云虹、曹丹红译，南京大学出版社，2012 年，第 305 页。
[2] [荷]斯宾诺莎：《伦理学》，贺麟译，商务印书馆，1983 年，第 165 页。此处译文有改动。
[3] 汪民安、郭晓彦编：《生产：德勒兹与情动（第 11 辑）》，德勒兹在万塞讷的斯宾诺莎课程（1978—1981）记录——1978 年 1 月 24 日。江苏人民出版社，2016 年，第 5 页。
[4] [法]吉尔·德勒兹，《斯宾诺莎的实践哲学》，冯炳昆译，商务印书馆，2004 年，第 125 页。

依据 Conatus 增强它的行动力量。外部偶然的遭遇性意味着这个样式总有被消灭的风险。对于尚未遭遇的外物，我们并不能知道身体—样式究竟是与之组合，增强行动力量，还是受到威胁，降低行动力量？因此斯宾诺莎说：我们还不知道身体能做什么。

定义身体的方式不应当是种属，而是关系和情动。斯宾诺莎如何界定一个身体？在前文我们了解到，对于斯宾诺莎来说，我们所谈及的身体只不过是样式。斯宾诺莎以两个方式对形体予以界定：首先，一个形体无论多小，他总是包含着无数微粒子，而微粒子间的动与静，快与慢之诸关系界定了一个形体，界定了这个形体的个体性。[1] 事物总是处在各种关系之中，但这种关系不是事物和事物之间的关系，或者说，事物的形体并不是由其他更小事物构成，因为其他事物也是由更小的微粒子的快慢动静关系组成的，而是由微粒子之间的快与慢、动与静的关系构成的。对于不同的事物来说，它们之间的差异是样式的差异，因此它们可以由微粒子以不同的快慢动静关系组成不同的东西。事物之间的组合正是通过快慢而“从中间溜入”，组合在一起。

第二个界定形体的方式与情动有关：一个形体影响另一个形体，或者被另一个形体所影响，这种施加影响和遭受影响的性能也在个体性中界定形体[2]。但这种描述易导致误解，仿佛性能本身具有某些“永恒”的性质，或者我们将其称之为“某个性能”，我们能将其固定下来，进而固定其个体性。这个性能是情动的性能，也就是遭受影响后产生的身体的混合，进而施加影响的趋向，也就是力量的涨落，也就是运动的趋向。但是这个性能有其最高和最低阈限，超出这个阈限，身体之间的关系就会消解。

从这个意义上讲，事物总是一方面意味着某种差异关系：一辆自行车的全部零件和另一辆同样型号但组装完好的自行车摆在一起，二者的物质的量完全相同，但前者甚至不能称之为一个个体。而后者比前者“多”出的那部分，就是那种组合在一起的快与慢、动与静的关系。这种关系是特殊的，否

[1] [法] 吉尔·德勒兹,《斯宾诺莎的实践哲学》, 冯炳昆译, 商务印书馆, 2004 年, 第 149 页。
[2] 同上, 第 149 页。

则这台组装错误的自行车很快就会在运动中瓦解掉；这种关系本身又在一定的差异度之内，它能适应某些关系的变化：拐弯、运转、承担重量；因此它也能进入某种关系：被骑车人用以骑行，但是不能用来切西瓜或是打字；但它也存在着某种阈限：承受不住骑车人的体重时，它也会瓦解。与卡车或槽罐车的偶然相遇也会使这一关系瓦解。

三、时间：柏格森的潜在与现实

> 主体性从来不是我们的，而是时间的，就是精神或灵魂，也即潜在（the virtual）；现实（the actual）总是客观的，而潜在则是主观的：我们在时间中首先体验到的就是情动，然后才是时间本身，即将自身分化为动情者（affector）和受情动者（affected）两部分的纯粹潜在性，也就是把“以自身引发的自身情状”（the affection of self by self）当作时间的定义。[1]

如果不理解“潜在”（the virtual），就很难理解德勒兹在这段话中谈论的情动概念。潜在是柏格森在《物质与记忆》之中使用的概念，这一概念联系着柏格森的时间观念。什么是柏格森的潜在呢？对于柏格森而言，人的知觉在一开始（婴儿时期）并没有中心，随着经验的增加，身体才逐渐被知觉作为一个中心。身体的形象是什么？我们的身体通过知觉（也就是输入神经）引发身体运动，或者拥有一个运动趋向；而我们的身体通过动作（输出神经）引发运动。大脑则为我们身体开始对外界物体做出行动而准备产生动作。我们对身体周围的物体的知觉，反映了身体可能对它们采取的行动。我们的身体并不是与宇宙形象整体相平行（也即作为宇宙的“参照系”和“观

[1] Deleuze, Gilles. Cinema 2 The Time-Image, translated by Hugh Tomlinson and Robert Galeta. London:The Athlone Press, 1989. 82—83.

察者”），而是属于这个整体。而大脑，仅仅是个类似电话中心交换站的器官：“其功能是让信号通过或延迟通过。尽管大脑对接收到的东西不增加什么，但它的确是个中心，因为一切知觉器官都把知觉输送到突触的终端，因为脊髓和骨髓的全部运动机构都在其中拥有自己的可靠代表。[……] 对于接收到的运动，大脑似乎是分析器；对于执行的运动，大脑又像是选择器。不过，无论在哪种情况下，大脑的机能都要受到运动传输和运动分解的限制。[……] 神经系统不是服务于创造或准备表象的器官。它的功能是接受刺激，提供动力器官，以及向一个既有刺激提供尽可能多的器官。”[1]

柏格森指出，每个对不同于身体的对象的知觉都意味着对这个对象的潜在的（virtual）的动作或行动。我们与这个对象的距离越少，这个潜在的行动就越是趋向于转变为现实的行动。但当我们和这个对象的距离变为零，这个潜在的行动直接地变为现实的行动：这就是情状（affection）。所谓与对象的距离变为零，是指之前外部的有距离对象作用在我们的身体上，引起了我们的知觉，而我们与对象的距离变为零，就意味着这个对象不是外在于我们的身体的，它就是知觉到的身体本身。而这个被知觉的物体与我们的身体合为一体，我们的身体就是这个被知觉的物体。因此每个知觉直接地引起动作，这就是情状。情状就是身体对自身的知觉—动作：情状既是对自身变化的知觉，又是自身对自身采取的动作。知觉和动作是身体同一变化下不同视角的产物：当我们从身体受到影响的视角来看，情状就是知觉；当我们从施加影响的身体这一视角来看，情状就是动作。德勒兹把情状称之为“以自身引发的自身情状”。

潜在与情状是如何定义时间的？这涉及潜在和时间的关系。潜在是真实的（real），但不是现实的（actual）。柏格森的潜在概念基于他的感知—运动系统，潜在的运动来源于感知的刺激，对一个对象的感知就意味着潜在地对其作出行动，但这一行动不是必然现实化的，不是必然作出的，因此这一潜

[1] [法] 亨利 · 柏格森：《材料与记忆》，肖聿译，译林出版社，2011 年，第 13 页。

在的行动是真实的，但未必是现实的。换言之，真实（reality）关涉两个层面，一个是潜在的，它是真实发生的，但是不可见的；一个是现实的，它关涉着我们日常谈论的真实。对于柏格森而言，纯粹记忆（memory）一潜在不是回忆（collection），记忆—纯粹过去是在意识中涌现的，也即普鲁斯特的小玛德莱娜蛋糕：回忆不由自主地从过去涌现。潜在—纯粹过去和现实—纯粹当下构成了柏格森的时间体系。在柏格森式的直觉之中，我们能感受到一个纯粹的当下，这个纯粹的当下不断地逝去成为过去，但以感知—运动系统的刺激模式（感知不断地成为过去，成为潜在的，继而现实化为当下的运动）形成时间锥形体：一个锥形体立在平面之上，这个平面就是纯粹的当下；而锥形体则是纯粹的过去—潜在，当下不断地成为过去，而过去—潜在通过现实化（actualization）不断生成当下。

柏格森的时间体系有别于经验性的时间体系：首先，过去是当下的过去，在时间上发生在当下之前，但同时又是和当下共在的；其次，当下不再是过去的持存，未来也不再是当下的持存。当下和过去是纯粹的差异性的，而非同一的，也即感知—运动的差异性；最后，这意味着过去不再以时间顺序排列，所有的过去都是共在的。过去的发生顺序并不是以它曾是当下的顺序发生。当我们讨论过去的时候，这种过去是在当下获得了一种当下的形式，但它并不是对过去的还原和表象，把过去构想为一种曾在的当下，尤其是经验性时间模式的曾在的当下，只不过是我们的一种习惯。对过去或历史的构想和阐述恰好就是一种“戏剧化方法”，即让潜在的角色在演员的行动之下获得现实化——但这并不是一种对过去的角色的还原或表象。

现实化的切面，也即纯粹的当下永不停息。这个过程就是生成（becoming）。在《意义的逻辑》中，德勒兹阐述了两种时间：Aion 和 Chronos。Aion 就是那个过去和未来不断切分的时间，而 Chronos 则是不断持存的当下[1]——Aion 的时间是永恒的，它恰如柏格森的纯粹过去的现实化，而当下则被视为

[1] Deleuze,Gilles. *The Logic of Sense*, translated by Mark Lester with Charles Stivale. London: The Athlone Press,1990. 150.

过去和未来不断切分的那个瞬间；Chronos 则是把当下视作一个模型，过去不过是曾在的当下，而未来则是未到的当下。在这样的一个时间模型中，我们重新来理解前文的那段文字：

“主体性从来不是我们的，而是时间的，就是精神或灵魂，也即潜在（the virtual）”[1]；主体意味着一个发出行动的位置：这个发出行动的，是时间，是纯粹过去，也就是记忆或精神，也就是潜在；“我们在时间中首先体验到的就是情动，然后才是时间本身，即将自身分化为动情者（affector）和受情动者（affected）两部分的纯粹潜在性，就是把‘以自身引发的自身情状’（the affection of self by self）当作时间的定义。”在过去和未来的不断切分中，身体体验到的首先是情动，也就是变化，然后才是时间的流逝感；时间的流逝建立在回忆的综合之上。而身体—情状就是那个自身影响自身者，它被分为两半：一个是属于过去的一半，也即动情；另一个则是属于当下或未来的一半，是受情动的一半。而这个过程就是柏格森的现实化过程，也即时间的定义，也即生成。从这个意义上讲，我们说情动就是生成。加拿大学者布莱恩·马苏米对此的表述则是：情动即是“这种两面性，现实中的潜在与潜在中的现实互相参与，一方从另一方中出现，又回到另一方中。”[2]

四、结论：差异与生成的情动概念

到这里，我们可以意识到，这里的情动已经不同于斯宾诺莎的情动了。

情动一方面是一种差异关系：德勒兹举了德国动物学家冯·于克斯屈尔（J.von Uexküll）的对壁虱研究为例。他以三种情动去界定壁虱：一是对光线的情动（光线使它爬到枝头）；二是嗅觉情动（气味使它落到在树枝下面走

[1] Deleuze, Gilles. *Cinema 2 The Time-Image*, translated by Hugh Tomlinson and Robert Galeta. London:The Athlone Press, 1989. 82—83.

[2] Massumi,Brian. Parables for the Virtual Movement, Affect, Sensation. Durham and London: Duke University Press.2002. 35.

过的哺乳动物的身上）；三是热敏情动（即寻找最温暖的不长毛的区域）[1]。它只有三种情动，它遭受影响的性能的阈限在于一个吃饱了将死的壁虱和能够长期不进食的壁虱之间。这意味着这一身体能进入三种差异关系之中，也即以三种方式和世界组合；另一方面是生成（在德勒兹的时间模型之中）。在《电影 1：运动—影像》中，情动被视作是一种情感—影像（affection-image）；在《什么是哲学》中，情动与艺术品联系在一起：艺术品被视为情动和感知（percept）的组合体。“和谐就是情动，曲调或颜色的一致或反差，这种谐和就是情动。”[2]情动本身就是潜在的，它一方面意味着一种差异关系；但情动并不是一种抽象的、把所有具体的生成都同一为一种关系的概念：情动意味着生成在现实化的过程中获得了自身的独异性，情动就是独异性的瞬间。这并不是某种一致性或同一性，而是一种获得独异性和差异性的方式：演员在上演一个已被确定命运的角色的时候，通过自身独一无二的表演（现实化），创造了全新的现实—戏剧，获得了只属于自身和此刻的特殊性。

情动概念“是”什么？这似乎并不重要。如果我们坚持回答这个问题，就不得不将其归为某个起源：“这个概念就是斯宾诺莎的概念，它就是……”这样的话，就让我们错失了那些真正全新的东西。重要的是，这一概念的“再来一次”能带来什么全新的东西？德勒兹的“再来一次”带来了哪些全新之物？同样的，我们并不需要寻找情动：哪一个才“是”情动？情动是什么？这也许同样不重要：毕竟德勒兹指出，只要是非表象性的思想样式，就可以被称为情动。[3]问题在于，情动能促进我们对现实的理解：也许某些行动或情感的原因并不能归因为“主体”——情动是一条绕过表象体系和思想形象（The image of thought）的小路。[4]

---

[1] [法]吉尔·德勒兹，《斯宾诺莎的实践哲学》，冯炳昆译，商务印书馆，2004，第 151 页。

[2] Deleuze, Gilles, Felix Guattari. What Is Philosophy? translated by Hugh Tomlinson and Graham Burchell, Columbia University Press,1994.164.

[3] 汪民安，郭晓彦编：《生产：德勒兹与情动（第 11 辑）》，德勒兹在万塞讷的斯宾诺莎课程（1978—1981）记录——1978 年 1 月 24 日。江苏人民出版社，2016，第 5 页。

[4] [美]查尔斯·J·斯蒂瓦尔编：《德勒兹：关键概念》，田延译，重庆大学出版社，2018，第 258 页。

小径交叉的路口

——艾略特与黑塞

莫亚萍[1]

[摘要]1921年，艾略特偶读黑塞文集《混沌一瞥》，甚为赞赏，不仅将其中段落引用至《荒原》尾章，而且亲顾黑塞隐居地，邀请黑塞为《标准》创刊号撰文。可是两年后，艾略特对黑塞的态度急转直下，不仅中断了文学合作，而且产生了谴责之意。库尔提乌斯形容艾略特与黑塞的文学关系好比欧洲小径交叉的一个路口。仰观俯察这一路口会发现，两人相吸相斥的关系不仅反映了欧洲，而且反映了世界文学的交流和搏动，更是一个风云诡谲的时代的缩影。其中牵引两人关系变化的灵魂人物是陀思妥耶夫斯基，解读陀氏这根引线是解释两人文学关系，甚而透视其后思想传统、时代风潮和文化交往的关键。

[关键词] 艾略特　黑塞　陀思妥耶夫斯基　理性与非理性之辨

1921年夏，艾略特（T. S. Eliot）开始为美国杂志《日晷》（*Dial*）筹稿，并打算在伦敦创办一个新季刊——《标准》（*The Criterion*）。同年12月，艾略特在瑞士洛桑附近疗养，读到黑塞（Hermann Hesse）当年出版的《混沌一瞥》（*Blick ins Chaos: Drei Aufsätze*），甚为赞赏。黑塞这册文集成为艾略特创作《荒原》（*The Waste Land*）的一个重要灵感来源。

1922年春，艾略特呼朋唤友筹办《标准》创刊号，联系对象里便有黑

[1] 莫亚萍，北京师范大学文学院博士研究生，主要研究方向为中西比较诗学。

塞。1922 年 3 月 13 日，艾略特第一次写信给黑塞，表达敬佩之情并主动邀稿。两个月后，艾略特亲顾黑塞隐居地蒙塔诺拉（Montagnola），再次邀请黑塞为《标准》撰文评论德语新诗。[1]1922年10月，在《标准》的创刊号上，艾略特刊登了黑塞的《新德诗》(“New German Poetry”)，并首发《荒原》。在《荒原》注释中，艾略特明确表示诗中有关键十行受到黑塞《混沌一瞥》的开雾。玛丽安·托尔梅伦（Marianne Thormählen）认为在俩人接触期间，“黑塞向艾略特传递了德国的文学氛围”，[2]这个评价是中肯的，因为经黑塞举荐，同年 8 月 28 日艾略特便向库尔提乌斯写信邀稿，信中还反省了自己筹编《日晷》的失误：“对 1914 年以来的德国现代文学几乎一无所知”。[3]

1923 年 8 月 23 日，艾略特写信向查尔斯·卡弗雷（Charles Caffrey）举荐黑塞，并表示有意再向黑塞约稿，[4]但一个多月后艾略特对黑塞的评价急转直下。在 1923 年 10 月 1 日写给斯坦利·莱斯（Stanley Rice）的信中，艾略特虽然寥过一笔表示尊敬黑塞，但内容重点却落在两人思想的巨大分歧上，甚至有谴责黑塞作品之意。[5] 此后艾略特不仅再无邀稿，而且几乎再不提起黑塞，不像茨威格（Stefan Zweig）、罗曼·罗兰（Romain Rolland）、托马斯·曼（Thomas Mann）等人，与黑塞一旦交往便保持长期或终生的私交。两人关系在两年之内巨变如斯不免令人惊诧。

库尔提乌斯形容艾略特与黑塞的关系好比“小径交叉的路口”（a single crossing of the paths），而当时思想宽松的欧洲不知还有多少条道路和交叉。[6]

---

[1] See T. S. Eliot, “A Neglected Aspect of Chapman” , in Antony Cuda & Ronald Schuchard, eds., *The Complete Prose of T. S. Eliot: The Critical Edition Vol. 2*, Baltimore: John Hopkins University Press, 2014, p. 558.

[2] Marianne Thormählen, “The City in *The Waste Land*” , in Michael North ed., *The Waste Land*, 2000, p. 239.

[3] T. S. Eliot, *The Letters of T. S. Eliot Volume Two: 1923—1925*, eds. Valerie Eliot & Hugh Haughton, Yale University Press, 2011, p. I 33.

[4] See T. S. Eliot, *The Letters of T. S. Eliot Volume Two: 1923—1925*, pp. 195—196.

[5] See T. S. Eliot, *The Letters of T. S. Eliot Volume Two: 1923—1925*, pp. 229—230.

[6] See Ernest Robert Curtius, “Hermann Hesse” , in Harold Bloom ed., *Hermann Hesse*, Chelsea House Publications, 2003, p. 4.

这个形容很贴切，但观察这个路口会发现，两人相吸相斥的关系不仅反映了欧洲，而且反映了世界文学的交流和搏动。细查资料还会发现，牵引两人关系的灵魂人物是陀思妥耶夫斯基，陀氏特质、作品，以及西方陀氏译介援推两人关系发生戏剧化变化；这变化又是西方思想传统和风云诡谲的文学、政治、宗教运动中一个意义非凡的时代缩影。

一、一封关键的"谴责"信

前文所提到艾略特写给莱斯的信（以下简称"'谴责'信"）是艾略特与黑塞关系转折的关键，这封信前半部分如下：

> 我本人曾涉猎东方语言，[1]非常喜爱那些将东方世界介绍给西欧的学术作品，因为西欧对东方实在知之甚少。然而，我十分反对东方特定的影响模式，在我看来，那有促于歇斯底里（hysteria）和野蛮（barbarism）。你可能已经注意到，自一战以来，甚至在战前几年，东方思想，或确切说关于东方的转述和论证，已经通过德国大门进入西欧。德国人是一个非常歇斯底里的民族，他们总是选用东方艺术和东方思想里最歇斯底里、最不健全的部分，过去几年甚而越来越朝向东方，而且显然不受《拉帕洛条约》（"the Treaty of Rapallo"）惨败的影响，越来越朝向俄国。如果亚洲之于德国的影响力渗透进西欧，其后果将导致我们松懈对欧洲传统的把控，而我认为，若失去欧洲传统，我们就会堕入（relapse into）与美国或俄国一样的野蛮状态。[2]

即使没有标记这封信的写作年份，它的内容也很有辨识度。1922 年 4 月

[1] 艾略特在哈佛求学期间确实修了东方语言课程，如 1911 年至 1912 年修基础梵语，1912 年至 1913 年修巴利语。期间跟随詹姆斯·伍兹（James Woods）学习东方哲学，跟随查尔斯·兰曼（Charles Lanman）学习印度语语文学。

[2] T. S. Eliot, *The Letters of T. S. Eliot Volume Two: 1923—1925*, pp. 229—230.

16日，德国魏玛共和国和俄国苏维埃政府在意大利拉帕洛签订《拉帕洛条约》，这个条约对德俄两国意义斐然：不仅让德国从《凡尔赛条约》中“松绑”，而且打破了苏维埃政权外交上的孤立，从政治上说，英国是这一条约的受害方。艾略特当时还未加入英国国籍，但他已经开始在英国寻根，定居伦敦，并表现出“保皇”的政治倾向，无怪他在信中将德俄政治联盟定性为“惨败”（fiasco）。艾略特在一战后创办《标准》，并在第一期就邀请黑塞评论并非单纯的文艺交往，此举含有修复战后英德关系的目的，[1]然而包括黑塞在内的德语文化界在《拉帕洛条约》后愈演愈烈的亲俄和亲东倾向显然让他失望了。

这封信的关键在于透露艾略特与黑塞“割席”的原因：黑塞作品的东方主义思想与艾略特主办《标准》秉承的亚里士多德传统格格不入。看看艾略特著名的三段式自我评价，“文学上的古典主义者，政治上的保皇党，宗教上的英国天主教徒”（classicist in literature, royalist in politics, and Anglo-catholic in religion）。[2]这句话写于艾略特皈依天主教第二年（1928），引用率极高；但是人们甚少关注艾略特在这句话后紧接着做出的解释：“我很清楚，第一项含糊不清，有哗众取宠之嫌；我也清楚第二项到目前为止还无法明确定义，可能比哗众取宠更糟，我指的是温和的保守主义；而第三项并不由我本人定义。”[3]可见艾略特既不是政局之外的唯美主义者，也不是宗教方面的中立人士，他反对二十世纪初的自由主义风潮，想效仿纽曼（John Henry Newman）于19世纪中期发起的牛津运动（Oxford Movement）：恢复教会昔日荣光和早期传统，倡导一种更加禁欲和节制的生活，将英国人的发条拧到热衷教规的程度。创办《标准》就含有这个目的，艾略特希望借之巩固和

[1] See Herbert Howarth, “T. S. Eliot’s *Criterion*: The Editor and His Contributors”, in *Comparative Literature*, Vol. 11, No. 2,（Spring, 1959）, p. 102.

[2] T. S. Eliot, “Preface to *For Lancelot Andrewes: Essays on Style and Order*”, in Frances Dickey, Jennifer Formichelli & Ronald Schuchard, eds., *The Complete Prose of T. S. Eliot: The Critical Edition Vol. 3*, Baltimore: John Hopkins University Press, 2015, p. 513.

[3] T. S. Eliot, “Preface to *For Lancelot Andrewes: Essays on Style and Order*”, p. 513.

传播古罗马—西欧传统。[1] 艾略特的自我评价虽然分列三个方面，但实际上三位一体，文学活动背后支撑着政治、宗教的复古意向，三者指向同一个基本立场：温和的保守主义。

基于这种保守，艾略特坚定反对西欧东方化。早在 1909 年艾略特就发表《吉卜林的缺陷》一文批评吉卜林（Joseph Rudyard Kipling）迷恋东方的倾向，尤其毫不客气地指出东方主义者笔下的地域特色“是一个危险的文学工具”（a dangerous literary tool）。[2] 艾略特这一民族立场在一战后更坚定。1919 年 10 月 31 日，庞德致信《雅典娜神殿》（*The Athenaeum*）编辑，在评论艾略特作品时忍不住称赞东方主义者欧内斯特·费诺洛萨（Ernest Fenollosa）对作为诗性媒介的中国文字洞察深刻。艾略特冷眼观之，回信声称此言“非常多余”（quite superfluous）。[3]1925 年，在《标准》刊发的一篇关于希腊语研究的评论中，艾略特强调希腊语言与欧洲文化的亲缘性，反之将东方语言列为一个外来参照物加以陪衬，内外之辨分明。[4]1926 年 1 月 26 日，艾略特致信亨利·马西斯（Henri Massis），呼吁重印《保卫西方》（*Défense de l'Occident*）一文。马西斯是政治民族主义者，坚信由德俄助推的“东方无政府状态”（Oriental anarchy）会威胁西方之魂。艾略特非常认同，而且在身边聚集不少这样的声音。他不仅多次推荐《保卫西方》一文，并且向西方卫士出谋划策：要避免落入马西斯的困境，他论涉太广，东方一会是俄国，一会是印度，一会又是中国。[5] 也就是说，在这场“西方保卫战”中，艾略特不仅不是一个旁观者，而且是一个参谋长。

---

[1] See Herbert Howarth, “T. S. Eliot's *Criterion*: The Editor and His Contributors”, pp. 97—98.

[2] T. S. Eliot, “The Defeat of Kipling”, in Jewel Spears Brooker & Ronald Schuchard, eds., *The Complete Prose of T. S. Eliot: The Critical Edition Vol. 1*, Baltimore: John Hopkins University Press, 2014, p. 8.

[3] T. S. Eliot, “Mr. Pound and His Poetry”, in *The Complete Prose of T. S. Eliot: The Critical Edition Vol. 2*, p. 149.

[4] See T. S. Eliot, “A Commentary”, in *The Complete Prose of T. S. Eliot: The Critical Edition Vol. 2*, pp. 576—577.

[5] See T. S. Eliot, “A Commentary”, in *The Complete Prose of T. S. Eliot: The Critical Edition Vol. 2*, p. 780.

由此不难理解为何艾略特主张将亚里士多德视为欧洲的道德导向，主张《标准》秉承亚里士多德传统。他写给莱斯的这封“谴责”信的后半部分进一步表明立场，并直接坦露与黑塞的分歧：

> 我的朋友赫尔曼·黑塞便是我所担忧的此类东方化的一个例子，尽管我非常尊敬他的才能，但我很想动笔谴责他的书（我推荐你看看），而且很想谴责他高度赞溢的作家陀思妥耶夫斯基。现在，《标准》的立场明显是亚里士多德式，而且在某种意义上也是正统式。至于泰戈尔，我一点也看不懂，但我认为他作品的译本可悲地削弱了古印度强健的哲学。[1]

从信中内容来看，黑塞的东方化倾向是引起艾略特反感的原因。赫伯特·霍华思（Herbert Howarth）分析过艾略特对待东方（尤其印度）文化的复杂心态：艾略特曾试图与亲近印度思想的“哈佛潮流”（Harvard trend）保持一致，努力攻克梵文，但他半途而废，因为不想忘记作为一个美国人或者欧洲人应当如何去思考和感受。[2] 而与艾略特恰恰相反，彼时黑塞正在思想和行动上开启“东方之旅”，且持续终生。就在艾略特写这封“谴责”信前一年（1921），黑塞出版“印度的诗”：《悉达多》(*Siddhartha*)，往东方更进一步。

黑塞的东方化倾向使他被艾略特列为西方“非正统”行列，面临两人关系破裂和被“驱逐”出《标准》的后果。然而，黑塞一方面被艾略特视为受东方影响的不和谐之音，另一方面又被当作内在、神秘、自然崇拜的西方浪漫主义传统的继承者，在德国一战后反浪漫主义的政治和文化浪潮中遭遇诋毁；[3] 一方面被艾略特视为歇斯底里的德国民族中的一员，另一方面却因为反

---

[1] T. S. Eliot, *The Letters of T. S. Eliot Volume Two: 1923—1925*, p. 230.

[2] See Herbert Howarth, “T. S. Eliot's *Criterion*: The Editor and His Contributors”, p. 99.

[3] See Egon Schwarz, “Hermann Hesse, the American Youth Movement, and Problems of Literary Evaluation”, in *PMLA*, Vol. 85, 1970, p. 984.

战而被不少德国人痛骂，第一篇反战文章《啊，朋友，换个调子吧》[1]便为他招来“叛徒”之帽。罗曼·罗兰也有类似遭遇，因《超乎混战之上》[2]一文成为法国舆论的众矢之的，建立欧洲共同体的文化理念也化为泡影。[3] 相似的矛盾处境是罗曼·罗兰跨越政治、宗教和文化差异与黑塞成为莫逆之交的一个重要原因，而那种腹背受敌的精神创伤，因超越民族性而遭遇驱逐和流亡的困境恐怕是艾略特很难感同身受的。

二、艾略特论陀思妥耶夫斯基

俄国一向被欧洲人视为他者，或被视为东方阵营一员，这与俄国地理、历史、宗教和文化特性有关，在 20 世纪尤其与它的政治活动有关。艾略特习惯将“俄罗斯性”摒置在西方文明之外，视作一个参照物或一个对立面。他认为俄国影响西方现代文化的三大法宝就是“文学、芭蕾和俄国革命”。[4] 其中陀思妥耶夫斯基是一个焦点，艾略特本人评价：“欧洲人更愿意接受陀思妥耶夫斯基对俄国人的看法”。[5]

虽然肯定陀氏的文才，但艾略特常将陀氏视为异类或对敌，他对陀氏的批评也明显折射出政治和宗教驱动。随着国际政治形势变化和艾略特本人信仰深化，他对陀氏的态度大致分为相对保守、逐渐激烈、深入批判和趋于平缓这四个阶段，其中几个主要立场为：坚持民族主义、复兴古典主义、维护宗教正统和质疑精神分析。

---

[1] 1914 年 11 月 3 日发表于《新苏黎世报》。

[2] 1914 年 9 月 15 日发表于《日内瓦日报》。

[3] See David James Fisher, *Romain Rolland and the Politics of Intellectual Engagement*, University of California Press, 1988, p. 325.

[4] Olga Ushakova, “Russia and Russian Culture in *The Criterion*, 1922—1939”, in *A People Passing Rude: British Responses to Russian Culture*, Open Book Publishers, 2012, p. 232.

[5] T. S. Eliot, “In Memory of Henry James”, in *The Complete Prose of T. S. Eliot: The Critical Edition Vol. 1*, p. 650.

第一个阶段是1915年至1922年，恰逢陀氏作品被译介到英国，在英国掀起“陀氏热”。这个阶段艾略特批评陀氏的活动还比较保守，主要特点是：一、对陀氏有一些基本肯定；二、对陀氏作品的批评分析尚未深入；三、秉承民族主义立场，在“陀氏热”中力求镇静，呼吁英国读者重视本民族文学特性。

1912年，由康斯坦斯·加内特（Constance Garnett）翻译的《卡拉马佐夫兄弟》英译本面世，这是陀氏作品首部英译，在英国引起很大反响；至1920年，陀氏主要作品已经几乎全部译成英语。法国的陀氏译介更早，始于19世纪末，[1]因此早在陀氏英译本面世之前，艾略特就在阿兰－傅尼埃（Alain-Fournier）推荐下读过《罪与罚》《白痴》和《卡拉马佐夫兄弟》法译本。学界通常认为艾略特最早讨论陀氏的文章发表于1917年，这不准确，实际上1915年艾略特就开始撰法文评价陀氏，试图给英国风头正劲的“陀氏热”降温：

> 国家之间频繁贸易极为有用，甚至十分必要，只要能够互通有无。但如果要从外国文学中获益，你必须首先对自己的文学有一些明见。在所有吹捧陀思妥耶夫斯基的人中，有多少人打算分析一下他的作品，哪怕最轻微地分析一下，以便在他的作品中认识到任何国家或任何时代所有杰作的普遍共性？又有多少人能够区分永恒人类和永恒俄罗斯之间，永恒俄罗斯和独特俄罗斯之间的差异，并区分陀思妥耶夫斯基的天才和怪癖？除了一些少数，读者和观众更喜欢呆坐进入麻醉状态，让奇特的图像就在他们迷蒙微张的眼前漂浮。[2]

这一评论可谓奠定艾略特批评陀氏的基调，其中的民族主义立场几乎伴随艾略特终生。1917年开始，艾略特进入具体的比较批评，热衷拿陀氏与

[1] 如1887年《白痴》法译本便已诞生。

[2] T. S. Eliot, “Autour d’une traduction d’Euripide”, in *The Complete Prose of T. S. Eliot: The Critical Edition Vol. 1*, p. 498.

英国本土文豪做平行比较以凸显后者的民族特性。1917 年 3 月 3 日，也就是俄国二月革命爆发前几天，艾略特发文将陀氏与狄更斯（Charles Dickens）作比，一反常论地认为狄更斯是感性主义者，陀氏则是现实主义者；甚至发出“是时候遗忘……那八万俄国人”（it is time that this preposterous fiction followed the *élan vital* and the eighty thousand Russians into oblivion）的挑衅。[1] 同年九月，意犹未尽的艾略特又拿陀氏与华兹华斯（William Wordsworth）比较，认为陀氏喜欢将情感消融在大量耸人听闻的细节里，华兹华斯则将情感视为终旨。[2]1918 年，在认为温德姆 · 路易斯（Wyndham Lewis）与陀氏相似的主流声音中，艾略特强调路易斯在思想、方法和目标方面都与陀氏不同，相比而言，刘易斯有冷静的知性、纯粹的求知欲和独特的英式幽默。[3]

狄更斯、华兹华斯、路易斯分别是英国具有代表性的作家、诗人和艺术家，艾略特在英国“陀氏热”中将这三人排兵布阵，实在用心良苦。虽然在捍卫古典的过程中，艾略特不乏讽刺浪漫主义和现实主义的言论，但在这场反热保卫战里，本土的浪漫主义和现实主义元素都被当做古典正统的同盟军，成为了确立民族特性的重要战备。后至 1928 年，艾略特在介绍英国侦探小说《月石》(*The Moonstone*）的文章里还挥出一记回马枪，强调狄更斯之于陀氏的先决性：“正是师从狄更斯，陀思妥耶夫斯基才产生戏剧的冲动。”[4]

一战后，艾略特的民族主义立场也扩大场域，与陀氏比较的范围从英国扩至西欧，增加了同盟军。1919 年 5 月 30 日，艾略特在《司汤达与巴尔扎克》一文中比较了陀氏与巴尔扎克，称陀氏的想象力堪与巴尔扎克比肩，但

---

[1] See T. S. Eliot, “Reflections on *Vers Libre*”, in *The Complete Prose of T. S. Eliot: The Critical Edition Vol. 1*, p. 511.

[2] See T. S. Eliot, “Reflections on Contemporary Poetry, I”, in *The Complete Prose of T. S. Eliot: The Critical Edition Vol. 1*, pp. 573—575.

[3] See T. S. Eliot, A second review of “TARR”, in *The Complete Prose of T. S. Eliot: The Critical Edition Vol. 1*, pp. 745—746.

[4] T. S. Eliot, “Introduction to *The Moonstone*”, in *The Complete Prose of T. S. Eliot: The Critical Edition Vol. 3*, p. 358.

陀氏想象始于现实，其出发点始终只是人类环境中的人类大脑；而巴尔扎克的想象不是现实的延伸，而是作家个性投射到现实之上的氛围。因此“读者可以直视陀氏的作品，却无法直视巴尔扎克营造的光晕（aura）”。[1]

第二个阶段是1922年至1926年，英国“陀氏热”接近尾声，艾略特的批评变得更加强硬，主要的特点是：一、对陀氏的批评趋向尖锐；二、对陀氏的作品分析开始深入；三、复兴古典的主张更加明确。

1922年9月23日，伍尔芙（Virginia Woolf）在日记中记录与艾略特的讨论，浓墨重彩地写下一句：“陀思妥耶夫斯基——英国文学的毁灭者，我们一直这么认为”。[2] 几乎同时，艾略特发表《伦敦来信：1922年八月》，开始清算陀氏的“负面”影响：

> 虽说所有小说家都是其他小说家的危险榜样，但陀思妥耶夫斯基——这位通过译本出名的俄国人——格外危险（especially dangerous）。因为只有效仿陀氏看待事物的角度，他的方法才奏效。我不会以作品的命运来贬低任何一位伟大作家。陀氏吸引英国人的原因之一就在于他似乎满足天才的一般定义，可以不绝地承受痛苦。但宣扬痛苦实际上并无好处；反之，如果一个作家没有完善的内在标准，他绝不会从公众鼓吹的这些“技巧”中受益。[3]

艾略特对黑塞态度的突变也发生在这个阶段，这与陀氏的“格外危险”不无关系。无独有偶，艾略特也对劳伦斯（D. H. Lawrence）深感遗憾，在他看来，劳伦斯受陀氏影响，囿于人类关系的理论，有时过于长篇大论，对理论却并未臻化。[4] 路易斯也再受质疑，1923年艾略特再次鼓励挖掘路易斯

---

[1] T. S. Eliot, “Beyle and Balzac”, in *The Complete Prose of T. S. Eliot: The Critical Edition Vol. 2*, p. 50.

[2] T. S. Eliot, *The Complete Prose of T. S. Eliot: The Critical Edition Vol. 2*, p. 414.

[3] T.S. Eliot, “London Letter: August, 1922”, in *The Complete Prose of T. S. Eliot: The Critical Edition Vol. 2*, pp. 412—413.

[4] See T. S. Eliot, “London Letter: August, 1922”, p. 413.

作品（*Tarr*）中非陀思妥耶夫斯基的特质，如传统的英式幽默。[1]

不久后（1924 年 11 月 8 日），艾略特在剑桥大学演讲《查普曼被忽视的一面》，采用“二元对立”的批评结构，将查普曼和陀氏并为对照组来衬托但丁所代表的西方古典正统的伟大。这篇文章非常重要，它意味着艾略特对陀氏的作品分析开始趋向深入，同时也意味着艾略特批评陀氏的立场由民族主义拓展至古典主义和宗教信仰。他认为查普曼和陀氏属于“人文主义时代”（humanist period），并引用休姆（Thomas Ernest Hulme）的话称：“我们所处的人文主义时代可能结束，随之而来的是反人文主义的复兴”。[2] 艾略特素来质疑人文主义，这与人文主义继承的唯名论渊源、人文主义相伴的自由主义立场，以及人文主义强化的个人意志都颇有关系，尤其混战的政治形势中，艾略特并不相信人文主义能奏效（正如他不信其师白璧德 [Irving Babbitt] 主张的“内在制约”管用）。艾略特相信的是由宗教戒律掌魂、由君权自上而下牢系的民族社群，他憧憬的是理想神本主义的复兴。

在这篇文章里艾略特还谈到精神分析，但他对那个二十世纪初的时兴玩意也颇有微词，认为“不过是一个半吊子科学，如果说有价值，那也在于它的治疗价值。它引导你最终要么走向腺素，要么走向神学——这是两个截然不同的理念”。[3] 他甚至毫不留情地声明，自己之所以这么批评心理学，正是因为陀氏吸引精神分析。还有一个未道的可能因素是：当时艾略特和妻子正接受心理治疗却收效甚微。

这篇文章意味着艾略特批评陀氏的活动开始朝第三个阶段转化，精神分析的比重越来越重，自 1926 年至 1930 年。1926 年，艾略特开始称呼陀氏为心理小说家（见“Note sur Mallarmé et Poe”一文）。在 1927 年 5 月 1 日发表的《当代小说》评论里，艾略特主张追索（或清算）精神分析之于文学和

[1] See T. S. Eliot, “Contemporary English Prose”, in *The Complete Prose of T. S. Eliot: The Critical Edition Vol. 2*, p. 451.

[2] T. S. Eliot, “A Neglected Aspect of Chapman”, p. 549.

[3] T. S. Eliot, “A Neglected Aspect of Chapman”, p. 553.

生活的影响，其中首当其冲的反例自然又是陀思妥耶夫斯基：

追索过去三十年精神分析之于文学和生活的影响可能需要比我自己的头脑更训练有素、更专业的工作。这一影响比我们所预想的也许更深厚，也许更短暂。必须将这种影响同陀思妥耶夫斯基的影响区分开来，更确切地说，陀氏在西欧的流行与弗洛伊德的兴起不谋而合，这极大地加持了他作品的某些方面，因此必须重新判断陀氏究竟能够或者将会产生多大影响。据我所知，当代几乎每一部小说都要么直接受精神分析研究影响，要么受精神分析营造的气氛影响，要么受摆脱精神分析的欲望激发；以上每一种情况都会折损严肃和深刻，[……][1]

艾略特勾连西欧弗洛伊德兴起与陀氏流行的内在关系有一定道理。陀氏本人就是精神分析的重点对象：他患有癫痫，时而显得乖戾疯狂；他笔下的人物往往不合情理、言行如梦，呈现巨大的断裂感。在陀氏叙事里，现实和荒诞常常相互逆转，正如弗洛伊德所说，我们夜晚的梦境其实比白天的行为更真实。在欣赏陀氏的人看来，他的作品正是以这样一种隐秘、不确定、非理性的方式接近真理，《白痴》中有一段经典的梦的阐释：

你会笑你的梦过于离奇，同时也会感到，在这种古怪离奇之中包含着一种思想，但是，这个思想是现实的，与你的现实生活有些关联，它在你的心里存在着，而且一向就存在着；你的梦仿佛对你说出了一些崭新的、预言性质的、你所期待的东西；[……]不错，这自然是一个梦，是一个噩梦，是一种疯狂现象；但是，它里面包含着一种痛苦的现实和悲哀的正义，足以为这个梦，这个噩梦和这种疯狂作辩解。[2]

陀氏深信梦的预言性和真实性，这与他非连贯的行文风格相辅相成，给

[1] T. S. Eliot, “The Contemporary Novel”, in *The Complete Prose of T. S. Eliot: The Critical Edition Vol. 3*, p. 89.

[2] 陀思妥耶夫斯基：《白痴》，耿济之译，人民文学出版社，1982 年，第 562 页。

西方读者带来一种令人耳目一新的现代散文形式。反之，艾略特反对将记忆的、片段的东西认作真实，称之为“浅薄心理学”（shallow psychology）。他认为现代小说家正因为深受“浅薄心理学”之害，从而缺乏亨利·詹姆斯（Henry James）小说里的那种“道德关注”（moral preoccupation），忽视了关于灵魂更深层次的心理研究。[1]

艾略特对精神分析的抨击尤其体现于他对米德尔顿·穆里（Middleton Murry）和弗洛伊德的批评，他讽刺穆里将心理学作为宇宙的钥匙，[2]声称自己之所以对现代心理学研究感兴趣，是因为它“完全建立在毫无根据的假设之上”；[3]他评价弗氏学说“精明又愚蠢（shrewd and yet stupid），这种愚蠢与其说是历史的无知，倒不如说缺乏宗教同情，在语言上含糊不清且经不起推敲”。[4]艾略特将精神分析视为外来侵略，“侵入一切，同时又迅速地转化为生物学和物理学”，他甚至质问，“我们如何才能避免这些学科，甚至惟愿能够无视它们？”因为那“并非因为希望而产生的新爱好，而是由于人们不必屈从环境的压力”。[5]在接纳新事物方面，艾略特无疑是保守的，他反对精神分析的根源还是在于复活“亚里士多德传统”的基本立场。就在质疑穆里精神分析的同时，艾略特声称自己是“亚里士多德派”（Aristotelian），并称“既然亚里士多德 [主义] 能在 13 世纪华丽复活，那么它也可以在 20 世纪再次复兴”。[6]艾略特的这些言论发生在他皈依天主教前后，皈依不仅意味着加入教会，也意味着进一步招魂古典主义服务于宗教精神。

第四个阶段，1930 年以后。艾略特对陀氏的评价趋于平缓，多重复和强化前期评价，如 1932 年复称陀氏是狄更斯的俄国弟子；1933 再拿查普曼类

---

[1] See T. S. Eliot, “The Contemporary Novel”, p. 88.

[2] See T. S. Eliot, “Mr. Middleton Murry’s Synthesis”, in *The Complete Prose of T. S. Eliot: The Critical Edition Vol. 3*, pp. 274—275.

[3] T. S. Eliot, “Mr. Middleton Murry’s Synthesis”, p. 277.

[4] T. S. Eliot, “Freud’s Illusions”, in *The Complete Prose of T. S. Eliot: The Critical Edition Vol. 3*, p. 551.

[5] T. S. Eliot, “A Commentary”, in *The Complete Prose of T. S. Eliot: The Critical Edition Vol. 3*, p. 287.

[6] T. S. Eliot, “Mr. Middleton Murry’s Synthesis”, p. 277.

比陀氏。此外，无甚新论。

三、艾略特与黑塞的合与分

艾略特对陀氏的批评是他与黑塞关系变化的关键，或称引线。最初艾略特是通过《混沌一瞥》亲近黑塞，这本文集共收录黑塞三篇论文，最吸引艾略特便是评论《卡拉马佐夫兄弟》的一篇，正是此文结尾被艾略特改写、引用至《荒原》。艾略特写给黑塞的信也讨论了《白痴》的主人公梅诗金公爵。[1] 两人结缘的关键人物非陀思妥耶夫斯基莫属。

黑塞发表过五篇评论陀氏的文章，其中最著名的三篇发表于 1915 至 1919 年，受一战影响颇深。评论《卡拉马佐夫兄弟》一文发表于 1919 年，又名“欧洲的没落”，集中抒发黑塞对欧洲战后没落的忧虑。这一忧虑，黑塞早已零星著述于 1915 年《少年》评论、1917 年《欧洲人》等；一战后加剧，在《克林索尔的最后夏天》（*Klingsors letzter Sommer*）等作品里集中探讨。[2]

除了受西欧，尤其是德语世界“陀氏热”的外部影响，黑塞钦慕陀氏还有政治、精神和文艺上的三层原因：政治上，时值一战，黑塞试图从陀氏所代表和描述的俄罗斯特性中寻找优良之处拯救欧洲堕落；精神上，陀氏对非理性的精神世界的偏重让继承神秘主义传统且正通往“内向之路”的黑塞如获知音；文艺上，黑塞多次谈论陀氏的创作手法并表示欣赏，即淡化故事情节，细描人物心理，且以断裂的语言揭示现实、梦幻和预言。与艾略特相反，黑塞赞誉陀氏为“天才诗人”，甚至连陀氏歇斯底里和癫痫的病症都被

---

[1] 由于艾略特最早读《白痴》使用的是法译本，因此在致黑塞的这封信里，他还将梅诗金的名字写成法语“Muishkine”，而不是英语“Muichkine”。（See T. S. Eliot, *The Complete Prose of T. S. Eliot: The Critical Edition Vol. 2*, p. 557.）

[2] 详见莫亚萍：《“李白热”中的狄奥尼索斯——黑塞之传承与转型》，载《南京师范大学文学院学报》，2019 年 9 月第 3 期。

他慕为“预言家”独有的特性。在《卡》文中，黑塞还自嘲地写道：

> 德国人终不比法国人、英国人和美国人有更为强健的神经，他们至多比俄国人强健些。“神经虚弱”不过是歇斯底里症、神经衰弱、道德败坏和一切恶行的通俗表述。[1]

无独有偶，几年后黑塞好友茨威格也在为陀氏撰写的小传中将陀氏奉为预言家、英雄和圣人。这似乎正应验艾略特在那封“谴责”信中所言：“德国人是一个非常歇斯底里的民族，他们总是选用东方艺术和东方思想里最歇斯底里、最不健全的部分”，正如毛姆（William Somerset Maugham）1945 年为美国杂志《红书》（*Redbook*）评介陀氏与《卡拉马佐夫兄弟》时，也不惜笔墨地聚焦陀氏的缺陷：道德败坏且性格恶劣。

有趣的是，引起艾略特好感并驱使他邀稿和会面的是黑塞写陀氏的文章；而激起艾略特反感，使他几欲奋笔驳斥的也是黑塞对陀氏的激赏。从上文分析可知，陀氏是两人关系的引线，而两人矛盾的根源，两人及其背后阵营批评陀氏的基本立场和思想来源值得进一步探讨。

西方沉没论是引起两人共鸣的关键因素。“沉没”并不是西方二十世纪才兴起的主题，早在 16 世纪新教革命打破基督教信仰共同体，18 世纪法国大革命改变西方政治传统时，对欧洲危机的深入洞察便已开始。陀思妥耶夫斯基在 19 世纪游历西欧时批判西方文明颓废、堕落，并且坚信它即将土崩瓦解。德国深受神秘主义、新教伦理的影响，下坠至深渊旋而复起的循环理念在 19 世纪至 20 世纪由尼采和布克哈特影响至整个德语文化界，如斯宾格勒（Oswald Spengler）在《西方的没落》（*Der Untergang des Abendlandes*）中将文化形态的盛衰视为循环的四季，认为寒冬孕育春天的生机，下沉运动也包含上升的动力。库尔提乌斯认为一战后的欧洲已到达否定之低谷，同时也站在新生的门槛上；黑塞也多次强调，彻底的沉默和受难后仍有重生的希

---

[1] 赫尔曼 · 海塞（即黑塞）：《陀思妥耶夫斯基的上帝》，斯人等译，社会科学文献出版社，1999 年，第 60 页。

望。[1] 一战后的西方沉没论不仅是极权主义的衍生物，也是欧洲现代危机的隐喻，在欧洲更为普遍。出于对西方沉没的共同忧虑，陀氏如磁石一般将艾略特和黑塞吸引到一起。因此艾略特偏偏中意黑塞这段话：

> Schon ist halb Europa, schon ist zumindest der halbe Osten Europas auf dem Wege zum Chaos, fährt betrunken im heiligem Wahn am Abgrund entlang und singt dazu, singt betrunken und hymnisch wie Dmitri Karamasoff sang. Ueber diese Lieder lacht der Bürger beleidigt, der Heilige und Seher hört sie mit Tränen.[2][已有半个欧洲，至少半个东欧正通向混乱，陶醉于神圣幻想，沿着深渊边缘踉踉跄跄，如德米特里·卡拉马佐夫一般，癫狂而又迷醉地歌唱。市民们辱责、嘲笑这些歌唱，圣人和先知则听得热泪盈眶。]

并将这段话改写、引用至《荒原》最重要的终章——《雷霆的话》：

> What is that sound high in the air
> Murmur of maternal lamentation
> Who are those hooded hordes swarming
>   ~~perished~~
>   endless
> Over ~~Polish~~ plains, stumbling in cracked earth
> Ringed with a flat horizon, only.
> What is the city over the mountains
> Cracks and reformed and bursts breaks in the violet air
> Falling
> ~~Tumbling~~ towers

[1] 详见莫亚萍：《"李白热"中的狄奥尼索斯——黑塞之传承与转型》，《南京师范大学文学院学报》，2019年9月第3期。

[2] T. S. Eliot, *The Waste Land*, ed. Michael North, W. W. Norton & Co., 2000, p. 25.

~~Athens~~/ Jerusalem, Athens, Alexandria

Vienna, London. Unreal

Unreal [1]

众知，《荒原》几经删改，出版成文不及原稿一半，可是这十行始终保留。诗中细微的删节出自庞德（Ezra Pound）和瓦莱里·艾略特（Valerie Eliot），只删去三个形容词和将“雅典”调换位置。艾略特在《荒原》批注中将“目前东欧之衰落”列为全诗主题之一，这在引用中充分体现，如“Polish”一词：“Polish”指波兰，是欧洲重要的政治舞台、一战时期厮杀的战场，是西方衰落的一个物理见证；此外，“polish”可做动词和名词，分别有“抛光/擦亮”和“优雅”之意，负载有艾略特复兴传统的意旨。再看这段出现的几个城市：耶路撒冷、雅典和亚历山大是西方宗教和古典正统的源起之地；维也纳和伦敦则分别是在一战中交战的奥匈帝国和英国的首都，是饱受战争摧残的现代都市。上帝之城与人类之城在此汇合，古典与现代、历史与现实交汇。这几个文明的或现代的城市又与“荒原”对立，既充满张力又混通一体。既然西方沉没论体现深刻的现代危机，两人惺惺相惜更深层次的原因就在于：都试图消解被现代进步、发展、扩张观念控制甚至主宰的欲望。在他俩看来，这种现代性欲望是虚幻的，正如艾略特在引诗中反复强调的——“不真实”（unreal）。

然而，这一共同点的背后又隐含两人深刻的分歧。上文已有暗示，两人对现代性危机的理解与时间不无关系，但不同之处在于，黑塞继承柏拉图主义传统，向时间本原敞开，如柏拉图《蒂迈欧篇》所释，感性世界运动使秩序得以自我保存，秩序则使感性世界不断更新，由此时间与宇宙形成一种同构的循环之状（圆周运动）。艾略特则推崇亚里士多德传统，将时间理解为由此及彼的时间段，亚里士多德在《物理学》中所说的“数目”概念就是同

[1] Matthew Hart, “Visible Poet: T. S. Eliot and Modernist Studies”, in *American Literary History*, Vol. 19, No. 1（Spring, 2007）, pp. 184—185.（引用部分的删节出自庞德和瓦莱里·艾略特）

类物品的集合，时间是被“现在”划分的集合物，或称“阶段”（而“现在”一词甚至并未出现在柏拉图论述时间[或永恒模型]的《蒂迈欧篇》里）。由“现在”划分，亚里士多德的时间呈现“到来”和“离去”之两种线性运动，这一双重运动的视角更早体现于赫拉克利特的逻各斯法则和河流之喻，无怪艾略特在《四首四重奏》开篇便引用逻各斯法则和赫拉克利特之语：上升的路和下降的路是同一条路，并以“现在”作为界限，联结过去与未来的相互运动，产生绵延：现在的时间与过去的时间或许都存在于未来之中，而未来的时间却包含在过去里。可以说，柏拉图主义时间观要求一种持续的张力，而亚里士多德主义的时间观则要求一个内在的尺度，黑塞与艾略特的思想分歧起源于此。

沉没焦虑引发拯救行动，这是艾略特结交黑塞的现实动机。他创办《标准》的初衷体现了联合之意：介绍不同国家的文学和文化，共探全球意义上的文化、社会和政治议题。这也是为何在一战后英德关系紧张的特殊时期，艾略特仍力邀黑塞，为两国文化关系破僵。然而，艾略特美好的初衷在具体实践中屡受挫折，他变得越来越保守，刊物的格局也相应紧缩，例如《标准》创刊号发表黑塞文章后，接下来一年再无德语作家文章，其中就不乏《拉帕洛条约》造成的冲击。至1939年1月《标准》停刊，艾略特总结刊物的定位已变成：让欧陆和美国同类文学评论保持密切联系，并在伦敦提供一个国际思想的地方平台。[1]艾略特原本面向世界的理想收缩成为“欧洲思想”（the idea of Europe）（甚至是保皇思想），甚至连庞德都表示抗议，“层层伪装把《标准》活活变成了西敏寺”。[2]

再具体论之，艾略特和黑塞的分歧显现于由西方危机引发的振兴立场、文化主张和具体策略。首先是新与旧、内与外的振兴立场不同。二十世纪初，西方非理性主义和英国文坛的创新之风盛行，艾略特表面上顺势而为，

---

[1] See Olga Ushakova, “Russia and Russian Culture in *The Criterion*, 1922—1939” , p. 231.

[2] 林德尔·戈登：《T. S. 艾略特传：不完美的一生》，许小凡译，上海文艺出版社，2019年，第196页。

实际上想力挽狂澜：试图扭转自19世纪起受感觉激荡、被超验架空的文学品味，重塑失落的古典文学，并恢复宗教本体理性在人类精神和社会生活中的支柱地位。具体策略早在他1919年发表的《传统与个人意识》一文中便已成型：

> 现存传统作品之间已经形成一种理想的秩序，引入新的（真正新的）艺术作品，这个秩序就会有所改变。已有秩序本身在新作品介入之前是完整的；介入新物质以后若要继续保持完整，那么整个已有秩序都应该发生改变，哪怕只是微调；每一部分之于整体的关系、比例、价值也应调整；这就是新旧调和。谁若赞同这种秩序观念，赞同欧洲文学或英国文学的组织形式，他就不会觉得过去应由现在改变、现在应受过去指引的想法荒谬。诗人若意识到这一点，他就会意识到困难之艰巨和责任之重大。[1]

显然，艾略特主张在历时与共时的秩序中把握传统，既将个体皈依于文化有机整体，又在理想秩序受到异质元素干扰时实现新旧调和；他相信在理性的宗教信徒那里，外部世界与内心秩序都能找到合宜的解释与调控。相反，黑塞继承柏拉图主义的循环观念，一战前后更是格外青睐尼采的永恒轮回论和布克哈特（Jacob Burckhardt）对自由和新生精神的诚笃信念，主张打破秩序，返回混沌，向文化之源——亚洲母亲复归。不同的振兴立场导致俩人不同的创作倾向：一位留守欧洲正统，一位推崇异域文化；一位巩固古典理想秩序，一位颠覆固有、重塑新生。

其次，两位处理现实与精神、理性与非理性二元关系的文化主张不同。论述这一点要将上文的内容整合起来，首先回到艾略特评价陀氏的语境里去。上文已提，艾略特1924年演讲的《查普曼被忽视的一面》非常重要。它与“谴责”信仅相隔一年，艾略特在其中不仅分析了陀氏，而且提及黑

[1] T. S. Eliot, “Tradition and the Individual Talent” , in *The Complete Prose of T. S. Eliot: The Critical Edition Vol. 2*, pp. 106—107.

塞，是解析他与黑塞分歧的另一个关键材料。文中艾略特提出他后来不断重复的“双重现实”论：

> 陀思妥耶夫斯基的读者一定会记得他们最开始理解［陀氏笔下］人物之动机和行为时遭遇的困难。他们很快发现，仅仅指责非理性是不行的；其中有种一致性，即使不理解，也能使人信服。［……］人们逐渐意识到，陀氏小说到处体现双重现实，眼前景状不过是一层面纱，掩护另一个发生在它背后的行动。陀氏笔下人物也部分意识到这种分裂，意识到他们有形的生活既荒唐可笑又徒劳无益，他们似乎总在倾听别的声音，与幽灵交谈，以至于分心，根本无法处理手头上的事务。[1]

若说艾略特之前主要谴责陀氏癫狂的非理性特征，那么此文更进一步，批评起陀氏分裂的双重性。艾略特认为正是这种分裂导致人们过分倚重精神，又过分回避现实。进而，艾略特将“扫射”目标指向俄国一战后短暂的盟友——德国，指出陀氏在歇斯底里的日耳曼民族里大受欢迎反映出他们对精神生活充满怀旧，因为他们的精神已经被几个世纪以来愈演愈烈的自由主义新教整得麻木不仁；怀旧的精神快感实际上是欧洲新教盛行，基督教瓦解所导致的后果，是基督教体系松懈招致的症候。[2] 显然，艾略特对陀氏的批评又一次表现出他典型的三位一体：文学背后受政治和宗教的驱动，且批评内容与“谴责”信如出一辙——歇斯底里的俄国人陀氏与歇斯底里的日耳曼民族群分类聚。借分析文学，艾略特可算清算了一笔总账，抨击了 16 世纪德国宗教改革给基督教体系造成的致命冲击，远隔时空驳斥马丁·路德（Martin Luther）对理性的咒骂。

安德烈·纪德（Andre Gide）认为陀氏学说里包含“被西方人认为是矛

[1] T. S. Eliot, “A Neglected Aspect of Chapman”, pp. 552—553.

[2] See T. S. Eliot, “A Neglected Aspect of Chapman”, p. 554.

盾的东西，因为西方人不怎么习惯这种对极端相反的东西的调和”。[1]实际上，陀氏的双重性里就潜伏着尼采所论的狄奥尼索斯与阿波罗的相反相成（尼采晚年亦视陀氏为尊重、崇拜的对象），潜伏着生命哲学家孜孜以寻的个体性，以及潜伏着《福音书》里对个人的复杂性的肯定——个人的复杂性里潜藏着神圣的希望，正如上文提及的循环论。正是由于这些深层因素，陀氏人物的双重性反而令黑塞着迷。

再次，在解决现实困境的具体策略上，黑塞信奉爱，但艾略特在《查》一文中认为爱本身不是一种理论，而只是对问题的忠实陈述；基督教其实早已找到解决之道，却将其丢失，现代变成一个被遗留下问题的时代。这让艾略特不由怀念找到了解决之道的但丁和但丁时代。艾略特认为但丁也认可每个人分属两个世界，人的生活交织着冲突与和解，但他并非浪漫之爱的空想者，他的感受丰富全面，能够理性地将感受分门别类。深论之，艾略特认为陀氏与但丁的根本差距在于宗教性：

> 如果一个作家身上不存在基督教的另一个世界，或者他另有其他的“另一个世界”，我就不会用基督教标准去评价他。但查普曼、邓恩、陀思妥耶夫斯基和詹姆士·乔伊斯（James Joyce）都接受了基督教议题，都与基督教范畴有关，他们不如但丁之处就在于他们并没有得出基督教的结论。我认为这是现代世界最大的痛苦，它既不是基督教的，也不是别的什么东西。[2]

论及此处，艾略特忍不住在讲稿中做了一个附注，由陀氏论及黑塞：

> 我的朋友黑塞认为陀思妥耶夫斯基是一种新宗教的先知，尽管我非常赞赏他的书[《混沌一瞥》]，我却不赞同他这个结论。相反，我认为查普曼、邓恩和陀思妥耶夫斯基仅仅只是与那场由歌德臻至顶峰的运动

[1] 安德烈·纪德：《关于陀思妥耶夫斯基的六次讲座》，余中先译，人民文学出版社，2019年，第31页。

[2] T. S. Eliot, “A Neglected Aspect of Chapman”, p. 555.

作斗争，而且徒劳无功——那场运动承认人性与神性分裂，抗拒神性，甚至宣称人之完美就是神圣。恰恰相反，人之完美应该像乔治·萧伯纳（George Bernard Shaw）先生。这种既否定人，又否定神的认知，这种认为人神密不可分而又永恒矛盾的认知，这种二元分裂的认知就是原罪教义。[1]

这篇附录的语气相当严厉，临近皈依的艾略特已将陀氏视作“异教徒”，拿出了清除异教的斗志，连陀氏作品体现的现实两重性和人性都被视为宗教意义上导致人神二分和现代堕落的原罪，黑塞由此领受了“恨屋及乌”的批判。

与黑塞合合分分的时期，正好也是艾略特本人生活的困顿期，传记作家林德尔·戈登（Lyndall Gordon）认为《荒原》里的材料对应着艾略特“私密生活里的种种试炼：首先是宗教感情的觉醒，接着是与异国的城市和苛刻的新娘间的磨合”。[2]据艾略特第二任妻子回忆，艾略特将第一次失败婚姻形容为“由米德尔顿·穆里掌笔的陀思妥耶夫斯基小说”。[3]这一描述堪称对黑塞间接的双重否定，因为陀氏是黑塞欣赏的作家，而穆里浪漫主义的精神倾向、自我剖析的创作手法，以及对内在精神和个人主义的重视和早中期黑塞如出一辙。相对而言，艾略特不仅是坚定的古典主义者，而且极度排斥自由主义和个人主义，主张自我隐藏的创作手法。艾略特与穆里不睦已久，表面看来是争夺英国文坛霸权，但实际上是古典主义与浪漫主义分歧、保皇派与民主派缠斗、人本主义和神本主义对立。

这些自然也是艾略特与黑塞分道扬镳的背后推力。

---

[1] T. S. Eliot, “A Neglected Aspect of Chapman” , p. 555.

[2] 林德尔·戈登：《T. S. 艾略特传：不完美的一生》，许小凡译，上海文艺出版社，2019年，第150页。

[3] T. S. Eliot, *The Complete Prose of T. S. Eliot: The Critical Edition Vol. 4*, eds. Jason Harding & Ronald Schuchard, Baltimore: John Hopkins University Press, 2015, p. xxxi.

四、小　结

回到艾略特与黑塞交识的起点：《混沌一瞥》，就在被艾略特引用的同一篇文章里，黑塞写道：

> 当没落来临时，那些旧事物的坚定追溯者，那些崇高而神圣的风尚和文化的顶礼膜拜者，那些正统道德的捍卫者则不遗余力去阻止这一没落，或者为它悲鸣哀泣。对于这些人来说，没落即是终结，而对于另一些人来说，没落意味着开始。在前者看来，陀思妥耶夫斯基是罪犯；而在后者看来，陀思妥耶夫斯基是圣贤。在前者看来，欧洲和欧洲精神无与伦比，坚不可摧，是神圣不可侵犯和亘古不变的；而在后者看来，欧洲和欧洲精神是生成的、变化的和永远流动的。[1]

这段话几乎预示了陀思妥耶夫斯基、艾略特和黑塞的关系，并且预言了黑塞与艾略特的分歧（虽然黑塞本意并非如此）。上文已分析，艾略特不断强调的"亚里士多德传统"实际上是一种与宗教意义和政治目的紧密结合的理性传统。亚里士多德继承柏拉图传统，认为理性比本能优越，应将理性作为行为准则。他在《政治学》中将天赋、习惯和理性列为人德三端，主张三者和谐发展；如果三者冲突，则务必违天赋、习惯而遵理性。米歇尔·吉莱斯皮（Michael Allen Gillespie）认为亚里士多德对人的定义说明人除了是语言和理性的动物，也应当是"政治的动物"，"依亚里士多德之理念，城邦外的人要么是兽，要么是神，即便最自治的人，如哲学家，也无法脱离政治而生存"[2]，艾略特承此而来，将理性视为构建美好政治（城邦）的法脉准绳。

然而，亚里士多德在《政治学》卷四章十一规定了理性的前提：节制与

---

[1] 赫尔曼海塞（即黑塞）：《陀思妥耶夫斯基的上帝》，斯人等译，社会科学文献出版社，1999年，第60页。

[2] Michael Allen Gillespie, *The Theological Origins of Modernity*, Chicago and London: The University of Chicago Press, 2008, pp. 44—45.

中庸，因为趋向极端的人难以顺从理性的指导。因此亚氏认为最好的政体应该以中产阶级为基础和主体。艾略特的政治主张实际上背离了亚氏路径：他提倡的保皇立场是在既定的秩序内让统治者利用君权与职责来实现自上而下的改造，而非培养理性（即节制中庸）的中产阶级，并奉之为政治主体。这让人不免思考，如果以强化民族意识和政治强力为古典素养和宗教理性的前提或旨归，这里面是否暗含一种微妙却恐怖的逻辑？在两次世界大战中由二者导致的暴行、苦难和狭隘是否就是对其自身的现实否定和批判？人文主义学者乔治·斯坦纳（George Steiner）也曾在（英国）民族文学研究中诘问："古典素养、民族主义意识和伦理化理性希望，这三大前提或感觉传统习惯，今日是否仍然成立？"[1]

其实一战后的文学活动和人文主张总体上体现出修建现代性新方案的努力。受益于以笛卡尔、霍布斯、哥白尼、伽利略为代表的近代哲学观和科学观，西方 17 世纪开始兴起现代性观念，并大大强化了亚里士多德在《形而上学》里业已构思的包含所有存在领域在内的秩序体系和理性原则。在福柯（Michel Foucault）所谓的"疯病史的零点"，现代意义上的"疯癫"还未被轻视或另眼相看：以色列的先知们被称患有癫痫；柏拉图兴致勃勃地讨论迷狂；维托雷·卡尔帕乔（Vittore Carpaccio）将疯癫绘画成魔力；莎士比亚笔下的疯子往往说出真理。理性背景下的启蒙信念进而加快正常与疯癫之间的对立，至现代，人们已习惯对卢梭和尼采的反叛言行、生理缺陷或精神失常津津乐道，正如艾略特和毛姆数落陀氏的堕落与癫狂。

一战冲击了现代理性秉承的进步与发展的信念，由此展开对理性的批判。以陀氏为例，纪德也在比较中掂量陀氏价值，也拿陀氏与狄更斯、巴尔扎克比较，但与艾略特相反，纪德认为陀氏更胜一筹：狄更斯囿于他的人民和时代的观念，对人物的划分过于简单，陀氏则显得意味深长；[2] 巴尔扎克

[1] 乔治·斯坦纳：《语言与沉默——论语言、文学与非人道》，李小均译，上海人民出版社，2013 年，第 69 页。

[2] 安德烈·纪德《关于陀思妥耶夫斯基的六次讲座》，余中先译，人民文学出版社，2019 年，第 84 页。

的人物都按照巴尔扎克本人的理想自我描绘，而陀氏的人物则以不隐藏的方式发出光辉。[1]1921 年纪德在纪念陀氏诞辰一百周年大会上质问：为什么还有人对陀氏的杰出作品那么反感？基于一种开敞的特性，纪德称赞陀氏小说思想最丰富，最富有生命力。黑塞也如是评价。这种评价就带有强烈的反理性倾向，向往粗犷、癫狂、蓬勃的原始朝气，正如尼采在哲学上推崇生命强力，斯宾格勒在思想史上向往文化形态之春，荣格（Carl Gustav Jung）在精神分析中返回人类原始的精神家园。因此，艾略特的主张是现代性方案之一，但不同甚至相反的方案也同时在战后欧洲集结。

总的来说，艾略特与黑塞的共同批判对象是有缺陷，甚至招致人类灾难的现代理性，分歧则落在建设现代性的具体方案上，或称理性与非理性之辨：究竟于宗教和古典秩序原点吸取古老的理性经验，还是于文化源头和人性深处寻获非理性强力？这种分歧在思想史中不乏历史的倒影，如西方 10 世纪古今之争，中世纪唯名论与实在论之争，文艺复兴时期神本主义与人本主义对抗，启蒙运动中神之意志与人之意志分庭抗礼以及这两股势力在 17 至 18 世纪兴起的理性主义和 19 世纪爆发的非理性主义运动中此消彼长。即使与艾略特与黑塞同代，关于理性与非理性的争论也层出不穷，如利奥·施特劳斯（Leo Strauss）主张复兴古典理性主义，而海德格尔主张直面混沌与虚无，在历史深渊底处重新建构新生意义。

因此，艾略特与黑塞的分歧表面看来出于对陀氏的不同评价，深论之则植根于传统和现实差异，传统包括思想和宗教，现实指向修复现代性的具体方案。两条小径由此相交尔后分叉。借此可进一步思考：在宗教式微的新世纪，人们能否重新打造艾略特所念想的《神曲》里克制、安定、井然有序的精神容器（即便拥有但丁的才华）；反之，如果剪断与本体理性连接几千年之久的精神脐带，人们能否像超人一样重构合理的价值秩序（即便拥有尼采的勇气）？西方沉没论带来的另一个论调是“解体”（虽然二者不可等同）：

[1] 安德烈·纪德《关于陀思妥耶夫斯基的六次讲座》，余中先译，人民文学出版社，2019 年，第 101 页。

意味着自上而下的崩离和社会形态的革易。[1] 面对解体必然引发的混乱或虚无，现代人应该如何思考和行动？是于体系或体系的象征中重获掌控甚至凌驾一切的力量，还是作为一个茕茕孑立的普罗米修斯去领受存在的锤炼？理性是否会无能为力，非理性是否会无家可归？两者之间是否又有中间物、新批判或新未来？

虽然艾略特一再批评陀氏不连贯的行文，视之为非理性的低级表现，但他本人也遭受同样质疑，伊格尔顿（Terry Eagleton）就称《荒原》在形式和内容之间存在多种矛盾（discrepancy），是一幅由引语、典故、断章、幽灵般的人物和记忆片段构成的巨大的拼贴画。[2] 因此，表面上水火不容的文化趋势在其基底实际上蕴含着坚韧的共性、深厚的关联、沟通的可能和求同存异的希望。从分叉之处反观艾略特与黑塞的交会，虽然短暂却也示人规律，或可重思尼采在《悲剧的诞生》开篇预示的阿波罗与狄奥尼索斯的新起点：两极相反的本能不仅可以并行共存，而且可以在对立交互中达至常新。

---

[1] See William Barrett, *Irrational Man: A Study in Existential Philosophy*, New York: Doubleday Anchor Books, 1962, p. 34.

[2] See Terry Eagleton, *How to Read a Poem*, Blackwell, 2007, p. 95.《荒原》中，艾略特约引用 36 个作家、56 部作品和 6 种外文；在诺顿评述版（Norton Critical Edition），艾略特本人为《荒原》所做的注释就有 50 条。（See T. S. Eliot, *The Waste Land*, pp. 21—26.）

文体与文学研究

“举隅法”与宇文所安的中国古典文学研究

王嫣慧　汤拥华[1]

[摘要]“举隅法”是宇文所安从中西比较诗学的视野出发提出的对于中国古典文学传统的认识，是与传统西方文学的隐喻法相对应的一种认知形态。“举隅法”的基本内涵是经由部分把握整体，但它同中国的“举隅”、西方的“提喻”既有联系又有区别。“举隅法”既是中国古典文学的特征，更是阅读中国古典文学的方法。尽管中国古典文学在语言、文本、回忆等方面呈现出断片的形态，但是借由“举隅法”，我们却能通过文本把握作者的体验以及创作文本的历史背景，最终通过想象还原出一个完整的意义世界。

[关键词]举隅法　宇文所安　中国古典文学　断片　整体

2018年5月，在经历了长达四十七年的教学生涯之后，美国当代著名汉学家宇文所安（Stephen Owen）从哈佛大学荣退。鉴于宇文所安在汉学研究上所取得的斐然成就，以及他在中国乃至世界的重要影响，大陆学者季进在参加完宇文所安的荣退仪式后便对宇文所安的作品进行了编选，最终辑为《诗的引诱》一书，于2019年7月由译林出版社出版。与此同时，宇文所安在耶鲁大学讲授中国文学理论期间自己编选、翻译和评注的《中国文学思想读本：原典·英译·解说》（*Readings in Chinese Literary Thought*）在中译本

---

[1] 王嫣慧，华东师范大学中文系硕士研究生；汤拥华，华东师范大学中文系教授，博士生导师。

首版16年之后，也于同年7月由三联书店重版[1]。为了向宇文所安表示敬意，中国台湾“中央研究院”《中国文哲研究通讯》还专门策划了一期庆祝宇文所安教授荣退的专辑，并首次梳理了宇文所安的完整学术年表，较为详尽地回顾了中国学界对于宇文所安的接受和研究情况。不管在具体观点上存在何种争议，宇文所安作为海外中国古典文学研究的标志性人物，其学术地位已得到两岸学者的共同认可。

对于宇文所安的中国古典文学研究，我们常常会惊叹于他对文本的把握能力，他总是能够从古诗文的细枝末节出发，深刻体察作者的情感，并最终还原出作品的完整意义世界。作为一个生活在当代的美国人，宇文所安是如何穿越几百年甚至上千年的历史去理解古人的作品并让我们感到“不隔”的呢？宇文所安是如何还原出作品的意义世界的呢？对于这一所有古典文学的研究者们都会遇到的难题，宇文所安的应对之策便是“举隅法”（synecdoche）[2]。“举隅法”不仅体现出宇文所安对于中国古典文学传统的真知灼见，更是他解读和研究中国古典文学的不二法门。值得一提的是，2008年，宇文所安来大陆时所做的演讲，其题目便是《说烟：想象的举隅法》（On Mist: Synecdoche of the Imaginary）[3]。不过，对于“举隅法”的内涵及其与中国古典文学之间的联系，中国学者尚鲜有论及，本文将就此做出初步的探讨。

---

[1] 宇文所安 *Readings in Chinese Literary Thought* 一书的中译本最早由上海社会科学院出版社于2003年出版，书名为《中国文论：英译与评论》，王柏华、陶庆梅译。

[2]“synecdoche”一词在中文中有“举隅（法）”和“提喻”两种不同的译法。其中，“举隅”是一个土生土长的本土词汇，而“提喻”则与西方修辞学的关系十分紧密。根据笔者在下文中对宇文所安所说的“synecdoche”概念内涵的探讨，笔者认为，宇文所安所说的“synecdoche”的内涵同中国语境中“举隅（法）”的联系更为紧密。因此，本文在涉及宇文所安意义上的“synecdoche”一词时，统一翻译成“举隅（法）”。

[3] 2008年，宇文所安在南京大学做了题为“On Mist: Synecdoche of the Imaginary”的演讲，这也是他第一次来大陆所做的演讲。宇文所安本次演讲的内容，是他2007年9月参加加州大学伯克利分校举办的“The Rhetoric of Hiddenness in Traditional Chinese Culture”会议所提交的论文，该论文后被方葆真（Paula M. Varsano）收入同名会议论文集，于2016年出版。在2008年南京大学的官方讲座预告中，主办方把宇文所安演讲的标题翻译为《说烟：幻想的借代》，但是笔者在后文中将会指出，把“synecdoche”翻译成“借代”是并不合适的，而且把“Imaginary”翻译成“幻想”也有待斟酌。宇文所安在南京大学的演讲预告详见：https://chin.nju.edu.cn//xyxw/xyxw/20080331/i34927.html.

一、“举隅法”的提出与内涵

尽管宇文所安并没有专文从诗学的维度讨论“举隅法”同中国古典文学的关系问题，但是，他对于举隅法思想的独特见解却时常出现在他的作品中。简要地来说，“举隅法”是宇文所安从中西比较诗学的视野出发所提出的对于中国古典文学传统的认识，是同传统西方文学的隐喻法（metaphor）相对应的一种认知形态（mode of knowing）。

长期以来，依据柏拉图的“摹仿论”思想，西方人一直把文学看成是对现实世界的摹仿，因而文学同现实世界的关系就表现为文学“可以取代现实世界，但不会同它混为一体。”[1]如此一来，在“成文的东西同它要表达的意义之间，表面显露的东西同真实之间，总有一段距离、一条鸿沟。”[2]而沟通文学世界和经验世界二者之间鸿沟的这一认知形态，便是隐喻法。与传统西方文学的隐喻法不同，在宇文所安看来，尽管中国古典文学中也存在着隐喻这一认知形态，但是相对而言，举隅法则显得更为重要。[3]那么，什么是“举隅法”呢？

早在两千多年前，《论语・述而》中便有了对于“举隅法”的描述：“举一隅，不以三隅反，则不复也。”它的意思是说：当老师教导学生的时候，老师告诉了学生一个方面，学生应学会从这一方面出发推知其他多个方面。换而言之，它指的是举一端为例，意在使人由此一端而推知其他，是一种“由此及彼”的认知方式。那么，当宇文所安论及“举隅法”的时候，他是否就是从这一层面上来谈的呢？对此，我们不妨来看一下宇文所安本人对“举隅法”的界定和论述：所谓“举隅法”，指的是“以部分使你想到全体，

[1] [美]宇文所安：《追忆——中国古典文学中的往事再现》，郑学勤译，生活・读书・新知三联书店，2014年，第3页。

[2] 同上，第2页。

[3] 同上，第2页。

用残存的碎片使你设法重新构想失去的整体。”[1]宇文所安的这番表述虽然简短，但实则包含了异常丰富的内涵，它至少从以下三个方面指出了“举隅法”的基本特征：

其一，“举隅法”的关涉对象是部分和整体。关于这一点，宇文所安在他的文章中高频率地提及“部分”、“碎片”、“断片”、“整体”、“完整”即是明证。以杜牧的《赤壁》一诗为例，埋没在沙子中的“折戟”便是“部分”，而“赤壁之战”以及由赤壁之战所引起的古今之思才是“整体”。

其二，部分和整体表现为一种指涉的关系，举部分是为了让人想到整体。“以点带面的举隅法，让表露在外的部分始终引向那个表面之外的整体”[2]。在宇文所安看来，“举隅法”不仅是一种修辞手法，而且更为重要的是，它是一种“由此及彼”的思维认知方式。比如在《赤壁》一诗中，诗人举“折戟”并不是意在对作为部分的“折戟”进行讨论，而是意图通过“折戟”使人想到赤壁之战。

其三，整体是“失去的整体”，其完整性有待人们将其还原，可即便整体被还原出来，它也不再是原来的整体。这一点又具体可以从以下三个方面来说：第一，部分所要指涉的整体其实并不存在，或者更为准确地说，它原本应当是存在的，但是因为某些原因失落了：“某种已经结束和消失的、完整的东西，说它还存在——存在于典籍、碎片和记忆里——只是一种比喻的说法。”[3]因此，整体只能以部分的形式呈现出来。由于时间的斗转星移，赤壁之战的战况对于后人来说早已失落，但是，遗落在赤壁古战场的折戟，以及散落在文献中的记载却被保留了下来，成为了再现赤壁之战的载体。第二，整体是可还原的。尽管整体已经失落了，但借由部分，人们可以将其还

[1] [美]宇文所安：《追忆——中国古典文学中的往事再现》，郑学勤译，生活·读书·新知三联书店，2014年，第2页。

[2] [美]宇文所安：《中国文论：英译与评论》，王柏华、陶庆梅译，上海社会科学出版社，2003年，第512页，译文有改动。

[3] [美]宇文所安：《追忆——中国古典文学中的往事再现》，郑学勤译，生活·读书·新知三联书店，2014年，第18页。

原成整体："通过这个特别的'部分'，整体即可被感知。"[1]在此，宇文所安对于"举隅法"中可以借由部分把握整体的这一认识是非常深刻的。它不同于上文中已经提及的指涉关系，它不只是指出整体（因为整体并不存在），而是把握整体。换而言之，倘若没有对整体的把握，没有首先还原出整体，那么，对整体的指涉便也无从谈起。通过折戟以及有关东风和铜雀台的记载，人们可以"看"到赤壁之战的残酷和历史盛衰的无常，并最终从整体上把握赤壁之战。第三，即便整体是可还原的，但还原出来的整体亦不过是人构想出来的结果，它同最初的整体并非一致："假如我们把全部断片集拢起来，得到的最多也只能是这件东西的'重制品'。"[2]也就是说，即便赤壁之战被人们还原了出来，但它最终不过是后人构想出来的结果，未必真的接近历史的真实。

从以上的分析中我们可以发现，从最为根本的认知方式上讲，宇文所安所说的"举隅法"完全延续了中国语境中"举隅""由此及彼"的内涵。但是与此同时，我们发现"举隅法"中"此""彼"的关系、"整体的可还原性"以及"通过部分把握整体"等思想又是中国语境中"举隅"的内涵所不具有的。事实上，倘若我们对"synecdoche"的另一译法（"提喻"）进行一番考察，我们就会发现，这实则是宇文所安汲取了西方语境中"提喻"内涵的结果。

提喻与西方修辞学的关系十分紧密。早在古希腊时期，亚里士多德的《修辞学》一书便已然出现了提喻概念的萌芽。之后，古希腊语法学家狄奥多特·特里丰（Diodotus Tryphon）在历史上第一次正式提出了"提喻"这一修辞学术语。在狄奥多特·特里丰那里，提喻指的是一种"合在一起的行为"（act of taking together），是"用此物去理解彼物"（understanding one

[1] [美]宇文所安：《中国文论：英译与评论》，王柏华、陶庆梅译，上海社会科学出版社，2003年，第32页。

[2] [美]宇文所安：《追忆——中国古典文学中的往事再现》，郑学勤译，生活·读书·新知三联书店，2014年，第80页。

thing with another)。[1] 也就是说，在提喻一词的产生之初，它便关涉部分与整体、此物与彼物的关系。但是在后来的用法中，人们常常将提喻简单地理解为“以此代彼”，从而使之与“换喻 / 转喻”（metonymy）混同了起来。[2] 维柯（Giambattista Vico）意识到了提喻内涵的独特性，他在《新科学》中提出了四重修辞理论，即“隐喻”（metaphor）、“替换”（synecdoche）、“转喻”（metonymy）和“暗讽”（irony）[3]，并将“替换”单独列为四重修辞格中的一种，意为“局部代全体或全体代部分”[4]（朱光潜语）。从中我们不难发现，尽管提喻原有的“以此代彼”的内涵并未发生改变，但是“此”和“彼”的关系已经被维柯明确为了部分和整体的关系。不仅如此，在维柯这里，提喻还突破了原本的修辞学内涵，成为了演绎“诗性逻辑”的重要方式，成为了认知世界的重要形式。维科对于提喻的理解对西方后世产生了深远的影响。例如，19 世纪法国著名修辞学家丰塔尼埃（Pierre Fontanier）沿袭了维柯对于提喻中整体和部分关系的认识，认为在提喻中，两个对象形成了“一个整体，一个物质的或形而上的整体，其中，一个对象的存在或观念包含在另一个对象的存在或观念之中”[5]。美国当代历史哲学家海登 · 怀特（Hayden White）对于提喻有着更为深入和精彩的论述。在他看来，提喻不仅表现了对象和总体之间的关系，而且在对象和总体的关系上，提喻还具有一种综合式的关系[6]，即“它总有一个朝向，即整体性，这个整体不是简单地部分之和，而是按照一定的结构方式包含着构成它的各个特殊部分的整体，此整合过程随即被视为了解个别特点的视角，借以更清晰地领会整体性。”[7] 换而言

---

[1] Heinrich Lausberg, *Handbook of literary rhetoric: A foundation for literary study*, trans. Matthew T. Bliss, Annemiek Jansen and David E. Orton, Brill, 1960, p.840.

[2] Elzbieta Chrzanowska-Kluczewska, "Synecdoche – an underestimated macrofigure?", *Language and Literature*, Vol.22, No.3（August, 2013）, pp.234—235.

[3] 维柯四重修辞格的术语借用朱光潜先生的译法，见 [意] 维柯：《新科学》，朱光潜译，商务印书馆，1997 年，第 200—203 页。

[4] [意] 维柯：《新科学》，朱光潜译，商务印书馆，1997 年，第 201 页。

[5] Paul Ricoeur, *La Métaphore Vive*, Seuil, 1975, p.78.

[6] [美]海登 · 怀特：《元史学：十九世纪欧洲的历史想象》，陈新译，译林出版社，2004年，第44页。

[7] 杨梓露：《文学与历史：海登 • 怀特的转义理论及其效应》，《文艺理论研究》，2016 年第 1 期。

之，在怀特看来，通过提喻的方法，我们是能够借由特殊的部分实现对整体的把握的。单就这一点而言，它同“举隅法”中“整体的可还原性”以及“通过部分把握整体”的思想存在着不少异曲同工之处。

在上文的论述中，我们已经详细阐述了宇文所安“举隅法”的思想内涵，并具体指出了它所吸收借鉴的思想资源：“举隅法”以“举隅”的“以此代彼”为根本认知方式，并且汲取了“提喻”的部分思想内涵，将“此”“彼”的关系明确为部分与整体，认为整体是可以还原的，以及整体是能够通过部分来加以把握的。但是论述至此，我们留下了一大堆尚未解决的问题：整体为什么需要借由部分得以展现？整体为什么是可还原的？整体应当如何还原？整体又为什么能够通过部分被还原？在下文里，我们将逐一回答这些问题，并直击文本的关键——“举隅法”同中国古典文学的密切联系。

二、中国古典文学作品的“举隅”特征

在宇文所安看来，在中国古典文学中，整体之所以无法被直接呈现出来，其原因正在于中国古典文学的“举隅”特征。具体而言，中国古典文学的“举隅”特征可以分为三个方面：第一，“语言本质上是举隅的”[1]；第二，“文本是意义世界的举隅”[2]；第三，回忆是举隅的。对此，我们将分点详加论述。

第一，“语言本质上是举隅的”。这是宇文所安对中国古代语言观的根本认识，也是宇文所安在对比了中西方语言理论之后所得出的结论。在宇文

[1] [美]宇文所安：《中国文论：英译与评论》，王柏华、陶庆梅译，上海社会科学出版社，2003 年，第 32 页。

[2] [美]宇文所安：《中国传统诗歌与诗学》，陈小亮译，中国社会科学出版社，2013 年，第 33—34 页。

所安看来，西方的语言本质上是隐喻的，“语句‘代表或者代替’事物”[1]，因而“人们的注意力集中在意义和真实。”[2]但是在儒家的语言观里，语言的本质则是举隅，“语言表达仿佛是对原先完满意义的一种减损”[3]，即语言的表达必然导致意义的失落。鉴于中西语言本质的区别，宇文所安再三地提醒那些西方读者：“举隅”不是替代[4]，西方现代文学思想中强调的隐喻和代喻（substitution tropes）并不适用于中国的传统[5]。《易经·系辞传》中说：“书不尽言，言不尽意”。宇文所安对此分析指出，在这一表述中，“意”（人想说的意思）、“言”（说话）、“书”（写下来的东西）所包含的内容逐级缩减：人想说的比说出来的多，说出来的比写下来的多。语言的举隅性就表现在“内在的整体经由被缩减的表面显现出来”[6]。其中，这里所说的“表面”指的是语言，而“内在的整体”则是指“意”。举例来说，当我们在海边看到一轮皎洁的月亮悬挂在空中，突然心生感动的时候，我们想要表达月亮到底有多好看、我们的内心到底是何感受这些都属于“意”的范畴；我们伫立在海边许久，两眼紧盯月亮，用略为发颤甚至有些磕巴的声音说出“好美”，这些包括人说出来的话，以及姿态、音调、语境在内的都属于“言”的范畴；而我们在纸上写下“皎洁”、“美丽”、“感动”这些文字，它们则属于“书”的范畴。其中，我们不难看到我们想要表达的内容“意”是如何通过“言”和“书”不断失落的。

第二，“文本是意义世界的举隅”。首先需要说明的是，这里所说的“意义世界”，指的是“诗言志”中的“志”，意为作者内心最真实的东西，包含

---

[1] [美]宇文所安：《中国文论：英译与评论》，王柏华、陶庆梅译，上海社会科学出版社，2003年，第32页。

[2] [美]宇文所安：《追忆——中国古典文学中的往事再现》，郑学勤译，生活·读书·新知三联书店，2014年，第2页。

[3] [美]宇文所安：《中国传统诗歌与诗学》，陈小亮译，中国社会科学出版社，2013年，第33页。

[4] 同上，第39页。

[5] [美]宇文所安：《中国文论：英译与评论》，王柏华、陶庆梅译，上海社会科学出版社，2003年，第267页。

[6] Stephen Owen, *Readings in Chinese Literary Thought*, Council on East Asia Studies of Harvard University, 1992, p.32.

了诗人自觉或非自觉的内心状态。倘若我们将“诗言志”中的“志”同我们上文中所说“言不尽意”的“意”进行一番对比，我们不难发现，“志”和“意”之所以迥然相异，其中主要的缘故在于“志”中包含了作者想说却有意没有说、甚至是连作者本人都没有察觉到的内容。这也使得寄希望于作者给我们呈现一个完整的“意义世界”是永远不可能的。因为当一个文本摆在我们的面前时，“我们总可以看出其中的空隙或漏洞，空隙处漏掉了一些重要东西。”[1]宇文所安在《追忆》的第六章“复现：闲情记趣”中曾向我们讲述了沈复用文字回忆他的妻子陈芸的故事。在《浮生六记》的第二卷《闲情记趣》中，沈复记述了他同陈芸纯真美妙的生活趣事，比如布置房间、建造盆景、远足郊游等。这些充满着闲情和趣味的生活故事显然是文本从字面意义上说出来的东西，文本潜在意义上想要表达的，是对于陈芸的爱意和思念，以及对于往昔美好岁月的追忆和不舍。但是宇文所安进一步指出，在每一则这样的趣事中，我们都可以看到“用油灰抹住的结合部和裂缝：由省略而造成的断沟以及由欲望浇铸而成的看不见的外皮”。[2]因为在作品中，父亲对他妻子的敌意、陈芸同他父亲关系的破裂、他们被赶出家门以及他们艰苦的生活全部被沈复略去了（无论是有意的还是无意的）。因此，除了上述文本的字面意义和潜在意义外，沈复内心最真实的东西（“志”）还应当包括了他想要摆脱和忘记现实生活中的种种不悦，钻进他为自己建造的纯真美妙的小空间中。从这一意义上来说，完整的意义世界所包含的内蕴是十分丰富的，而文本所展现出来的不过是意义世界的一小部分。

第三，回忆是举隅的。回忆是当下的回忆者对被回忆之事的靠近，其中，在回忆者和被回忆之事间横有“时间、消逝和记忆的鸿沟”，“总有东西

[1] [美]宇文所安：《中国文论：英译与评论·中译本序》，王柏华、陶庆梅译，上海社会科学出版社，2003年，第2页。
[2] [美]宇文所安：《追忆——中国古典文学中的往事再现》，郑学勤译，生活·读书·新知三联书店，2014年，第123页。

忘掉，总有东西记不完整”[1]，因此，当我们同过去相逢的时候，断片便存在于其间。李贺的《长平箭头歌》中的箭镞、杜牧《赤壁》中的折戟，它们莫不都是来自过去的断裂的碎片。作为中国古典文学的重要内容，回忆在中国古典文学中有着非常深刻的内涵。

在宇文所安的《追忆》一书中，我们看到在中国古人那里，回忆的目的并不只是对于往事和历史的复现，它还寄寓着回忆者对于不朽的人生追求。因为在一种“后之视今，亦犹今之视昔”的思维方式下，回忆者希望通过回忆被回忆者，能使自己成为被回忆者。因此，为了实现这一目标，回忆不应当仅仅是一种此刻发生在个人头脑中的行为，要想为人所知（这正是中国古人写“文”的动机[2]），“要想自己能在此时此地之外的时空被理解”[3]，他就必须借助于“文”的形式将自己的回忆充分地固定下来。例如在公元前3世纪中叶，羊祜因为他的德政为百姓所铭记，百姓为了纪念他，还为他立了一块“堕泪碑”。之后的几千年里，后人有感于人死身灭不能在世上留下些什么，便希望能够通过“立言”的方式把自己的名字刻在回忆的链条上，从而成为被回忆者之中的一环，因此，孟浩然写下《与诸子登岘山》、欧阳修写下《岘山亭记》。回忆是中国古典文学中的重要内容，然而表现在文学的形态上，回忆是举隅的。

尽管中国古典文学在语言、文本、回忆等方面呈现出断片的形态，但是宇文所安并不认为这就必然导致完整意义世界的失落。恰恰相反，作为读者的我们是能够把握作者之“志”的。也就是说，中国古典文学作品的“举隅”特征并不只是意味着破碎、残缺，整体的可还原性更是“举隅”的一大重要内涵。但是，“志”明明属于作者，读者为什么能够进行把握呢？对此，我们不妨从宇文所安对中国古典文学的两个深刻洞察说起。

---

[1] [美]宇文所安：《追忆——中国古典文学中的往事再现》，郑学勤译，生活·读书·新知三联书店，2014年，第2页。

[2] [美]宇文所安：《中国文论：英译与评论》，王柏华、陶庆梅译，上海社会科学出版社，2003年，第29页。

[3] 同上，第29页。

“子曰：‘视其所以，观其所由，察其所安，人焉廋哉？人焉廋哉？’”在宇文所安看来，这是孔子提出的一种知人三级阶段论（triadic sequence of stages），表明的是中国古人对于“认识问题”的理解：人的真实本性是可以被别人看出来的。宇文所安解释说，“真实”在古代中国的语境中具有两个方面的内涵：其一，内在的真实，其二，外在的真实。尽管“对外在真实的观察有可能导致对内在真实的误解（存在隐藏的可能）”，但是古人认为，“通过对外在真实的种种特殊的关注，完全可以充分地深入到内在真实之中”。[1]这样的一种认识同西方模仿（mimesis）和再现（representation）的二元结构理论截然迥异。在西方的二元结构之下，世界的外表具有欺骗性，生活在世界中的人需要不断地去寻找隐蔽在欺骗性外表之下的绝对真理，人所能做的就是不断去蔽、不断地接近永恒的真理。但是在孔子那里，“内在的真实其实就在（immanent）外在现象之中”[2]。

在中国古人看来，人不仅能知人，而且还能通过文学作品去知人，其缘故正在于古人对“文学是什么”这一问题的根本认识——“诗言志”，即诗是对于人的内心世界的一种表现。在宇文所安看来，这种“我手写我口”的诗学观念实则可以归入中国古典文学的“非虚构传统”[3]。所谓“非虚构传统”，指的是“在中国文学传统中，诗歌通常被假定为非虚构；它的表述被当作绝对真实。意义不是通过文本词语指向另一种事物的隐喻活动来揭示。

[1] [美]宇文所安：《中国文论：英译与评论》，王柏华、陶庆梅译，上海社会科学出版社，2003年，第18页。

[2] 同上，第20页。

[3] 宇文所安将中国古典文学的传统概括为“非虚构传统”。对于这一认识是否恰当的问题，国内学者已经展开了非常多的讨论。例如史冬冬、史维的论著《他山之石：宇文所安中国古代文论研究中的“非虚构传统”》（新华出版社，2018年），李凤亮、周飞的《空泛与错位的“非虚构诗学传统”——评宇文所安〈中国传统诗歌与诗学：世界的征象〉》（《文艺研究》，2019年第4期），任增强的《“非虚构”与“无我”：海外汉学视域中的中国诗性》（《国际汉学》，2015年第4期），陈小亮的《理想的诗歌：中国非虚构诗学对西方文学传统的反动：评宇文所安〈中国传统诗歌与诗学：世界的征兆〉》（《浙江学刊》，2012年第6期）等。但是，本文无意于讨论这一问题，因为无论此说公允与否，不可否认的是，当宇文所安对中国古典文学进行研究之时，他始终是将其视为一种存在的事实来加以对待的。

相反，经验世界呈现意义给诗人，诗使这一过程显明”。[1] 宇文所安的这番表述向我们揭示了两个方面的内容：首先，不同于以隐喻作为意义表达方式的西方文学，中国古典文学是一种真实的记录：文学通常被视为作者对于其自身真实遭遇的具体时刻和环境的描写。其次，诗歌创作的过程表现为“世界——诗人——诗”的关系。诗人生活在世界上，体验着生活、感受着世界，每当他们对生活在其中的经验世界心有所感之时，他们便会以诗的形式将其表达出来：“诗是对世界的体验，是一种内在化的过程，是一种从外到内、从含混到清晰、从内在意义到反映的意义的认知活动。”[2] 为此，建立在“人能知人”以及“诗言志”这两个基本前提之上，宇文所安认为，读者是能够通过文学作品去发现作者的“志”的。

美籍华裔学者余宝琳（Pauline Yu）的看法同宇文所安颇为相似。在余宝琳看来，西方文学中的意象具有模仿性与虚构性，因而文学作品属于虚构的世界；但是在中国传统的诗学语境中，中国的诗歌意象“并非关涉与具体世界根本不同的另一个世界，或者在可感之物与超验之物中间重新建立对应的关系。这些关系已经存在，它们被人发现，而非被创造。”[3] 换而言之，中国古典文学作品所展现的文学世界，同人们此时此地生活着体验着的现实世界存在着根本的同一性，所谓的“文学世界”和“真实世界”实为同一世界。[4] 为此，余宝琳指出，中国文学是“诗人对世界的直接反应的记录”[5]。如果说，余宝琳对文学和真实世界二者关系的揭示最终旨在探讨诗歌的意义运作问题，那么，宇文所安的问题关切则在于完整的意义世界如何被还原。对此，宇文所安表示：“解读成为重建完满意义的一个过程：文本是意义世

[1] [美] 宇文所安：《中国传统诗歌与诗学》，陈小亮译，中国社会科学出版社，2013 年，第 16 页。
[2] 同上，第 44 页。
[3] Pauline Yu, *The Reading of Imagery in the Chinese Poetic Tradition,* Princeton University Press, 1987, p.42.
[4] Pauline Yu, *The Reading of Imagery in the Chinese Poetic Tradition,* Princeton University Press, 1987, p.32.
[5] Pauline Yu, *The Reading of Imagery in the Chinese Poetic Tradition,* Princeton University Press, 1987, p.35.

界的举隅。”[1]这句话的意思就是说，文本虽然是破碎的，但是完整的意义却能通过对作为部分的文本的解读得到还原。因此，重构意义整体的第一步就是把握文本。

三、宇文所安的中国古典文学阅读方法与历史观

翻看宇文所安的作品，我们常常感佩于宇文所安对于诗歌的精妙解读以及对于文本的准确把握。宇文所安常常能够抓住文本中一些非常不起眼的细节，并从这些细枝末节中生发出去，以小见大，挖掘出文本背后的深层内涵，发现常人无法发现的奥秘。正是出于这样的缘故，我们总怀疑宇文所安的这一文本细读（close reading）的方法是否同英美新批评有什么联系。[2]面对这样的声音，宇文所安本人直言不讳地表示，他最不喜欢回答“有关新批评和细读之间的关系”[3]问题。可即便如此，面对人们的不断追问，他还是给出了自己明确的立场以及精彩的答案：“有人总是简单地把文本细读跟‘新批评’等同起来，不是的，所有的深入阅读都是文本细读，文本细读没有特殊的理论依据，它是启发所有理论的动因和灵感。但是，贴近文本是没错的。你看中国 17 世纪的文学批评实践，都是细读。细读甚至不像我们认为的那样和‘新批评’有什么特别密切的联系，而是一种一直以来都存在的阅

[1] [美]宇文所安：《中国传统诗歌与诗学》，陈小亮译，中国社会科学出版社，2013 年，第 33—34 页。

[2] 国内的宇文所安研究自 20 世纪九十年代开始，便有大量论及宇文所安受到英美新批评影响的文章，比如程铁妞《试论斯蒂芬·欧文之中国古典文学研究》(1996 年)，陈引驰、赵颖之《与“观念史”对峙：“思想文本的本来面目”》(2003 年)，程亚林《入而能出，疑而求新——简析宇文所安研究中国古诗的四篇论文》(2004 年)，陈小亮《论宇文所安的唐代诗歌史与诗学研究》(2009 年)，郭西安《文本本位与思想史自觉——简评宇文所安〈中国文论〉的方法论启示》(2011 年)，高超《宇文所安文本细读方法初探》(2011 年)，邱晓、李浩《论“新批评”文学理论对宇文所安唐诗研究的影响》(2011 年)，高静《宇文所安文本解读的新批评因素研究——以唐诗解读为例》(2019 年)等。

[3] 刘苑如、Harrison Huang：《冬访宇文所安——“汉学”奇才 / 机构“怪物”的自我剖析》，《中国文哲研究通讯》，第 28 卷第 1 期。

读方式。”[1]在宇文所安看来，文本细读不能视之为一种理论方法，更不能视为新批评的专利。它不过是一种最为基本的把握文本内涵的方式，甚至是每一个学习和研究文学的人必备的素养：偏爱文本细读，是对“人文学科的职业毫不羞愧地表示敬意”[2]。那么问题在于，当我们想要还原出全部的意义而进行着文本细读的时候，我们首先要抓住什么呢？宇文所安给出的答案是：“诗人和产生诗歌的世界。”[3]

通过文本把握作者，再经由作者把握意义，对于这一意义还原的过程，我们是不难理解的。因为我们在前面已经说过，在“诗言志”的传统之下，文本常常被视为作者内心世界外化的一种形式，所以通过文本把握作者，这是完全可能的。但是，当我们说把握作者的时候，我们要把握的到底是作者的什么呢？其答案是：体验。在宇文所安的《透明：解读中国抒情诗》一文中，宇文所安以王维的《渡河到清河作》一诗为例，给我们提供了一个典型却又并不复杂的解读诗人的例子。在宇文所安看来，要想读懂诗人的内心感受，我们就必须首先得有诗人的那种体验，所以宇文所安解读文本的第一步就是将诗里的一字一句还原成诗人渡河时所看到的景象。场景的还原不仅意味着我们看到了诗人所见之景，更意味着我们通过不同的所见之景，感受着诗人不断变化的心境。刘若愚先生对这种试图通过场景还原来复现作者心理的方法提出了质疑，在他看来，尽管在每一首诗中，作者的主体意识都是在场的，但是“写作之时作者的主体意识和作为经验人的作者的历史性存在”[4]二者之间是存在着差别的。换而言之，在刘若愚看来，当我们说我们能体会到作者所感的时候，我们并不能分清我们感同身受的到底是作者的感受，还是诗歌言说者的感受。刘若愚先生的这一看法看似很有说服力，但是，他却

---

[1] 钱锡生、季进：《探寻中国文学的“迷楼”——宇文所安教授访谈录》，《文艺研究》，2010 年第 9 期。

[2] [美] 宇文所安：《他山的石头记》，田晓菲译，江苏人民出版社，2003 年，第 293 页。

[3] [美] 宇文所安：《中国传统诗歌与诗学》，陈小亮译，中国社会科学出版社，2013 年，第 34—35 页。

[4] James J. Y. Liu, “The Great Age of Chinese Poetry: The High Tang, by Stephen Owen”, *Chinese Literature: Essays, Articles, Reviews,* Vol.4, No.1（Jan., 1982）, p.96.

忽视了宇文所安所说的“非虚构传统”这一前提，也就是说，刘若愚并没有和宇文所安在同一个文学的认识框架中理解宇文所安所说的作者。在宇文所安看来，无论是作为经验人的作者，还是诗歌的言说者，他们都处于余宝琳所说的同一世界。如此一来，诗人不仅“通过‘反映’所见外部真实，将他的理解内化”，而且读者也能通过“反映”在“读者中实施同情的共鸣的法则”。[1] 正是由于读者和诗人情感上的“相通性”，才使得宇文所安对于诗歌的解读并不让人感到有一丝的隔阂，反而就像是诗人自己直接同我们说的那样。

除了通过诗人把握作品的意义之外，我们还能通过“产生诗歌的世界”来还原作品的意义。所谓“产生诗歌的世界”，指的是诗歌被创作出来的历史背景。举例来说，倘若我们不知道诗歌的写作背景，不知道安史之乱对于唐朝国运的影响，我们是很难理解《江南逢李龟年》一诗的诗意及其伟大之处的。不仅如此，解读诗人和解读产生诗歌的世界“这两个解读过程之目标是同时达到的”[2]，因为对于诗人的解读离不开对产生诗歌的世界的解读。只有当读者对诗歌的写作背景进行解读之时，读者才能够更好地体会作者的心理，并最终通过对作者内心世界的感同身受把握文本的内涵。

尽管我们想要把握“产生诗歌的世界”，但是现在和过去却隔有时间、记忆、文本的鸿沟。那么，还原出完满的整体何以可能呢？在宇文所安看来，“最重要的是要有历史感和历史想象力”[3]。如果说，宇文所安强调通过文本细读来把握诗人和产生诗歌的世界是为了使读者更具历史感，是为了更好地贴近历史的事实，那么，所谓“历史想象力”，则是指读者需要“言之有据又不无思辨地演绎，通过推理和猜测，重现那些失落的世界。”[4] 在这里，我们发现宇文所安不再强调文本对于意义的垄断，而是让读者加入了意

[1] [美] 宇文所安：《中国传统诗歌与诗学》，陈小亮译，中国社会科学出版社，2013 年，第 19 页。
[2] 同上，第 42 页。
[3] [美] 宇文所安：《他山的石头记》，田晓菲译，江苏人民出版社，2003 年，第 7 页。
[4] [美] 宇文所安：《中国传统诗歌与诗学 · 序》，陈小亮译，中国社会科学出版社，2013 年，第 2 页。

义的形成过程。当读者不再贴着文本前进，或者说当读者已经走到了文本的尽处，接下来的路该怎么走在宇文所安看来就得全靠读者自己的想象了。如此一来，虚构渗透进了非虚构，所谓的“非虚构传统”实则依赖于读者的虚构。

当宇文所安说还原文本的创作背景、把握文本的内涵需要想象力的时候，我们似乎很难把这话同那个一直强调真实、强调非虚构的宇文所安联系到一起。然而，这话确实是宇文所安所说。对此，我们不禁产生了这样一个疑惑：宇文所安一边不遗余力地告诉我们到底如何做一个诗人的“知心人”，如何透过文本看到甚至连诗人自身都不曾意识到的真实的内心状态，从而力图重建那个完整的意义世界；但是另一边，宇文所安却告诉我们对文本的解读实则是一种个人的行为，文本的意义依赖于读者的解读，依赖于读者的想象。那么，这里的前后两者之间是否构成了某种矛盾呢？要想解决这一问题，我们就必须得首先落实到宇文所安的历史观上。

尽管我们在前文的论述中极力避开将西方理论直接移植到宇文所安诗学观念上的做法，但是不可否认的是，宇文所安接受过系统的西方文学理论的训练，而且在上世纪 70 年代就读于美国解构主义的大本营耶鲁大学，所以他不可避免地会受到西方理论的影响。为此，刘若愚先生在写《中国传统诗歌与诗学》一书的书评时就颇为恼火地指出，“尽管这本书充满了智慧的洞见，但是它总给人一种似曾相识的感觉（feelings of déjà vu），因为书中的很多观点都是源于当代西方的理论家和批评家，比如汉斯—格奥尔格·伽达默尔、沃尔夫冈·伊瑟尔、斯坦利·费什、哈罗德·布鲁姆和雅克·德里达，但是他们的名字却没有一个被提到。”[1]宇文所安是否真的受到了那么多人的影响我们暂且不谈，但是刘若愚先生的这番话并没有太委屈宇文所安，因为宇文所安在他的著作中确实极少直接出现西方的理论家和理论，他只有在被问及这些问题的时候，才会主动说明自己所受的学术影响，并亮明学术立

[1] James J. Y. Liu, “Traditional Chinese Poetry and Poetics: Omen of the World, by Stephen Owen”, *The Journal of Asian Studies,* Vol.45, No.3（May, 1986）, pp.580.

场："有很多启发过我的思想家，德里达显然是其中之一。我来自解构的家族，不过我是个古怪的解构主义者，因为我同时也是个历史主义者。解构主义反对历史化，但我的研究从根本上说是历史主义的。"[1]作为一名"受过解构主义训练的历史主义者"，宇文所安的历史观可以具体表述为：尽管我们永远不可能完全复原真实的历史，但是我们可以尝试不断接近它。

尽管在阅读的过程中，宇文所安特别强调运用文本细读的方法，把握诗人的体验和诗歌的历史背景来还原作品的意义世界。但是事实上，在宇文所安看来，"真实的历史背景"这样的说法是十分可疑的，因为"历史背景"的背后往往还有"历史语境"。[2]为此，宇文所安在论及自己的研究方法时曾说："我认为，历史的研究就必须用历史叙述的方法。"[3]宇文所安这一番表述的耐人寻味之处在于，他将我们原本所认为的具有客观真理性的"历史"和带有个人主观情感色彩的"叙述"并置在了一起。也就是说，在宇文所安看来，历史不是唯一的、真实的、确凿无疑的，相反，历史是多样的、叙述性的、无真相的。不仅如此，宇文所安还批评了中国人对于"纯粹单一"的执念。在宇文所安看来，中国人看似重视历史主义，但是实际上却缺乏历史感。他认为，中国人在使用传统一类的词时特别缺乏历史的维度，似乎总是相信存在着一个唯一不变的中国传统，并且有一个可以汇聚一切的中心。[4]但是事实上，中国的历史和传统是处在不断变化之中的，而"我们致力从事的，只不过是拾起了其中的小断片，每一个断片都有其重要性，但终究只是历史的一部分，而非整体"。[5]

---

[1] 赵颖之：《在二十一世纪阅读中国古典文学——专访美国汉学家宇文所安教授》，《国学新视野》，2017 年秋季号。

[2] 张宏生：《"对传统加以改造，同时又不让它失真"——访哈佛大学东亚语言与文明系斯蒂芬·欧文教授》，《文学遗产》，1998 年第 1 期。

[3] 同上，1998 年第 1 期。

[4] 赵颖之：《在二十一世纪阅读中国古典文学——专访美国汉学家宇文所安教授》，《国学新视野》，2017 年秋季号。

[5] 刘苑如、Harrison Huang：《冬访宇文所安——"汉学"奇才 / 机构"怪物"的自我剖析》，《中国文哲研究通讯》，第 28 卷第 1 期。

宇文所安对于历史的这番认识是同新历史主义颇为相似的，他极有可能受到了新历史主义的影响。在新历史主义者那里，他们指出了“文本的历史性和历史的文本性”，认为历史不是大写单数的 History，而是小写复数的 histories，认为历史不是作为确切实体的 history，而是由一个个叙述者的话语构成的 his-stories。具体来说，在海登·怀特那里，他认为我们看到的“历史”不过是被“写下来”“供人阅读”的历史话语，而“写下来”和“供人阅读”这两个特点，则决定了历史从本质上来说同其他的文本别无二致。不仅如此，海登·怀特还指出，在每一个历史的文本中，除了表层结构之外，还有一个潜在的诗性深层结构。也就是说，历史的深层结构是诗性的，即：历史从根本上并不能脱离想象的动因。[1] 如此一来，历史的客观性根本无从谈起。

然而需要指出的是，尽管宇文所安在“不存在唯一真实的历史”这一点上受到了解构主义的影响，但是他仍坚称自己是一名“历史主义者”——这是宇文所安同一般意义上的解构主义者迥然相异的地方，也是宇文所安历史观的独特之处。在新历史主义那里，当有关历史的文本被视为叙述的话语之时，文本的最终所指便变得虚无缥缈了起来，而“历史事实”也被最终放逐了。但是，宇文所安并没有在多样的历史可能性中走向历史的不可知论，相反，他仍旧努力尝试着去辨清何为更真实的历史。这正是我们在上文中看到宇文所安不断尝试着通过把握读者的体验、还原历史背景以及运用想象去接近历史真相的原因。可即便如此，我们仍有一些问题需要解决：把握作者的体验是如何可能的？当我们运用想象的时候，这是否会损害我们意图接近历史真实的目标呢？要想解决这些问题，我们必须得牢牢地抓住宇文所安所说的“举隅法”。

在宇文所安看来，诗人之所以能从世界到心灵再到文学，而读者又之所以能对诗人的所感所思感同身受，这实则是因为借助了一种“同情的共鸣理

[1] 盛宁：《新历史主义·后现代主义·历史真实》，《文艺理论与批评》，1997 年第 1 期。

论”[1]。事实上，这种“同情的共鸣理论”是同“举隅法”密不可分的。清华大学哲学系的胡伟希教授就曾针对“西方语境中的提喻能激起人的共同情感”这一点展开过一番论述。胡伟希教授借鉴了保罗·利科对于提喻的相关看法，认为与其说提喻的两个对象是一种局部和全体的关系，倒不如说表现出一种“本质的同一性”关系。所谓“本质的同一性”，指的是两种不同事物或事件对于阅读者来说，具有“境遇”上的相通性，而正是由于这种“境遇”上的相通性，使得原本全然不相干的事物或事件唤起了读者的情感共鸣。[2]也就是说，借由“举隅法”，借由“举隅法”中“境遇的同一性”的内涵，读者是能够对文本世界进行感知，并进行意义的诠释的。

当我们说提喻具有“本质同一性”/“境遇同一性”内涵的时候，我们不应该忘记，这种对“世界”的感知与诠释，是伴随着读者本人强烈的主观情感的介入的。也就是说，读者的想象本来就是举隅法的应有之义，也是举隅法这一认知方式得以运作的前提条件。在《想象的举隅法》一文中，宇文所安就“举隅法”和想象二者之间的关系展开了详细的论述。在他看来，举隅法是在场和不在场二者之间的游戏（the play of absence and presence），其中，在场的只是从整体中分离出来的部分，它的另一部分被掩盖了起来，但是，这种半遮半掩反而增强了它的表现效果。就像古诗中常常起遮盖作用的“烟”，尽管“诗意的烟”这样的说法是一种陈词滥调，但是在宇文所安看来，这种陈词滥调却吸引着我们对其进行一番知识考古，吸引着我们去揭示它之所以能生成如此之多的再生物（reproduction）的原因。[3]在这里，宇文所安用的是“再生物”（reproduction）而不是“再现物”（representation），其区别就在于再现物是基于对对象的模仿而形成的，再生物则包含了对对象的创造性生发和衍伸。换而言之，在再生物的生成过程中，想象参与其中，

[1] [美]宇文所安：《中国传统诗歌与诗学》，陈小亮译，中国社会科学出版社，2013年，第8页。

[2] 胡伟希：《文体、风格、话语与“喻”——论人文学文本的构成》，《华东师范大学学报（哲学社会科学版）》，2019年第2期。

[3] Paula M. Varsano ed., *The Rhetoric of Hiddenness in Traditional Chinese Culture*, State University of New York Press, p.264.

而想象的参与，也使得举隅法呈现出了“经验性感觉的缺失使得整体更有效地全部呈现在头脑之中”[1]的效果。

尽管在寻常人看来，想象的运用似乎会妨碍我们接近真实，因为举隅法对经验世界的表达似乎显得“夸张”或“不真实”。但是颇为耐人寻味的是，举隅法“正是以这种表面上‘夸张’或‘真实’的方式发现或触及平常所看不到或所忽视的隐藏在现象界背后的事物之本质或真相。”[2]举隅法这一看似矛盾的特点指出了真实和想象二者之间的辩证关系，指出了宇文所安在追求历史“真实”的过程中并不摒弃想象的根本原因：在非虚构的传统下，尽管我们可以将文本所呈现出来的断片以及一些已知的历史背景视为一种“真实”，但是它们终究是一些碎片，碎片与碎片中间总有些东西失落了。为此，我们必须通过想象的方式将碎片和碎片粘合在一起。尽管我们并不知道我们粘合的方式是否正确，甚至都不知道这些碎片是不是来自同一个物体，但是这些碎片却终于以一种整体的样子出现了，而正是通过这个整体，我们才得以更好地把握其中的部分。

四、结语：中西视域中的“举隅法”

在上文中，我们已经详细阐述了宇文所安的历史观（绝对真实的历史是不存在的，但是我们可以尝试着不断接近它），以及以文本为基础、以“举隅法”为核心和以还原（诗人的体验和历史背景）和想象为主要手段的阅读方法。诚如乐黛云、陈引弛、王晓路、赵颖之、史冬冬等一大批学者所指出的那样，宇文所安注重贴近文本和文献的内在精神，避免“观念史”的研究

[1] Paula M. Varsano ed., *The Rhetoric of Hiddenness in Traditional Chinese Culture,* State University of New York Press, p.263.
[2] 胡伟希：《文体、风格、话语与“喻”——论人文学文本的构成》，《华东师范大学学报（哲学社会科学版）》，2019 年第 2 期。

方法，沿用中国古代传统阐释的话语模式，充分地尊重中国的文化传统。[1]但是与此同时，我们也看到，在强调不存在唯一真实的历史、“境遇的同一性”、真实与想象的辩证关系等方面，宇文所安受到了包括解构主义在内的西方理论的深远影响，表现出了十分明显的西学趣味。如此一来，一个关键的问题是，当宇文所安执着于将碎片还原成整体，当宇文所安执着于最大可能地还原历史的“真实”面貌，宇文所安对于中国古典文学的解读在多大程度上是一种还原文本本来思想面目的行为，而不只是提供了一种对于西方人来说中国文学可以被有效阅读的方式呢？为此，以下的两个方面需要引起我们的注意。

首先，尽管我们说“举隅法”是一种借由部分还原整体的阅读方法，或者用宇文所安自己的话来说，它就像是一个发动着隐匿力量要求读者去理解的谜语[2]，但是事实上，宇文所安对于中国古典文学的解读并不是单向的，它更像是伽达默尔所说的“视域融合”的过程：当宇文所安对中国古典文学的文本进行解读的时候，宇文所安带着当下西方语境的“前理解结构”进入了中国古代文本的视域，从而使得宇文所安的视域、文本的视域、当下西方语境的视域和中国古代文本的视域相互融合在了一起。因此，用刘若愚先生的话来说，与其说宇文所安是对于过去文本意义的重新恢复（resurrection），倒不如说是重新解释（reinterpretation）。[3]刘若愚先生的这一看法是有一定道理的。即便宇文所安声称，面对传统，我们需要有一种“变而通”的态度[4]，但是，当西方文化语境的前见太过明显的时候，所谓的“重新解释”倒

[1] 详见乐黛云：《从“山外之点”看中国文论之“山”——〈中国文论：英译和评论〉序》（《跟踪比较文学学科的复兴之路》，复旦大学出版社，2011 年，第 200—205 页），陈引弛、赵颖之：《与“观念史”对峙：“思想文本的本来面目”——宇文所安〈中国文论〉评》（《社会科学》，2003 年第 4 期），王晓路、史冬冬：《西方汉学语境中的中国文学阐释与话语模式——以宇文所安的解读模式为例》（《中外文化与文论》，2008 年第 1 期）等。

[2] [美] 宇文所安：《中国传统诗歌与诗学》，陈小亮译，中国社会科学出版社，2013 年，第 19 页。

[3] James J. Y. Liu, “The Great Age of Chinese Poetry: The High Tang, by Stephen Owen”, *Chinese Literature: Essays, Articles, Reviews,* Vol.4, No.1（Jan., 1982）, p.96.

[4] 刘苑如、Harrison Huang：《冬访宇文所安——“汉学”奇才 / 机构“怪物”的自我剖析》，《中国文哲研究通讯》，第 28 卷第 1 期。

像是变成了一种凭空的创造。比如在分析杜牧的“东风不与周郎便，铜雀春深锁二乔”这一句诗时，宇文所安认为二乔在诗中表现为“无法满足的性欲的形象”，这种对于女性性欲的关注明显有悖于中国古代的传统，反倒是成为了一种植根于西方现代文化语境的女性欲望叙事。

此外，更加亟待指出的是，当宇文所安指出举隅法是中国古代同传统西方文学的隐喻法相对应的一种认知形态的时候，宇文所安对于中国诗学中修辞手法的关注更是同二十世纪七八十年代西方盛行解构主义批评的历史语境，以及 20 世纪 70 年代中期至 80 年代晚期西方学界对于中国文学修辞手法的关注是密不可分的。在这一时期，一系列的汉学（比较文学）著作和论文都不约而同地指出，西方意义上的讽喻（allegory）/ 隐喻（metaphor）在中国的诗学和文学中是并不存在的。[1] 如此一来，“举隅法”的“身世”成为了一个难题：“举隅法”到底是宇文所安从中国本土语境出发，提出的对于中国古典文学的一大真知灼见，还只是一种立足于西方的文化语境，为了突出强调东方的异域性，从而硬扣在中国诗学上的一顶帽子呢？不仅如此，当我们对“非虚构传统”津津乐道的时候，我们也应当予以一定的警觉。因为单从“非虚构”一词的构成来看，它由“非”和“虚构”两个词组合而成，其间所包含的以西方为中心、东西方文化迥然相异的逻辑也是不消多说的。

总的来说，宇文所安长期浸润于西方的文化，这使得他对中国古典文学的研究难免会受到西学的影响，并且表现出一定的西学趣味。但是，宇文所安谙熟中国文化，这又使得他在研究过程中避免了用西方理论直接研究中国古典文学的方法，关注中国文学传统的异质性，并且试图通过“举隅法”来还原文本本来的思想面目。在中西双重目光的聚焦下，在中西不同话语的交错中，宇文所安仍能从文学的文本出发，关注中国文化自身的传统，这对于习惯于用思想观念来研究中国文学的国内学界来说，无疑是值得借鉴的。

---

[1] Xuan Wang, "Flower in the Mirror and Moon in the Water: The Problem of Chinese Allegory Revisited", *Canadian Review of Comparative Literature / Revue Canadienne de Littérature Comparée,* Vol. 45, No. 3, 2018, pp. 465—480.

诗歌文体的深层结构

——许学夷《诗源辩体》诗歌“体制”论研究

姚爱斌　任　悦[1]

[摘要]“体制”是中国古代文体论的一个重要概念，六朝文论中已有明确论述。在明代许学夷《诗源辩体》中，体制是指诗歌文体的深层结构，具有类型性、整体性和规范性特点。诗歌体制蕴涵在各类优秀传统文学作品之中，又通过诗人的长期阅读、涵咏和写作，内化为诗人的诗歌创作观念。因此诗歌创作是两个层次结构的有机统一：表层结构是诗人个人意与词的表达与运用，这是诗人自身才力、情感以及语言技巧等的具体表现；深层结构则是诗人对诗歌体制的认识和掌握，作为内化于诗人观念中的文体范型，体制潜在地规定了诗歌的语言、情感等具体要素。体制所要求的诗歌内部文与质、情与辞的有机统一，需要通过“托物兴寄”的方式实现，由此形成了诗歌体制“玲珑”“委婉”“悠圆”等特点。

[关键词]《诗源辩体》　体制　深层结构　托物兴寄　体制玲珑

许学夷是明代诗学大家，其《诗源辩体》主张“诗文俱以体制为主”，“先其体制”的观念在其整部著作中贯穿始终，有很强的系统性。许学夷强调诗歌“体制”，与明代诗歌创作和诗歌批评的状况密切相关。他认为：“古

[1] 姚爱斌，北京师范大学文艺学研究中心研究员，北京师范大学文学院教授；任悦，北京师范大学文学院文艺学硕士研究生。

今诗赋文章，代日益降，而识见议论，则代日益精。”[1]对明代诗坛进行了总体的概括，即诗论方面的争论频出、热闹非凡以及与之相对的诗歌创作方面的落寞。造成这种状况的原因何在？郭绍虞先生在谈到明代文人及文学批评时曾说：“偏胜，走极端，自以为是，不容异己。这种作风，形成了明代文坛的纠纷；同时，也助长了明代文坛的热闹……他们所持的批评姿态，是盛气凌人的，是抹煞一切的。因其如此，所以只成为偏胜的主张；而因其偏胜，所以又需要劫持的力量，这二者是互为因果的。”[2]这一段话非常贴切地概括出明代文学批评呈现出的整体特征。在诗歌创作和批评领域，复古与反复古的若干流派的论争给诗歌发展带来最为持久和巨大的影响，也是在这种论争的激发和推动下，明人对诗歌理论的思考在不断深入和发展。但同时我们也要认识到，随着论争的持续，不同理论主张背后不仅是学理的思考，还包含着自成一派的希冀，以及扩大声势的需要，这就使得处于论争两端的各家主张不免走向偏胜。在逐渐走向极端的诗学论争的影响下，学诗者对不同诗学主张的接受、理解以及在创作中的实践可能又会大打折扣，对如何学诗等问题没有足够的认识，会很大程度上影响诗歌创作的质量。

许学夷也认识到了这一点。在论争频出的诗坛，他具有一种可贵的自省意识和问题意识，能够以冷峻的目光对庞杂的诗歌传统进行省察，对明代诗坛进行审视与反思。他在《诗源辩体》总论中明确提到：“予之论诗，实足为今人药石。试观今人病源，必有宜予之药石者。”[3]他看到了明代各家诗论存在的弊病和偏颇之处，并对由此带来的对诗歌创作的影响有深刻认识：

> 仲尼曰：“中庸其至矣乎！民鲜能久矣。”后进言诗，上述齐梁，下称晚季，于道为不及；昌谷诸子，首推郊祀，次举铙歌，于道为过；近袁氏钟氏出，欲背古师心，诡诞相尚，于道为离。予辩体之作也，实有

[1]（明）许学夷：《诗源辩体》，杜维沫校点，人民文学出版社，1987年，第348页。

[2] 郭绍虞：《明代文学批评的特征》，《照隅室古典文学论集》上编，上海古籍出版社，1983年，第513页。

[3]（明）许学夷：《诗源辩体》，杜维沫校点，人民文学出版社，1987年，第328页。

所惩云。尝谓：诗有源流，体有正变，于篇首既论其要矣，就过不及而揆之，斯得其中。[1]

许学夷集中批评了以下几种极端的倾向：首先是以杨慎为代表的文人，倡导学习齐梁、晚唐诗歌。其次是以徐祯卿为代表的前七子，论诗只言《诗经》、汉魏，不论唐宋。最后是以袁宏道为代表的公安派以及以钟惺为代表的竟陵派，前者作诗"背古师心"、推新出奇，后者以"诡诞相尚"、走向幽深孤邃。许学夷深刻认识到这几种倾向都不同程度背离了诗道，所以他提出要以"中庸之道"来匡正诗道，不仅要调和师古与师心的论争，更要正本清源，重返并加深对诗歌本身的体认。许学夷标举辨体的重要作用，就是要从各个方面辨析诗体，呈现诗歌发展、变化的清晰脉络，区分不同诗体的优劣高下，为学诗之人提供明确的学习典范。

从这一目的出发，许学夷已经认识到，对学诗者而言，最根本、最重要的问题在于对诗歌"体制"的认识，把握了诗之"体制"，才能于诗道无惑，了解诗歌的本质，做到万变不离其宗。在某种程度上，许学夷已经跳出了门派之争，站在了更高、更广阔的角度思考明代诗歌发展的问题，而这种思考背后是他对诗歌本体特征的认识。"体制"论就是许学夷返回诗歌本身的一种尝试与探索，由此对诗歌内部结构、要素以及诗体的发展、演变作了精细分析。足见对"体制"的理解是把握《诗源辩体》全书论诗思路的关键。

学界对许学夷诗歌"体制"论的研究着重关注的是"体制为先"的这一表述，对"诗文俱以体制为主"的理论渊源已有深入分析，对《诗源辩体》中的"先体制而后工拙""先体制而后气格""先体制而后性情"等观点也有解读。通过他们的研究能够看出"体制为先"是解读和把握《诗源辩体》乃至明代诗文理论的关键。但仅集中于这几处表述，将"体制"这一概念笼统地解释为作诗的规范、规矩，还不能深入地揭示许学夷诗歌"体制"观的内涵，所以在分析"先体制而后性情""先体制而后气格"等观点时仍有可商

[1]（明）许学夷：《诗源辩体》，杜维沫校点，人民文学出版社，1987 年，第 1 页。

榷和补充之处。事实上，结合全书来看，“体制”是整部著作的一条主线，也是辨体的重要标准和原则。许学夷以“体制”论诗针对的是诗歌文体的深层结构，体现的是诗歌创作中更稳定、内在的环节，不能将“体制”与诗歌创作的具体情感、语言等要素相混淆。许学夷在不同语境和关系之中对“体制”的论述，是在不同层面展开，有不同的侧重点，在研究时需要仔细辨别和分析。总之，许学夷《诗源辩体》中的诗歌“体制”论研究还有值得深入思考、继续完善和补充之处。

本文试图通过对《诗源辩体》的深入阐释，进一步明确《诗源辩体》中“体制”的内涵，揭示“体制”在诗歌创作中的作用机制和基本要求，发掘其诗歌“体制”论对认识诗歌传统、指导诗歌写作的理论意义和实践意义。

一、“圣门论得失，诗家论体制”：“体制”在诗歌文体中的定位与基本涵义

许学夷在《诗源辩体》第一卷明确指出：“风人之诗，诗家与圣门，其说稍异。圣门论得失，诗家论体制。至论性情声气，则诗家与圣门同也。”[1]理解这句话是把握其“体制”观的一个关键。“得失”补充完整应为“诗之得失”，“体制”应指“诗之体制”。“诗之得失”其实反映了圣门论诗对诗歌之用的关注。我们所熟知的孔子论诗的“兴观群怨”说、“思无邪”等说法，以及汉儒解诗首先标举其“经夫妇，成孝敬，厚人伦，美教化，移风俗”等功用，都能够说明在先秦两汉诗论中，人们关注的焦点是诗歌的外在功用，即诗歌与社会、政治教化、人格修养的关系。到了明代，理学的发展、盛行也对诗歌创作和批评产生了很大的影响，不仅体现在以理学的思维方式对诗歌进行理性化分析，还体现在将道德标准作为诗评的重点。许学夷明确反对

[1]（明）许学夷：《诗源辩体》，杜维沫校点，人民文学出版社，1987 年，第 6 页。

以理学的方式进行诗歌批评，他在《诗源辩体·凡例》第一条就明确表示："此编以《辩体》为名，非辩意也，辩意则近理学矣。"[1]将"辩体"与"辩意"相对立，即与理学注重逻辑、义理，以道德标准评诗的方式划清界限。在具体的诗论中，许学夷也对理学的解诗方式多有不满：

世之习举业者，牵于义理，狃于穿凿，于风人性情声气，了不可见，而诗之真趣泯矣。[2]

今之为经生者，于国风搜剔字义，贯串章旨，正所谓字字能解、一字未解也。[3]

豳风首篇，乃周公陈后稷、公刘风所化由，虽豳地之风，实以写当时情景耳。周公岂能知千有余年以上之事乎？乃知经生以言筌说诗，断不可也。[4]

我们能够看到，理学的解诗方式在一定程度上也是过分强调诗对揭示义理、进行道德教化的功用，所以许学夷认为他们对诗歌的性情、声气以及"诗之真趣"视而不见，忽略了诗歌本身的艺术特色。

与关注"诗之得失"的主张相对，"诗之体制"则是强调回归诗歌本身。对"体制"的认识应当追溯到汉魏之际，伴随着"文体"观念的自觉与文体论的产生，这一时期人们关注的焦点已从文章的功用以及文章与社会的关系转向了对文章自身的认识，开始从文类、作者、时代、流派等角度对文体进行划分和比较，使得文章自身的特征更加明确和细化。《典论·论文》对各类文章的特征进行了描述：

夫文，本同而末异。盖奏议宜雅，书论宜理，铭诔尚实，诗赋欲丽。[5]

[1]（明）许学夷：《诗源辩体》，杜维沫校点，人民文学出版社，1987年，第1页。
[2] 同上，第2页。
[3] 同上，第6页。
[4] 同上，第23页。
[5] 郁沅，张明高编选：《魏晋南北朝文论选》，人民文学出版社，1996年，第13页。

这种高度的提炼和概括足见曹丕已经对各类文体有了深入的认识和了解。在此基础上“辨体”观念进一步发展，陆机《文赋》已经认识到“体有万殊”，他对十种常见文体的特征进行概括和描述：

> 诗缘情而绮靡，赋体物而浏亮。碑披文以相质，诔缠绵而凄怆。铭博约而温润，箴顿挫而清壮。颂优游以彬蔚，论精微而朗畅。奏平彻以闲雅，说炜晔而谲诳。[1]

这种对各类文体特征的精炼概括在刘勰《文心雕龙》中得到了理论层面的全面、系统的论述。最主要的表现就是对“体制”的认识和论述更加明晰。许学夷在《诗源辩体》总论对历代诗论、文论著作进行点评时，也对《文心雕龙》评价较高，他认为：“刘勰《文心雕龙》序述大略，得其要领。”[2]在论述各类诗体时，也对《文心雕龙》中的观点有所引用。的确,《文心雕龙》作为一部“体大虑周”之作，对30余种文体进行了梳理和辨析，具有系统的辨体理论。“体制”也是《文心雕龙》辨体理论的核心标准之一，此书中对“体制”的论述和主要观点对后世辨体著作的影响不言而喻。我们可以先回顾《文心雕龙》的相关论述，为进一步分析《诗源辩体》的“体制”论作理论铺垫。

《文心雕龙·附会》篇称：“夫才童学文，宜正体制：必以情志为神明，事义为骨髓，辞采为肌肤，宫商为声气；然后品藻玄黄，摛振金玉，献可替否，以裁厥中：斯缀思之恒数也。”[3]刘勰所论“体制”针对的是普遍意义上的各类文体，他揭示了学习文章写作的两个步骤，其中最基本的一步就是对文章“体制”的掌握，在此基础上才能进行第二个步骤，即对已经初步完成的文章加以润色、修饰、调整。刘勰所谓“体制”是对文体构成的进一步说明,“情志”“事义”“辞采”“宫商”四方面构成了文章的有机整体。其中,“情

[1]（西晋）陆机:《文赋集释》，张少康集释，人民文学出版社，2002年，第99页。
[2]（明）许学夷:《诗源辩体》，杜维沫校点，人民文学出版社，1987年，第332页。
[3]（南朝梁）刘勰:《文心雕龙注》，范文澜注，人民文学出版社，1958年，第650页。

志”和“事义”可以归为文章的文意层面，“辞采”和“宫商”可以归为文章的言辞层面，这就表明文章整体要兼顾文意与言辞两方面。这一落实在文体内部结构的二分法在刘勰对不同文体的论述中都得到了体现。如《颂赞》篇论颂体和赞体：

> 约举以尽情，昭灼以送文，此其体也。[1]

《铭箴》篇论箴体和铭体：

> 箴全御过，故文资确切；铭兼褒赞，故体贵弘润：其取事也必核以辨，其摛文也必简而深，此其大要也。[2]

《论说》篇概括论体为：

> 故其义贵圆通，辞忌枝碎：必使心与理合，弥缝莫见其隙；辞共心密，敌人不知所乘：斯其要也。[3]

《情采》篇论诗体也提到：

> 昔诗人什篇，为情而造文；辞人赋颂，为文而造情。何以明其然？盖《风》《雅》之兴，志思蓄愤，而吟咏情性，以讽其上，此为情而造文也；诸子之徒，心非郁陶，苟驰夸饰，鬻声钓世，此为文而造情也。[4]

从上述所举诸例中可以提炼出“情—文”或“义—辞”等表述，落脚点仍然在文意与言辞两方面的统一。

刘勰对当时文坛“新变”的批评也落实在“体制”这一基本要求上：

---

[1]（南朝梁）刘勰：《文心雕龙注》，范文澜注，人民文学出版社，1958 年，第 159 页。
[2] 同上，第 195 页。
[3] 同上，第 328 页。
[4] 同上，第 538 页。

故为情者要约而写真，为文者淫丽而烦滥。而后之作者，采滥忽真，远弃《风》《雅》，近师辞赋，故体情之制日疏，逐文之篇愈盛。[1]

自近代辞人，率好诡巧，原其为体，讹势所变，厌黩旧式，故穿凿取新，察其讹意，似难而实无他术也，反正而已。故文反正为乏，辞反正为奇。效奇之法，必颠倒文句，上字而抑下，中辞而出外，回互不常，则新色耳。夫通衢夷坦，而多行捷径者，趋近故也；正文明白，而常务反言者，适俗故也。然密会者以意新得巧，苟异者以失体成怪。旧练之才，则执正以驭奇；新学之锐，则逐奇而失正；势流不反，则文体遂弊。秉兹情术，可无思耶！[2]

刘勰认为近代辞人最根本的问题就在于一味地追求言辞层面的华丽、新奇，忽略了要以“情”或“意”为根本，无法做到“情”与“文”或“意”与“辞”的统一，导致的就是“失体成怪”“文体遂弊”的结果。《文心雕龙·附会》篇云：“若统绪失宗，辞味必乱，义脉不流，则偏枯文体。”[3]很形象地说明如果“体制”得不到遵守，“文体”作为一个有机的生命整体就会遭到破坏。

值得注意的是，许学夷在《诗源辩体》中也有类似的反思：

何元朗云：“古诗有托讽者，其词曲而婉，然终始只一事而首尾照应，血脉连属。今人但摹仿古人词句，饾饤成篇，血脉不相接续，复不辨有首尾，读之终篇，不知其安身立命在于何处。”愚按：古今学汉魏者，惟于鳞为近，然代从军、公燕不免于袭，送元美、答俞仲蔚又不免以意见为诗。其他诸人，则多如元朗所云尔。乃知汉魏之诗诚不易学也。[4]

---

[1]（南朝梁）刘勰：《文心雕龙注》，范文澜注，人民文学出版社，1958 年，第 538 页。

[2] 同上，第 531 页。

[3] 同上，第 651 页。

[4]（明）许学夷：《诗源辩体》，杜维沫校点，人民文学出版社，1987 年，第 50 页。

他提到何良俊（字元朗）的观点并表示认同，这也表明他十分重视诗歌有机体的整体性。古诗能够做到“首尾照应”“血脉连属”，保持了诗歌生命整体的完整性，而明代的众多学诗者只从语言形式层面模仿古人，这样会导致“血脉不相接续”，破坏了诗歌整体的有机统一。

许学夷也提到时人学诗、作诗存在的其他问题：

> 学者于诗，或欲为六朝，晚唐，其失为卑；为锦囊、西昆，其失为偏；又有但争一字之巧、一句之奇，以新耳目，初不知有六朝、晚唐，亦不知有锦囊、西昆也，则其失为野矣。[1]

> 今人作诗，不欲取法古人，直欲自开堂奥，自立门户，志诚远矣。[2]

> 今之学者于诗，志尚奇僻，盖欲悦一时之耳目，不顾后世定论若何耳。[3]

> 今人以新巧奇特为工，则多见斧凿痕矣。[4]

从以上材料可以看出，明人在创作方面也存在着追新逐奇、师心自用、不能选择正确的学习对象等问题。如果说刘勰所处的时代，人们过分地追求辞采的华美、新奇是由于对文章整体构成（如文意与言辞的统一）的认识和运用还没有达到成熟、自觉的高度，那么，许学夷所处的明代诗坛出现类似的问题可能更多的是源于一种焦虑，即无法超越前人所树立的诗歌文体的高峰。特别是经过了唐、宋这两个时代，诗歌这一文体如何在明代获得发展、绽放独特光彩成为诗坛思虑的关键问题。所以从某种程度上来说，这种渴望超越前人的焦虑促使明人进行各种努力与尝试，迫切地想要自立门户，在这一过程中最容易忽视的往往是最基本的诗歌“体制”。

---

[1]（明）许学夷：《诗源辩体》，杜维沫校点，人民文学出版社，1987 年，第 320 页。
[2] 同上，第 320 页。
[3] 同上，第 321 页。
[4] 同上，第 327 页。

公安派袁宏道云："世人喜唐，仆则曰唐无诗；世人喜秦、汉，仆则曰秦、汉无文；世人卑宋黜元，仆则曰诗文在宋、元诸大家。昔老子欲死圣人，庄子讥毁孔子，然至今其书不废；荀卿言性恶，亦得与孟子同传。何者？见从己出，不曾依傍半个古人，所以他顶天立地，今人虽讥讪得，却是废他不得。"[1] 能够明显感受到他急于摆脱古人、自立门户的心情，以及对传统诗学价值序列的逆反。袁中道已经察觉到由此带来的弊端："其意以抒发性灵为主，始大畅其意所欲言，极其韵致，穷其变化，谢华启秀，耳目为之一新。及其后也，学之者稍入俚易，境无不收，情无不写，未免冲口而发。不复检括，而诗道又将病矣。"[2] 诗歌创作固然需要创新，但是诗歌文体自身最基本的要求不能被忽视。许学夷要做的就是匡正诗道，对诗歌传统进行再认识和再发现，从最基本和深层的文体层面对诗歌何以为诗进行反思和阐释。"体制"论自刘勰以来，就体现着对文章整体的内在构成的基本规定，经过隋唐、宋元，更成为辨体的一个重要原则和标准。许学夷正是看到了这一根本问题，清醒地认识到不论诗歌怎样创新、发展，都首先要建立在诗歌整体的基础上，都需要对诗歌"体制"这一根本问题有明确的认识。所以，他提出"诗家论体制"，对于学诗者而言，首先要对诗歌"体制"有所了解和遵守，回归经典、学习典范之体，做到守正驭变、博采众长，在此基础上才能发挥学诗者个人的性情与才力，创作出优秀的作品。

由此再回顾许学夷对圣门与诗家的论述："性情、声气"是圣门与诗家对具有普遍性的人性、人情的观照，而后圣门论诗直接强调"得失"，即上升至诗歌的功用、道德教化层面，诗家则通过"体制"这一关键的一环，紧紧围绕和关注诗歌本身，深入诗歌内部结构。正因如此，诗歌写作具有独立化，专业化的性质，更需要创作者的文学修养、学识、才力。这种诗家功夫，使得诗家与圣门、诗人与常人有所区别。这一点体现在许学夷的论

[1]（明）袁宏道：《袁宏道集笺校》，钱伯城笺校，上海古籍出版社，1981 年，第 501 页。
[2]（明）袁中道：《珂雪斋集》，钱伯城点校，上海古籍出版社，1989 年，第 462 页。

述中就是对“诗家”的强调。他明确指出：“春秋传所录歌谣及诗纪所编汉魏歌谣，与诗体绝不相类，故国风皆诗人之诗，初未尝有歌谣相杂也。”[1]从“诗体”这一根本的角度进行论述，对“诗人之诗”表示认同，就是昭示着对诗歌本身的关注。从这一层面而言，成为“诗家”或“诗人”首先应当掌握诗歌“体制”。我们也应当着重思考，“体制”在《诗源辩体》中有怎样的内涵。

许学夷关于“体制”的两则表述很值得注意：

> 风人之诗，其性情、声气、体制、文采、音节，靡不兼善。[2]

> 其性情声气无论，至其体制玲珑，文采备美，音节圆畅，具可概见。[3]

在他列出的这五个要素中，“体制”处于中间位置。“体制”的两端一边是源于主体的性情、声气，另一边则是语言形式层面的文采、音节。将“体制”放置在性情与言辞的二分结构中，与刘勰着重、鲜明地强调“体制”对“情志”“事义”“辞采”“宫商”等要素的统摄作用似乎有所不同。许学夷更倾向于将“体制”内化在诗歌文体中，成为更深层的诗歌文体结构。我们知道，刘勰所处的时代是文体论产生之初，“文体”所蕴含的整体特征、文体规范虽然在创作经验和积累的传统中已经存在，但还没有被明确地揭示出来，形成明确的范导，以至于在创作中出现了“文体解散”的严重问题。所以在文学语境和文论语境的激发下，刘勰揭开“文体”朦胧的面纱，在理论层面突出强调“体制”所包含的基本要素和规范。与刘勰从普遍意义上论文章之“体制”有所不同，许学夷所论“体制”是专门就诗歌这一文类而言。诗歌作为一种文体在明代已经高度成熟，人们对诗歌“体制”的认识和运用也已十分纯熟。加之南宋以来，对“先体制而后工拙”等观点的强调、重视，可

[1]（明）许学夷：《诗源辩体》，杜维沫校点，人民文学出版社，1987 年，第 12 页。
[2] 同上，第 6 页。
[3] 同上，第 7 页。

以说不论是创作还是理论方面，对诗歌“体制”的认识都已经达到了比较完备、自觉的高度。从这一角度而言，许学夷所论“体制”更像是已经内化在诗歌文体之中，成为诗歌创作自觉的一环。许学夷将“体制”放置在这两端的中间位置，正突出了诗歌写作不是单纯地以“文采、音节”表达“性情、声气”的过程，而必须要有内在的“体制”的支撑，即在更深层、更内在的层面还要符合诗歌这一文体的基本规范和要求。因为选择了怎样的文体，同时也就意味着要遵守这一文体在体裁内容、语言形式等方面的基本要求。所以，学诗者首先要对所选择的诗体自身的规范性、完整性有深刻、清晰的了解，才能进行具体创作。这是所谓“诗人”“文人学士”所必备的基本功。许学夷对诗与文的辨析，对诗歌这一文类的古、律之辨，以及对不同诗体的基本规范的强调，都是从不同层面加深对诗体本身的认识。例如对诗与文的辨析：

> 诗与文章不同，文显而直，诗曲而隐。风人之诗，不落言筌，曲而隐也。[1]

> 赵凡夫云：“诗主含蓄不露，言尽则文也，非诗也。”愚按：风人之诗，含蓄故其本体，若《谷风》与《氓》，恳款竭诚，委曲备至，则又无不佳。其所以与文异者，正在微婉优柔，反复动人也。[2]

许学夷在论述诗之源头的三百篇时，明确对诗与文这两种不同的文体进行了区分，表明诗歌的独特之处就在于“不落言筌”、委婉曲折的表达方式以及动人的表达效果。他还强调对古诗和乐府的区分：

> 盖汉人古诗实承国风，而曹陆以下之诗，实承古诗，至于乐府，则体制不同，故不得不先诗而后乐府。[3]

---

[1]（明）许学夷：《诗源辩体》，杜维沫校点，人民文学出版社，1987年，第4页。
[2] 同上，第5—6页。
[3] 同上，第3页。

曹、陆以下的古诗和乐府有所不同，正是因为它们是承接不同的诗体范式而来，在这种继承关系之中，不同“体制”的要求就得以保存和呈现，因此需要加以区分。许学夷对古体、律体的辨析也非常严格：

或问：“唐末之纤巧，与梁陈以后之绮靡，孰为优劣？”曰：“诗文俱以体制为主，唐末语虽纤巧，而律体则未尝亡；梁陈以后，古体既失，而律体未成，两无所归，断乎不可为法。”[1]

此编鲍照、谢朓、沈约、王融古诗渐入律体者录之，高适、孟浩然、李颀、储光羲古诗杂用律体者不录。[2]

初唐五言，虽自陈子昂始复古体，然辅之者尚少。沈佺期宋之问古诗尚多杂用律体，平韵者犹忌上尾，即唐古而未纯，未可采录。[3]

他反对古、律相杂的诗歌，认为学诗者不可以只关注诗歌表面的辞采而选择这类“两无所归”的作品学习。因为只有在明确的体裁、文类中，具体的情感、语言形式或艺术手法等诸要素才能够有机地统一起来，呈现为完整的诗歌作品。

“体制”虽然内化在诗歌文体之中，但仍然发挥着支撑诗歌整体的作用。结合许学夷的另两则论述可以更好地说明：

规矩者，体制、声调是谓也。[4]

李献吉与何仲默论诗，互相掊击，何云：“佛有筏喻，舍筏则达岸矣，达岸则舍筏矣。”李云：“筏、我二也，犹兔之蹄、鱼之筌，舍之可也。规矩者，方圆之自也，即欲舍之，乌乎舍？”李为得之。然予谓：

[1]（明）许学夷：《诗源辩体》，杜维沫校点，人民文学出版社，1987 年，第 137 页。
[2] 同上，第 3 页。
[3] 同上，第 145 页。
[4] 同上，第 323 页。

“学者必先造乎规矩，而能驰骋变化于规矩之中，斯足以尽神圣之妙。所谓‘从心所欲，不踰矩’是也。苟初不及乎规矩，而欲驰骋变化以从心，鲜有不败矣。”[1]

在第一则材料中，他明确将“体制”定义为“规矩”。在第二则材料中，我们能够看出何景明论诗“舍筏达岸”的说法，其实就是将诗之规矩视作捕鱼的竹笼、捕兔的网，这二者是不能和鱼、兔合为一体的。按照这一思路，作为规矩的“体制”也就无法与诗歌作品合为一体。学诗之人掌握了这种规矩之后就可以将之遗忘，完全进行自我创造和发挥，这样一来，“体制”对诗歌的约束力就无法得到保障，诗歌的基本结构和规范也难以持续发挥作用。许学夷反对何景明的说法，首先明确了诗歌是一个整体。“体制”是构成诗歌整体的内在结构，驰骋变化也要于其“中”进行，要获得“体制”的支撑诗歌整体才得以成立。诗人出于个人的性情，选择合适的诗体进行表达，在此基础上加以文采、音节的修饰，才能创作出具有“神圣之妙”的诗歌作品。

综上，“体制”应当是指诗歌文体的深层结构，体现了诗歌内在结构的浑整性与规范性。诗歌创作的过程应当由两个层次构成，在此基础上才能形成作品的统一体。表层结构是诗人个人的词与意的表达，这是诗人依靠自身才力、情感以及语言技巧等自觉构思的结果。深层结构则是对诗歌“体制”的认识和掌握。当“体制”内化为诗人观念中的模型和范式，他所选择的“体制”（如诗歌这一文体所囊括的古体与近体、五言体与七言体等）也就潜在地规定了诗歌的语言、情感等诸要素。对学诗者而言，首先需要的就是熟练掌握诗歌写作的基本规律，对诗歌“体制”发挥的作用有深入了解，然后将其融入诗歌写作的过程中。

[1]（明）许学夷：《诗源辩体》，杜维沫校点，人民文学出版社，1987 年，第 343 页。

二、“诗文俱以体制为主”：“体制”的作用机制

“体制”是诗歌的深层结构，一首完整的、优秀的诗歌作品，应当将“体制”融于其中，作为最坚实有力的支撑。“体制”与具体词意的结合应当是顺畅无阻的，如果这最基本的一步出现了“卡顿”、无法匹配等问题，就会导致整个有机体运行受阻。如在正常情况下，人们不会刻意地关注身体内在各器官的运行，因为它们在自然而然地维持人体的正常运转，但如果这种运转出现了问题，就会迫使我们去关注它，再进行调整或医治，使其恢复正常。许学夷在《诗源辩体》中强调“诗文俱以体制为主”并且多次提到“体制为先”的观点，也表明诗歌有机整体可能出现了问题，需要回到诗歌本身，使诗歌“体制”发挥作用。因此，我们还应当具体分析许学夷是在怎样的语境和关系中强调“体制为先”的观念，而“体制”又在诗歌写作中发挥着怎样的作用等问题。

《诗源辩体》中“体制为主”或“体制为先”的主要表述如下：

> 或问：“唐末之纤巧，与梁陈以后之绮靡，孰为优劣？”曰：“诗文俱以体制为主，唐末语虽纤巧，而律体则未尝亡；梁陈以后，古体既失，而律体未成，两无所归，断乎不可为法。”[1]

> 诗，先体制而后工拙。王、卢、骆七言古，偶俪虽工，而调犹未纯，语犹未畅，实不得为正宗，此自然之理，不易之论。然不能释众人之惑者，盖徒取其工丽而不识正变之体故也。故予论初唐七言古为破第二关。学者过此无疑，其他不难辩矣。[2]

> 初唐五言，古、律混淆，古诗既多杂用律体，而排律又多失粘，中

[1]（明）许学夷：《诗源辩体》，杜维沫校点，人民文学出版社，1987年，第137页。
[2] 同上，第142页。

或有散句不对者，此承六朝余弊，盖变而未定之体也。……尝观刘伯温《春秋明经》，虽近时义，而首尾不同，盖亦变而未定之体也，今举业家安得复仿之耶？故诗虽尚气格而以体制为先，此余与元美诸公论有不同也。[1]

吴复序云："诗先性情而后体格。尝承教曰：'认诗如认人。人之认声与貌，易也；认性，难也；认神，又难也。'"予谓："《国风》体制既定，故专论性情，即所谓认性、认神也。学汉魏而下，不先体制而先性情，所以去古日远耳。"[2]

杨用修云："仲默枕藉杜诗，其于六朝、初唐，未数数也。与予及薛君采言及六朝、初唐，始恍然自失，乃作'明月'、'流萤'二篇拟之。"予谓："诗先体制而后气格，仲默、昌谷、君采、用修诸人多学六朝、初唐，似过而实不及也。"[3]

这几则材料出现的位置值得我们关注。许学夷在论述隋、初唐、宋元诗歌时着重提出"体制为主"或"体制为先"的观点。在全书历时性的描述中，这些时代的诗歌基本属于变体或变而未定之体，不能作为正体或典范之体来对待，材料中体现出的许学夷对这些时代诗歌的评价也都偏向负面。在这些时代的有关诗论中突出强调"体制"是因为其创作于"体制"而言有所缺失。而在第四则材料谈到《诗经》时，许学夷只是表示："予谓《国风》体制既定，故专论性情，即所谓认性、认神也。"[4]正是因为《国风》"体制既定"，所以不需要着重强调，可以在较为外在的"性情"等方面分析诗歌呈现出的特征。

具体来看，许学夷着重提出"诗文俱以体制为主"突出的是诗歌这一文

[1]（明）许学夷：《诗源辩体》，杜维沫校点，人民文学出版社，1987年，第153页。
[2] 同上，第393页。
[3] 同上，第407页。
[4] 同上，第393页。

类的“体制”与具体诗歌写作的方法以及各个要素之间的关系。在第一则材料中，许学夷强调“诗文俱以体制为主”，表明诗人在创作前一定要选择确定的体裁或文类（如古体或律体），这是具体的创作得以落实的出发点，因为作品只有在具有一定体裁形式时才实际存在。在这个意义上，“体制”是具体的作品中蕴含的相对抽象和比较概括的范式和模型。试举几则材料说明：

宋玉《招魂》，语语警绝。唐勒《大招》虽仿其体制，而文采不及。[1]

乐天七言律……至早闻元九一篇，体制更奇，此皆以文为诗，实开宋人门户耳。[2]

杜牧才力或优于浑，然奇僻处多出于元和，五、七言古恣意奇僻，且多失体裁，不能如韩之工美，援引议论处益多以文为诗矣。[3]

商隐七言律，语虽浓丽，而中多诡僻……又赠司勋杜十三一篇，体制甚奇，然亦出于乐天览卢子蒙诗也。[4]

这几则材料在使用“体制”（或“体裁”，义同“体制”）这一概念时，多指的是属于某一文类（如乐府七言、乐府五言、七言律、五七言古等）的具体的诗歌作品，对这些作品的评价也是相较于一种潜在的、理想的范式，所以才有“体制更奇”“多失体裁”“体制甚奇”等判断。而与之相对的为“正”的“体制”、符合“体制”的诗歌作品即是特定文类的理想范式或典型，其中蕴含的是“体制”对诗歌写作普遍的、基本的要求以及理想的诗歌风貌，这一点将在后文详细论述。

许学夷在分析隋、初唐、宋元等时代的诗歌时着重强调“先体制而后

[1]（明）许学夷：《诗源辩体》，杜维沫校点，人民文学出版社，1987年，第39页。
[2] 同上，第276—277页。
[3] 同上，第285页。
[4] 同上，第289页。

工拙”“先体制而后气格”“先体制而后性情”。将这三处表述与第一部分论及的“性情、声气、体制、文采、音节”五项要素相对照，就能够清晰地发现“工拙”可以与“文采”“音节”相对，属于诗歌的语言形式层面，“性情”“气格”可以与“性情”“声气”相对，属于与诗人主体紧密相关的情感或主体之“气”。结合“体制”在五项要素中所处的位置来分析，诗歌变体只关注诗歌表层的词与意，忽略了“体制”这一深层结构。这也就意味着诗歌整体结构不再完整，基本规范无法落实，所以再强烈的情感和再优美的辞藻都无所安放，如同缺少坚实、完整构架的建筑物即使有再华美的装饰也会飘摇欲坠。具体的情感和表述一定来自诗人个人，但每一个文类、每一领域却可以提炼出相对稳定的表述类型，有其内在的规律和规范，“体制”正是这种相对稳定的表述类型的体现。诗歌“体制”与具体的语言、情感结合是深层的、内在的过程，也是诗人在创作时应当自觉和熟练掌握的过程。但是诗歌变体却忽视了这一基础的、内在的过程，过分关注具体的词或意，直接破坏了诗体的完整性。正如刘勰强调“体制”针对的是“文体解散”的严重问题，许学夷也在提醒学诗者，这些属于变体的诗歌也面临解体的问题，所以更加需要强调诗歌“体制”的作用。

一些学者认为，许学夷提出“先体制而后工拙”的观点承接的是唐宋以来“体制为先”的相关表述，相对来说比较容易理解，但同时又指出许学夷“先体制而后性情”“先体制而后气格”等观点似乎有违“诗缘情”“文以气为主”的诗学传统。因此认为许学夷一面主张以体制为先，一面又多次强调“情”或“性情”在诗歌写作中的重要作用，似乎就显得有些矛盾：

> 风人之诗，主于美刺，善恶本乎其人，而性情系于作者，至其微婉敦厚，优柔不迫，全是作者之功。[1]

> 十九首固皆本乎情兴而出于天成，其外如《上山采蘼芜》等，虽有

[1]（明）许学夷：《诗源辩体》，杜维沫校点，人民文学出版社，1987 年，第 12 页。

优劣，要亦非用意为之也。[1]

三百篇之风，汉魏之五言，唐人之律、绝，莫不以情为主，情之所至，即意之所在；不主情而主意，则尚理求深，必入于元和、宋人之流矣。[2]

表面上来看，这似乎是许学夷的自相矛盾之处，但若仔细辨析会发现，这几处表述与“先体制而后性情”“先体制而后气格”的观点是在不同层面展开的。就诗人个人的具体创作而言，“发乎性情”是最直接的创作动机，“情”与“辞”的直接结合是诗歌创作的表层机制。而“体制”与具体的“情”“辞”的结合则是更深层的机制。一方面，“体制”需要与“情”“辞”结合才能呈现为具体的诗歌作品；另一方面，“体制”也对具体的“情”“辞”起到规范作用。许学夷强调的“体制”具有一种纠偏和规范的作用，不论是情感还是文采的修饰，其实都是诗人个人的一种表达诉求及个人才能的体现，但诗歌不等于单纯的个人情感，诗歌也不等于华美的辞藻、音节，每一个成分的结构意义只有与“体制”结合起来才能成诗。这是诗人在具体创作之前需要具备的基本能力。

三、“托物兴寄，体制玲珑”：“体制”的基本要求

许学夷自谓“有功于诗道者”有六点，其中一点就是“论汉魏五言，而先其体制”[3]，同时他也提到：“尝观论汉魏五言者，多不先其体制，由不读三百篇也。”[4] 可见三百篇和汉魏五言在诗歌“体制”方面最值得后世师法。从许学夷的具体论述和分析中也可以发现他对“体制”的一些基本要求。先

[1]（明）许学夷：《诗源辩体》，杜维沫校点，人民文学出版社，1987 年，第 58 页。
[2] 同上，第 341 页。
[3] 同上，第 314 页。
[4] 同上，第 314 页。

看许学夷对汉魏五言诗的评价：

> 汉魏五言，本乎情兴，故其体委婉而语悠圆，有天成之妙。[1]

> 汉魏五言，为情而造文，故其体委婉而情深。颜谢五言，为文而造意，故其语雕刻而意冗。[2]

> 汉人五言，体皆委婉，而语皆悠圆，有天成之妙。[3]

许学夷在论述汉魏五言诗时，一再突出的是“委婉”的特征。这一特征来自五言古诗文体的内在要求，还要落实在最基本的“言—意”二分的诗歌文体结构中。许学夷认为吕本中《吕氏童蒙训》对古诗十九首“思深远而有余意，言有尽而意无穷”的评价十分到位，并明确指出“吕氏所谓意，即予之所谓情也”[4]。相较三百篇的浑然天成、古朴天然，汉魏五言开始重视“文”的修饰和润色，逐渐着意于语言形式层面的工拙，“情”与“文”或“意”与“言”的关系需要真正得到关注和规范。其中最基本的要求就是“为情而造文”。此处直接使用了刘勰《文心雕龙》中的表述，足见许学夷在本质上认同刘勰对文体特别是诗歌这一文类的基本规定。“为情而造文”自然也包括“因情立体”，这一要求对诗歌的内容进行了根本性的规定——诗歌的创作一定是出于情感表达的需求。所以许学夷在整部著作中也始终贯穿这一标准，如谓：“三百篇之风，汉魏之五言，唐人之律、绝，莫不以情为主，情之所至，即意之所在；不主情而主意，则尚理求深，必入于元和、宋人之流矣。”[5]强调诗歌的内容是诗人的真情实感，而不是事理和议论。因此许学夷对元和诸公“凿空构撰，议论周悉”的做法多有不满，视其为“以文为诗”之大变。这种观点也体现他在对杜诗的评价中：

---

[1]（明）许学夷：《诗源辩体》，杜维沫校点，人民文学出版社，1987 年，第 45 页。

[2] 同上，第 47 页。

[3] 同上，第 72 页。

[4] 同上，第 47 页。

[5] 同上，第 341 页。

夫诗与史，其体、其旨，固不待辩而明矣。即杜诗之《石壕吏》、《新安吏》、《新婚别》、《垂老别》、《无家别》、《哀王孙》、《哀江头》等，虽若有意纪时事，而抑扬讽刺，悉合诗体，安得以史目之？至于含蓄蕴藉虽子美所长，而感伤乱离、耳目所及，以述情切事为快，是亦变雅之类耳，不足为子美累也。[1]

许学夷对前人给予杜诗“诗史”的评价表示不满，他认为尽管杜诗中有记述时事的部分，但这种叙述不是直白、露骨的表达，而是做到了含蓄托讽，将时事委婉、曲折地呈现出来，继承了自《诗经》而来的传统。更重要的是，与史书强调客观、全面地记录历史事件不同，杜诗饱含了诗人的情感，诗人将自我的真切感受和体验以诗歌的形式传递出来，这种情感的力量呈现在具体的诗歌作品中，足以感发人心。从这一点来说，杜诗符合诗歌体制“为情而造文”的基本要求。

许学夷也认识到，情感的直接抒发带来的可能是表达过于质直、语言质野的缺憾，但在他看来，这是诗体发展的必经过程。他说：“班固《咏史》，质木无文，当为五言之始。盖先质木，后完美，其造诣与唐人相类。”[2]诗歌发展必然要经过由质木到完美的过程。体现在汉魏五言诗中，就是对“作用之功”的逐渐重视，这可以视作在二分结构中找到一个平衡点。情感、才性的抒发不可过露，应当有所调控，应将其含蓄、宛然地表达出来，最终要达到的效果则是“文”与“质”的统一。如谓：“钟嵘云：‘李陵始著五言之目。’皎然云：‘李陵、苏武，天与其性，发言自高，未有作用。十九首辞精义炳，婉而成章，始见作用之功。’”[3]十九首具备“辞精义炳，婉而成章”的特点，正是由于达到了“辞”与“义”的调和与统一。与此类似的表述还有“《秋风辞》，文质得宜，格在其中”[4]等。由汉魏到齐梁，使“文—质”相

[1]（明）许学夷：《诗源辩体》，杜维沫校点，人民文学出版社，1987 年，第 221 页。
[2] 同上，第 65 页。
[3] 同上，第 62 页。
[4] 同上，第 59 页。

统一的“作用之功”逐渐发展成“作用之迹”，即过度追求“文”的修饰和雕琢，诗歌“体制”所要求的“文”与“质”的统一被打破，所以许学夷提到：“汉人乐府五言，如《相逢行》、《羽林郎》、《陌上桑》等，古色内含而华藻外见，可为绝唱……晋宋而下，文胜质衰，绮靡不足观矣。”[1]他也提到：“魏人体制渐失，晋、宋、齐、梁，日趋日亡矣。”[2]可见，从汉魏到六朝是一个“体制渐失”的过程，“体制”破坏的本质体现即是“文胜质衰”。许学夷在论述时盛唐律诗时也始终贯穿这一标准：

> 初唐七言律，质胜于文，盛唐文质兼备，大历而后，文胜质衰，至李山甫罗隐诸子，则文浮而质灭矣。[3]

> 予尝谓：“学者观唐诗，如择取旧衣。初唐五七言律，气格淳厚、华藻鲜明者，是经衣着有颜色之衣也；中亦有无华藻而气格实胜者，是颜色虽故、实堪衣着耳。晚唐华藻鲜丽而气格实衰，则颜色虽好，不堪衣着矣。”[4]

从许学夷对初唐、盛唐、中晚唐诗歌体制的评价可以看出，“文质兼备”或“气格”与“华藻”兼具是诗歌“体制”的基本要求。失去这种平衡而到了“文胜于质”的地步，就彻底违背了诗歌“体制”的要求，这是许学夷所反对的。

在许学夷看来，欲实现这种平衡，达到意在言外、言不尽意的效果就需要诗歌“体制”进一步发挥作用。这又可以追溯到三百篇中寻找答案。许学夷云：“风人之诗，不特性情声气为万古诗人之经，而托物兴寄，体制玲珑，实为汉魏五言之则。至其分章变法，种种不一，而文采备美，一皆本乎天成。大都随语成韵，随韵成趣，华藻自然，不假雕饰。”[5]这则材料明确地说

[1]（明）许学夷：《诗源辩体》，杜维沫校点，人民文学出版社，1987年，第68页。

[2] 同上，第45页。

[3] 同上，第305页。

[4] 同上，第154页。

[5] 同上，第3页。

明“托物兴寄，体制玲珑”是后世特别是汉魏五言继承和遵守的诗之“则”。相较于“性情声气”等构成诗之经纬的具体要素，“体制”作为诗之“则”显然属于更稳定的、能够得到传承的规矩和常法。许学夷以“玲珑”论“体制”也特别值得关注。“玲珑”有表示器物精致通明、结构细巧之义（例如楼阁建筑）。许学夷使用这个术语更突显出“体制”统摄诗歌各要素的精致、巧妙之处。这主要体现在巧妙运用“托物兴寄”的表现手法处理诗歌创作中的情与物或情与景这两大要素之间的关系。

首先，是对二者基本关系的处理，要做到以情为主、情景交融。风人之诗“托物兴寄”的表达方式，使其在处理情与物、情与景的关系上十分巧妙。许学夷在分析时列举了《关雎》《葛覃》《燕燕》等作品，我们能够发现这些诗篇多以眼前景物起兴，触物生怀，由实到虚，自然而微婉地勾起内心的情愫。于是各人将所思所感婉转道来，表达自然融洽，情感细腻而动人。如：“燕燕于飞，差池其羽。之子于归，远送于野。瞻望弗及，泣涕如雨。”燕子双双展翅飞过，远嫁的姑娘却逐渐消失在视线尽头，再也望不到她的踪影，只能黯然落泪。送别时的难过和不舍就这样漫然纸上，让人动容。许学夷还举了《卷耳》一诗的例子，第一章实写妻子采集卷耳时想到了远行的丈夫，后三章则以丈夫的口吻写出在外路途艰险、渴望归家的心情。这种场景的选择和变换，自然而真实，由此带来的类似对话的效果使彼此的相思、挂念更富层次感和感染力。

风人之诗“托物兴寄”的表现手法在汉魏五言诗中得到了直接的继承和发挥，在诗体的演进中，逐渐成为诗歌“体制”一个不可或缺的基本要求：

> 汉魏五言，源于国风，而本乎情，故多托物兴寄，体制玲珑，为千古五言之宗。详而论之，魏人体制渐失，晋、宋、齐、梁，日趋日亡矣。[1]

[1]（明）许学夷：《诗源辩体》，杜维沫校点，人民文学出版社，1987 年，第 44—45 页。

十九首托物兴寄，情致宛然。[1]

何晏五言二篇，托物兴寄，体制犹存。[2]

从这几则材料能够很明显地看出“托物兴寄”已经成为诗歌“体制”的基本要求。汉魏五言诗不仅继承了风人之诗“托物兴寄”的手法，更进一步发挥了诗歌含蓄委婉、感发人心的效果。六朝诗歌“体制”被破坏也主要体现在汉魏古诗所要求的“本乎情”基础上情与景的交融被打破，“发乎情”的成分不断减少，在极尽华丽和工巧中将诗歌变为了单纯的景色的精细描摹。

许学夷在分析盛唐律诗时，将“体制玲珑”明确为“兴象玲珑”。从三百篇到汉魏古诗、盛唐律诗，诗人开始逐渐重视作用和造诣，在处理情与物、情与景的关系时也更为自觉和用功。但值得注意的是，许学夷在论述盛唐律诗“兴象玲珑”的特点时，并没有将其简化为对意象、景物的选取和描摹，他关注的重点仍然在“兴”所要求的情感的涌动及其感发人心的效果。例如评价孟浩然五言律诗：

浩然五言律兴象玲珑，风神超迈，即元瑞所谓“大本先立”，乃盛唐最上乘，不得偏于闲淡幽远求之也。中如“北阙休上书”、“迢递三巴路”、“人事有代谢”、“木落雁南度”等篇，皆一气浑成，与高适“行子对飞蓬”、岑参“闻说轮台路”、摩诘“风劲角弓鸣”等篇相类，既未可以句摘，亦未可以字求也。皮日休摘浩然佳句，以配六朝诸子，是岂足以知浩然哉！[3]

许学夷称赞孟浩然诗作“兴象玲珑”，将所列作品视为“一气浑成”之作。仔细阅读和分析孟浩然的这些作品，能够感到其中饱含着诗人的情感

[1]（明）许学夷:《诗源辩体》，杜维沫校点，人民文学出版社，1987 年，第 57 页。
[2] 同上，第 86 页。
[3] 同上，第 164 页。

和感触，主体情兴贯穿始终，而景物的选取和描写也是恰当地寄托和承载了这些情感，才使得诗歌更加鲜活动人。试举《早寒江上有怀》为例："木落雁南度，北风江上寒。我家襄水曲，遥隔楚云端。乡泪客中尽，孤帆天际看。迷津欲有问，平海夕漫漫。"根据诗的内容来看，当时正值秋季，诗人漫游长江，看到落叶归根、大雁也回归南方，加之江上秋风瑟瑟，不免睹物伤情。思乡之情涌上心头，想到自己与故乡相隔遥远，只能看着归帆渐渐远去，却不能归家。最后，对家乡的思念萦绕心间，仕与隐的矛盾却让诗人无从选择，思乡之情和前路茫然的愁思都寄寓在这茫茫的黄昏江景中了。景物的选取与情感演进的脉络相互交融，自然而然，没有割裂之感。整首诗不仅能够让我们感受到诗人思乡却又无法归乡的情感，体会到他的迷茫和痛苦，还让我们始终沉浸在诗歌所营造的艺术氛围之中。这种对情与景的巧妙处理与安排，正是诗歌体制的"玲珑"所在。

形象描绘或景物描写要蕴含情意，为情感的表达增加润色和修饰，使其更加动人。许学夷也认识到此点，他认为：

> 诗有景象，即风人之兴比也。唐人意在景象之中，故景象可合不可离也。王建《赠卢汀诗》："功证诗篇离景象。"此实自谓，意以为初盛唐不离景象，故其意不能尽发，今欲悉离景象，悉发真意。故其诗卑鄙至是，此唐人错悟受魔之始也。赵凡夫云："文论得失，诗尚妍媸。"此则全不论妍媸矣。[1]

> 诗有赋比兴，山水、木石、烟云、花鸟，即古诗之比兴也。……自《三百篇》而下，即初盛唐不能舍此为诗。……逮于唐末诸子，乃欲尽去铅华，专尚理致，于是山水、木石之语废，而议论意见之词繁，故必至于鄙俗村陋耳。[2]

[1]（明）许学夷：《诗源辩体》，杜维沫校点，人民文学出版社，1987 年，第 270 页。
[2] 同上，第 309 页。

许学夷追求的是情与景交融的理想诗歌状态，体现的是诗歌整体的浑融与圆美。一方面，诗人之“情”与“兴”是根本，这是继承汉魏诗歌“为情而造文”而来的传统和基本要求。另一方面，情感往往离不开外在景物的触发，“托物兴寄”的表达方式通过景物的描绘为情感的表达加上润色和修饰。这两方面统一起来，始终紧扣诗歌自三百篇经典而来的“微婉优柔，反复动人”的基本要求，使诗歌达到质与文、情与辞的交融和统一。

其次，“情”与“景”虽然是诗歌创作必备的材料，但仅以这些材料无法直接构成诗歌，想要在诗歌这一艺术整体中得以呈现，必须经过诗歌“体制”的筛选和组织，使“情”与“景”能够有机地统一起来，符合诗歌基本的法度。

> 或曰：“唐末诗不特理致可宗，而情景俱真，有不可废。”赵凡夫云：“情真、景真，误杀天下后世。不典不雅，鄙俚叠出，何尝不真？于诗远矣！古人胸中无俗物，可以真境中求雅；今人胸中无雅调，必须雅中求真境。如此求真，真如金玉；如彼求真，真如砂砾矣。大抵汉唐之真如此，宋人之真如彼；初、盛之真如此，晚唐之真如彼。二法悬殊，不可不辩。”[1]

许学夷引用赵凡夫《弹雅》中的观点认为诗歌要符合“雅”这一基本要求，强调“必须雅中求真境”，并以此反驳一味强调“情景俱真”的观点。“真”在一定程度上就是不加选择，公安派推崇的就是冲口而发的“真诗”。许学夷则十分反对这种主张，认为这会将学诗之人引上歧途。他批评袁宏道：“此言一出，遂使狂妄不识痛痒之人，咸欲匠心自得，恶同喜异，于是鲁莽、浅稚、怪僻、奇衺、靡不竞进，而雅道丧矣。又凡于今人体制、声调类古者，谓非真诗，而鲁莽、奇衺者，反以为真；若是，则凡以古人自绳者，皆非君子，而纵情所欲、放僻邪侈者，反为君子也。”[2]诗歌不能无所不

---

[1]（明）许学夷：《诗源辩体》，杜维沫校点，人民文学出版社，1987年，第309页。

[2] 同上，第350—351页。

包、无所不写，不能置自三百篇、汉魏古诗以来诗歌含蓄、委婉的基本特征于不顾。这就是历代积累而成的诗歌“体制”，已成为诗歌创作的准绳和尺度。诗之所以为诗的艺术性以及基本特征需要坚守和保留，只有在一定尺度的约束下才能真正发挥诗人个人的才力、性情，形成独特的风格。

综上，许学夷认为三百篇和汉魏古诗在诗歌“体制”方面开后世先河，“体制”的基本要求是要在“情——文”或“质——文”的诗歌二分结构中做到“为情而造文”，达到“文质兼备”的效果。实现这种效果的最佳方式就是运用“托物兴寄”的表现手法。“情”与“景”是诗歌创作不可缺少的两大材料，诗歌“体制”所要求的就是将二者有机地统一在诗歌作品中。就“情”与“景”的关系而言，要做到以情为主、情景交融。诗人的情感要贯穿始终，但这种情感的表达和呈现，需要通过对外在景物的描绘加以润色和修饰。在情与物、情与景的交融中，体现出诗歌以情动人和委婉动人的基本特点，达到浑融一体的境界。同时，“体制”也对“情”与“景”的基本性质有所要求，诗人不能不加选择地以这些材料直接构成诗歌作品，而要符合典雅的基本要求，即从诗歌艺术性的角度加以筛选、安排，使其有机地统一在诗歌整体中。

四、“拟议以成变化，神而明之，存乎其人”：诗歌“体制”的学习与继承

许学夷在自序中借用《易经》中“拟议以成变化，神而明之，存乎其人”[1]一句说明诗歌创作要达到的最高境界，这其实就是诗歌“体制”与诗人的匠心、文思共同熔铸的最终效果。特别是经过了唐代这一诗歌鼎盛时期，后世的诗人一方面出于推陈出新的要求，希望能够自立门户，一方面因主体

[1]（明）许学夷：《诗源辩体》，杜维洙校点，人民文学出版社，1987 年，第 1 页。

情志的抒发、思想的表达、才学的呈现等普遍要求，也促使其不断努力探索，以更加别致和独特的方式与诗体传统建立联系。诗歌是诗人寄托情思、施展才华的重要文体，在具体创作过程中，“体制”作为支撑这一诗歌整体的内在结构与基本规范已融化无迹，我们直接看到的是生动、鲜活的诗歌作品，以及作者独特的词与意的表达。但我们还应当认识到，如果诗歌失去了“体制”的支撑，徒有具体词意的拼合和堆垛，只会造成“文体破碎”的结果。许学夷对“体制”的重视始终如一，要求“从心所欲”与“不踰矩”的统一，如谓：“太白天纵绝世，其歌行虽漫衍纵横，错综无定，靡不合于天成，所谓‘从心所欲，不踰矩’是也。”[1] 做到“驰骋变化于规矩之中”，可以说是对“神而明之，存乎其人”这一标准的具体要求。诗歌创作能够进入“神”“明”的境界，首要条件就是应具备牢固的根基，掌握作为规矩、法度的诗歌体制，对历代诗歌传统有明确的认识和了解，从中广泛汲取营养，在此基础上，才能“驰骋变化”。

对诗人来说，“体制”是一种规范的传承和积淀，需要依靠学习来获得。刘勰在《文心雕龙》中就早已要求“才童学文，宜正体制”[2]，“童子雕琢，必先雅制”[3]。许学夷也认识到这一点，他认为：

> 按春秋战国妇人歌诗，体多平直，而文采不完。正风如《葛覃》《卷耳》《芣苢》……虽皆本乎自然，而体制可法，文采可观，非文人学士，实有未能，而谓后妃及士庶之妻逮于女子媵妾无不能之，则予未敢信也。[4]
>
> 亦岂官人、众妾、家人之所能乎？变风《柏舟》诸篇，不待言矣。或谓风人之诗皆周太师之徒润色之，盖视其体制、文采，心亦有疑，而

[1]（明）许学夷：《诗源辩体》，杜维沫校点，人民文学出版社，1987年，第200—201页。
[2]（南朝梁）刘勰：《文心雕龙注》，范文澜注，人民文学出版社，1958年，第650页。
[3] 同上，第506页。
[4]（明）许学夷：《诗源辩体》，杜维沫校点，人民文学出版社，1987年，第11—12页。

强为之说耳。[1]

通过这些材料能够明确地看出许学夷对“文人学士”或“诗人”身份的强调。他正是从诗歌“体制”的角度判定“风人之诗”的作者不是“妇人”“士庶”“宫人”“众妾”，而是“文人学士”或“诗人”。体现在创作中，他们最大的区别就是能否全面、系统地掌握诗歌的表达方式和诗体规范，以及其作品能否被纳入传统之中，为后世所学习。

许学夷在总论中指出：“予作辩体一书，乃大中至正之门户。然苟非深造之士，必未学者而后可与言；苟非上智之资，必质鲁者而后可与入；曲学浅智之士，恐偏执自信，未肯舍己从人耳。”[2] 明确表示他撰写《诗源辩体》一书主要针对的对象是具有极高诗歌造诣之人或诗歌写作的入门者。前者能够熟练掌握诗歌“体制”并且在诗歌创作中灵活发挥各人才情，后者几乎对诗歌传统没有深入了解，自然没有掌握最基本、最重要的诗歌“体制”，所以需要范导，使其走上诗歌学习和创作的正路。而所谓“曲学浅智之士”则是没有选择学诗的正路，对诗歌“体制”没有深刻的掌握和理解，不能放下己见，于诗道有所偏离。许学夷在评价江淹时就提到：“文通五言拟古三十首，多近古人，而他作每每任情，与玄晖、休文大异，实为自立门户，晚年才尽，不免支离耳。乃知历代常法，断不可轻废也。”[3] 由此可见，“历代常法”是诗体发展进程中逐渐积累的、稳定的基本规范和要求，如果抛却了体制、常法，专任情或专使才力，虽然能够出新出奇，自立门户，但终究无法保持创作的稳定性和质量。许学夷认为：“学汉魏而不读三百篇，犹木之无根；学唐人而不读汉魏，犹枝之无干；乃至后生初学，专取近代之诗，并不识唐诗面目，此犹花叶之无枝，将朝荣而夕萎矣。”[4] 花朵想要生生不息，必然不能与根叶相分离，前代的经典正如坚实的根干，只有在其支撑和滋养下，个

[1]（明）许学夷：《诗源辩体》，杜维沫校点，人民文学出版社，1987 年，第 12 页。
[2] 同上，第 313 页。
[3] 同上，第 121 页。
[4] 同上，第 315 页。

人的创作才能真正具有长久的生命力。在诗人个人与传统、当下与历史的关系中，最应当沿袭和传承的是最基本和稳定的诗歌“体制”，应当将其内化在个人的创作中。理想的创作应当由两方面构成，一方面是个人从传统中习得诗歌“体制”，使其创作在完成之后能够为传统所容纳和吸收，另一方面能够同时具备个人独特的艺术风貌。

从这一角度而言，“体制”也可以理解为一种“文体基因”，包含这种“基因”的诗体就是学诗者的理想范式，改变或破坏了这种基因的诗体则需要学诗者在学习时严加辨别。许学夷强调“学者审其源流，识其正变，始可与言诗矣”[1]的用意也正是在此。刘勰在《文心雕龙》中曾将“原始以表末，释名以彰义，选文以定篇，敷理以举统”[2]作为论文的主要方法，将各类文体的源流正变、体制规范与选择代表篇目相结合，树立了一系列文体典范。南宋以后，这种注重范式与典型的批评在诗文领域广泛出现，在辨体类著作中，所谓“典范”往往即各类文体之“正体”。在许学夷看来，确立“正体”的关键标准就是看诗歌作品是否符合诗歌“体制”。他在关于“正体”和“变体”的论述中涉及诗歌结构的描述，可以充分体现这一观点。在分析诗之“正体”如风雅诗篇、汉魏古诗、盛唐律诗时，许学夷多采用“体—语”相对的结构，且多是正面评价：

> 汉魏五言，本乎情兴，故其体委婉而语悠圆，有天成之妙。[3]
>
> 张衡乐府七言四愁诗，兼本风骚，而其体浑沦，其语隐约，有天成之妙，当为七言之祖。[4]
>
> 王摩诘孟浩然才力不逮高岑，而造诣实深，兴趣实远，故其古诗虽

---

[1]（明）许学夷：《诗源辩体》，杜维沫校点，人民文学出版社，1987 年，第 1 页。

[2]（南朝梁）刘勰：《文心雕龙注》，范文澜注，人民文学出版社，1958 年，第 727 页。

[3]（明）许学夷：《诗源辩体》，杜维沫校点，人民文学出版社，1987 年，第 45 页。

[4] 同上，第 65 页。

不足，律诗体多浑圆，语多活泼，而气象风格自在，多入于圣矣。[1]

盛唐诸公，造诣实深，而兴趣实远，故体多浑圆，语多活泼耳。[2]

在分析诗之“变体”，如齐梁、晚唐诗歌时，多在“声韵”“用事”“偶对”等层面进行分析，基本不再采用“体—语”相对的结构，且多为负面评价：

何逊五言四句，声尽入律，语多流丽，而格韵始卑。[3]

刘孝威五言，语渐绮靡，声愈入律，名在孝绰之下，而诗入录者亦少，然语在梁陈间最工。[4]

王筠五言，语渐绮靡，声愈入律，去吴均为远，以全集观自见。[5]

退之五、七言律，篇什甚少……排律咏物诸篇，偶对工巧，摹写细碎，尽失本相，兹并不录。[6]

岛五言律气味清苦，声韵峭急，在唐体尚为小偏，而句多奇僻，在元和则为大变。[7]

七言律，轻浮纤巧虽唐末虽所尚，而成家者实少，李山甫、罗隐诸子，间得一二可采，其他多鄙俗村陋矣。[8]

宋人五七言古，出于退之、乐天者为多，其构设奇巧，快心露骨，实为大变。而高才之士每多好之者，盖以其纵恣变幻，机趣灵活，得以

[1]（明）许学夷：《诗源辩体》，杜维沫校点，人民文学出版社，1987 年，第 160 页。
[2] 同上，第 179 页。
[3] 同上，第 126 页。
[4] 同上，第 126 页。
[5] 同上，第 127 页。
[6] 同上，第 254 页。
[7] 同上，第 257 页。
[8] 同上，第 307 页。

肆意自骋耳。[1]

可以将许学夷对诗体由正到变的评价总结为下图：

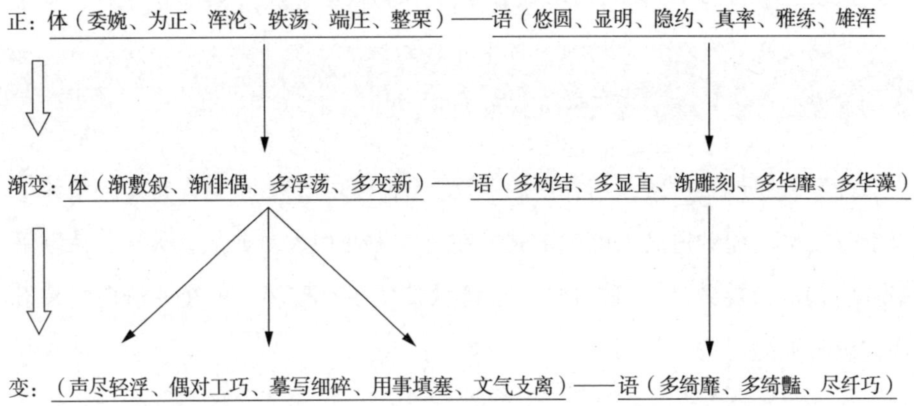

通过上述具体梳理，可以进一步认识到变体在一定程度上破坏了诗歌“体制”，违背了诗歌的基本要求。由于诗人不能落实“为情而造文”“文质兼备”等基本要求，过于追求诗歌语言的华丽、绮靡，或依据个人偏好，恃才任情而为，诗歌整体结构不再完整，所以许学夷不再使用“体—语”相对的分析模式，而是直接使用诗歌语言形式层面的术语进行分析。

许学夷对诗体之“变”的态度是视情况而定，绝不是否定一切变化。他对那些不破坏诗歌整体的新变会予以肯定，而对破坏诗歌整体、一味求新求奇的怪变则会进行批判。许学夷所谓“善变”者首先需要掌握诗歌“体制”，对其具传承性、规范性和浑整性有深刻体认。他秉持着守正驭变的态度，主张“论道当严，取人当恕”，如认为：“若以汉、魏、初、盛而外，一无足取，则亦非取人之恕也。”[2] 相较于七子派“文必秦汉，诗必盛唐”的偏执，许学夷的观点显得更加圆融。在这种观念的影响下，许学夷既能看到诗体之变于诗道有所偏离之处，同时又能够对善变者予以肯定。例如在评价韩愈古

[1]（明）许学夷：《诗源辩体》，杜维沬校点，人民文学出版社，1987 年，第 376 页。
[2] 同上，第 325 页。

诗时认为：

退之五七言古，字句奇险，皆有所本，然引用妥帖，殊无扭捏牵率之态。其论孟郊诗云："横空盘硬语，妥帖力排奡。"盖自况也。后世贪多骋博者，往往用事填塞，不惟句法臃肿，文气支离，而措置无方，如暴富儿夸靡斗奢，适足露其寒俭相耳。[1]

许学夷通过后世诗人与韩愈的对比，说明韩愈的古诗虽尚奇险但整体上仍十分妥帖，而后世之人则为了骋才在诗歌中使用大量典故，破坏了诗歌最基本的句法，导致"文气支离"，于诗歌整体多有破坏。他在评价白居易五言古诗时也提到：

乐天五言古，如《贺雨》、《大觜乌》等，虽成大变，而叙事详明，用韵稳帖，首尾匀称，靡不如意，其所长正在于此；或以诸篇为冗滥而不当录者，非所以论元和也。[2]

白乐天的五言古诗虽然已成大变，但就诗歌整体而言仍然能够做到"首尾匀称"，因此许学夷对其评价还是较为正面的。

许学夷对待诗体正变的态度与他"论诗以体制为先"的主张是密切相关的，对于能够保持诗体基本结构的完整，进而发挥个人才力、运用语言技巧等产生的诗体之变，他是持肯定态度的，而对于破坏诗体完整性的一些怪变则持否定态度。所以，许学夷强调学诗要有正确的路径：

学诗者必先读三百篇、楚骚、汉魏五言及古乐府，次及李杜五七言古、歌行以至初盛唐之律，如今人诵习经书者，姑先不必求其旨趣，诵读之久，详予论说，自能有得。否则，学律既久，习于声韵，熟于排偶，而于古终不能入矣。[3]

[1]（明）许学夷：《诗源辩体》，杜维沫校点，人民文学出版社，1987 年，第 252 页。
[2] 同上，第 273 页。
[3] 同上，第 315 页。

学者以识为主，则有阶级可循，而无颠踬之患。今之学者，或先平正而后诡诞，或先藻丽而堕庸劣，盖识见不足，以诡诞为新奇，以庸劣为本色耳。[1]

以上所列三百篇、楚骚、汉魏五言等皆是“正体”或典范之体，代表了学诗的大体方向，学诗者应当秉持“先正后变”的原则，在此基础上吸收“变”的合理因素，才不会本末倒置。

那么具体而言，“体制”应当如何学习和获得？在许学夷看来，首先要避免陷入细碎浅薄的技巧之中：

《沙中金》一书，亦出于元人。其法有实字作眼、响字作眼、拗字作眼、倒字押韵、虚字粧句、流水句、错综句、折腰句、句中对、扇对、巧对等，既非本要；又有交股对、借韵对、歇后句等，则又涉于浅稚矣。[2]

杨仲弘论诗，止言大体，便有可观。其论五、七言古，似亦有得。至论律诗，于登临、赠别、咏物、赞美，而云起句合如何、二联三联合如何、结语合如何，则又近于举业程课矣。[3]

黄澄济《诗学权舆》二十二卷，皆类次晚唐、宋、元人旧说，而多不署其名，其署名者又多谬误，盖彼但见纂集之书，初未见全书也。其论以名物为义者既多穿凿，以字句相尚者又入细碎，其他卑鄙，不能一一悉举。[4]

许学夷对宋元以来的诗法类著作持批判态度。这类著作完全将诗歌创作技巧化、技法化，在语言形式层面将诗歌创作变成了字句的排列和布局。掌

[1]（明）许学夷：《诗源辩体》，杜维沫校点，人民文学出版社，1987 年，第 318 页。
[2] 同上，第 341 页。
[3] 同上，第 339 页。
[4] 同上，第 342 页。

握了这些细枝末节的技巧就能够创作真正的诗歌吗？许学夷显然是不认同的。他所谓作为诗歌规矩的“体制”是更深层次的结构，不是用口诀化的片言只语就能够予以明示和掌握的语言技巧。以此方法学诗，不仅很容易陷入抄袭、摹拟的困境之中，也无疑简化了诗歌创作的过程。将关注的重点仅仅放在诗歌的表层，自然无法了解诗歌“体制”所要求的更深层的文与质的统一，创作出的作品也就很难具备含蓄委婉、浑然一体的动人特征。

学诗是一个日积月累的过程，在不断的阅读、感受和练习中有所领悟。许学夷认为学诗之人要用大量的时间、精力对诗歌进行专门的学习，深入诗歌作品之中，增强对诗歌整体的感受力：

> 严沧浪云：“论诗如论禅。禅道惟在妙悟，诗道亦在妙悟。”此本谓学诗者当悟，然自三百篇至唐，读者尤宜悟也。[1]

> 汉魏人诗，自然而然，不假学习。后之学者，情兴不足，风气亦漓，苟非专习凝领，不能有得耳。[2]

> 汉魏诗非不当学，但不可仓卒为之，多作则仓卒而嫌于袭矣。[3]

> 予学汉魏二十年，始悟入焉。[4]

他推崇通过“专习凝领”的方式对诗歌进行长期的学习和领悟。不应当只关注细枝末节，要把握诗之体要：

> 凡读骚辞，得其深永之妙，一倡三叹而不能自已者，上也；得其窈冥恍惚、漫衍无穷、可喜可愕者，次也；得其金石宫商之声、琅琅出诸喉吻而有遗音者，又次也。否则但如嚼蜡耳。[5]

[1]（明）许学夷：《诗源辩体》，杜维沫校点，人民文学出版社，1987年，第4页。
[2] 同上，第49页。
[3] 同上，第49页。
[4] 同上，第50页。
[5] 同上，第35页。

骚辞虽总杂重复、兴寄不一，细绎之，未尝不联络有绪，元美所谓：“杂而不乱、复而不厌。”是也。学者苟能熟读涵泳，于窈冥恍惚之中得其脉络，识其深永之妙，则骚之真趣乃见。[1]

学习《离骚》不能只关注“金石宫商之声”等表面要素，要对其中的兴寄手法、构筑诗歌整体“联络有绪”的方式以及最终呈现的“深永之妙”有深刻的体会和把握，才真正触及到骚体的精髓和其诗歌“体制”的本质。

许学夷也强调要用学诗之人的沉静之心，用个人的感情、个性与不同的诗境相遇：

学者苟能心气和平，熟读涵泳，未有不恻然而感，惕然而动者。于此而终无所得，则是真识迷谬，性灵梏亡，而后世之诗，亦无从悟入矣。[2]

故专习凝领，而神与境会，乃足以尽变；仓卒琢磨，而神与境离，则嫌于袭耳。[3]

正因诗歌是发乎性情之作，在情感与文辞浑融一体的境界中带给人心灵的触动，所以学诗者要能够心平气和地进入诗人所营造的诗境中，通过“熟读涵泳”达到“神与境会”的境界。感受者本着这样的态度学诗，才能获得“感”“动”的效果，才能对诗歌经典有更深的领悟和体会。

对于个人与传统、当下与历史的关系，许学夷明确指出：“夫体制、声调，诗之规矩也，曰词与意，贵作者自运焉。窃词与意，斯谓之袭；法其体制，仿其声调，未可谓之袭也。今凡体制、声调类古者谓非真诗，将必俚语童言、纤思诡调而反为真耳。”[4]“体制”“声调”是诗歌创作的规矩和法度，

[1]（明）许学夷：《诗源辩体》，杜维沫校点，人民文学出版社，1987 年，第 35 页。
[2] 同上，第 3 页。
[3] 同上，第 49 页。
[4] 同上，第 1 页。

在创作之前必须要了然于胸，这种规矩和法度来自于对诗歌传统的省察。这包涵着对不同文体、诗体的辨别，对各类诗体的要领和基本规范的把握，更落实在对正体、典范之体的学习。所谓“体制”更像是前人丰富多样的作品中积累综合而成的各类建筑模型，诗人个人的词与意则是依据这些模型营造具体宫殿、庙宇、居室等时所使用的各种具体材料和工艺。在许学夷看来，诗人必须在诗歌“体制”的范导下，凭借自己的才力将内在的性情恰当地表达出来。风雅诗篇、汉魏古诗、盛唐律诗就是学习诗歌写作所必行的正路，所以学诗之人必须对这些典范之体反复“熟读涵泳”、学习和领悟，并将其中的体制规范内化在个人的创作中，做到“从心所欲，不踰矩”。在此基础上，创造出一个传统文体规范与个人表达的统一体。

要言之，《诗源辩体》这部著作梳理了上自先秦、下至有明的诗歌传统，一方面增强了学诗者的文学史意识，另一方面在历代积累的创作经验和诗歌理论中提炼出相对稳定的诗歌“体制”，将其内化为诗歌文体的深层结构，为学诗者提供稳定的、规范的指导，具有较高的实践意义与现实意义。在具体创作中，“体制”发挥着不可忽视的作用。“体制”与作者个人具体词、意的结合是诗体传承流变的深层机制，只有在明确的体裁和一定的规范中，诗人个人的词与意以及具体的艺术手法才能最终呈现在作品中。“体制”所要求的是诗歌内部的文与质、情与辞的有机统一，这需要通过“托物兴寄”的方式得以实现，通过对诗歌创作中具体的情与景加以筛选、巧妙安排使其达到浑融一体、委婉动人的境界。“体制”是辨体的重要标准，学诗者要能够守正驭变，对诗歌“体制”的学习不能仅依靠对表层的语言形式、诗法技巧的掌握，而要落实在对“正体”或“典范之体”的学习和领悟中。学诗者师法“正体”，了解和掌握诗歌文体的普遍性、规范性要求，同时也对其中呈现出的委婉、浑圆的理想的诗歌审美范式有所体悟。

许学夷的“体制”论对进一步思考古代各种文体如何在当代得到继承和发展、深入学习和领悟传统文学的精髓有较大的帮助。就诗歌这一文体而言，深层的诗歌“体制”结构是应当得到继承的、相对稳定的部分，其中体现在历代的诗歌传统中积淀而成的基本文体规范、审美理想，应当内化在诗人的创作之中。同时，我们也要认识到诗人个人的才力、性情、学识等因素会自然而然地要求突破原有的“体制”，形成新的“体制”，不断扩大诗歌这一文体的表现力，使其能够表现、承载的内容、材料更加丰富。但这种突破和新变不能完全抛却传统，每种文体都有基本的特点和规律，诗人运用一定的诗体进行创作就要尊重诗体的“本色”与要求；也只有在此基础上发挥个人独特的创作个性，才能够进一步丰富、完善传统的诗歌“体制”。

人向旅途：几首与行旅有关的诗[1]

陈太胜[2]

[摘要] 本文讨论了六首（包括一首古诗）与行旅有关的诗。行旅之诗，最有意义也最有魅力的一点，在于它用语言抒写了我们人生之旅中几乎是最有意义的一个侧面。行旅的魅力，在于从日常生活，从“此在”中逃离，将自己置放于某种充满可能性的放逐中。理想的诗歌写作，与理想的行旅一样，都是发掘“否定一切封闭定义和一切僵化意义的精神力量”的过程，是“通过反思不断上升为新形式的生命的力量”的诗歌写作。

[关键词] 行旅　文体　回乡

写作的表面是发生（avoir-lieu）的场所。诗歌末行下面的空白是沉默的回归。诗歌产生自这种沉默，然而这不再是同一种空白，同一种沉默。这是坚定的沉默，在这沉默中，任意一张纸的偶然性被战胜。

——雅克·朗西埃[3]

---

[1] 本文为教育部人文社会科学重点研究研究基地重大项目“中国近现代文论话语的转型和嬗变研究”（项目批准号：17JJD740002）阶段性成果。

[2] 陈太胜，文学博士，现为北京师范大学文学院教授，主要从事现代诗学研究。

[3] 雅克·朗西埃：《马拉美：塞壬的政治》，曹丹红译，河南大学出版社，2017 年，第 106 页。

一、作为“发生”的写作

恰逢庚子年，瘟疫流行，被困家中。一日又一日，眼看着冬天来了又去，春天来了也注定不会带来惊喜。这使人厌恶苟活于尘世之中，愚人的蠢行到处都在持续。周围的世界变得一团糟，那种科幻故事里才有的场景，好似即将成为可能的现实。尤其怀念那可以自由行走于江河湖海、村镇与城市之间的日子。想起“平生好把名山大川游”，平添了许多由于其罕见的不可能而引起的惆怅，甚至愤怒。疫病也连带毁灭了许多事物，或许，这已经成了世界末日的样子，成了让人恋无可恋的星球？

聊且读诗。且是几首与行旅有关的诗。

我的阅读实践，大概与我在另一篇相关文章中的做法相似。在这种阅读过程中，我始终认为，“文体”是一个作家观看事物的“绝对”方式。特定的文体，或好或糟糕，都反映了作家用“语言”这一媒介观看事物全部绝对化的效果，一种纸面上触目可见的效果。[1] 我的这种阅读实践意在表明：无论是口头语言，还是书面语言，一个人怎么去说，决定了说什么，并在终极的意义上反映了一个人的心性和思想。千万不要被说了什么的表象所蒙骗，只要你有智慧，你就能从一个人“怎么说”知道他究竟想做什么。语言本身是一个人“行事”的方式，也暴露一个人会如何“行事”。文体，成了我们面对的，同时也是我们唯一可去把握的东西。文体是一个文本结构的概念，除此无他，也正因为它是这样一个文本结构的概念，它才是社会—历史的，也才是个人的。

文章前面所引的，是雅克·朗西埃评马拉美的话。在一定意义上，诗，马拉美的诗，正是那种理想的写作（言说）的典范，它不是自作聪明地把所有的听众都当作暴政统治下听话的臣民，去对他宣讲某种粗糙的、在说出之

---

[1] 可参见拙文《文体与政治：几首与爱情有关的诗》第一部分，载《文化与诗学》2018 年第 2 辑，华东师范大学出版社，2019 年。

前就已经被预先拟定的某种根本不能称为情感或思想的东西，它是用语言在纸页上让情感和思想“发生”，它自“沉默”中产生，而不是从粗暴简单的预先设定的“真理”中产生。理想的行旅与这类理想的写作也恰好一样，它以路和世界为“生命”的场所，它同样既青睐不确定和偶然性，又渴望像战胜一张纸的偶然性和不确定性一样，去战胜一条路的偶然性和不确定性。

我下面选来讨论的诗，是从我书架上的一些书里找出来的，既随意又不随意，除第一首是古诗外（其主要目的是为了形成对照），其余五首皆属新诗范围。

二、《古诗十九首·行行重行行》

行行重行行，与君生别离。相去万余里，各在天一涯。
道路阻且长，会面安可知？胡马依北风，越鸟巢南枝。

相去日已远，衣带日已缓。浮云蔽白日，游子不顾反。
思君令人老，岁月忽已晚。弃捐勿复道，努力加餐饭。

一般认为是东汉末年作品的《古诗十九首》，第一次结集于梁代昭明太子编的《文选》，其作者已不可考。这首《行行重行行》，一般被视作“思妇”之诗，尽管其作者极可能是个代女性立言的男性诗人。朱自清和马茂元在其著名的有关《古诗十九首》的著作中，都持这种观点。朱自清便说全诗是“男女相思的口气”，大概是“居者思念行者”之作[1]。马茂元认为此诗与《青青河畔草》《冉冉生孤竹》一样，都是“思妇”诗[2]。有意思的是，如果抛开种种已有的成见，只就阅读文本给我的印象来说，这一看似相当清楚的

[1] 朱自清：《古诗十九首释》，见《朱自清马茂元说古诗十九首》，上海古籍出版社，1999 年，第 9 页。
[2] 马茂元：《古诗十九首探索》，见《朱自清马茂元说古诗十九首》，上海古籍出版社，1999 年，第 143 页。

事实，似乎也变得有重新加以讨论的必要。根据我的阅读，诗至“越鸟巢南枝”句止，前后可分成明显不同的两部分。诗的后半部分，语气上确实更像是作为“思妇”的说话者发出的，是“居者”对远行人，也就是“游子”所说的话。但诗的前半部分，由于突兀的开头一行，即“行行重行行”，变得不可理解起来，它不像是“居者”，而更像是“行者”的语气。与其相当牵强地把这理解为“思妇”对行者行走于远方的设想，还不如把它理解为行者处于行旅中的切身感受，这似乎要更为贴切。因此，我有个大胆的设想，这甚至不是一首诗，而是两首。可以支持我这种观点最为明显的证据，是这首诗前后两部分韵脚的不同。尽管那个年代的古诗，押韵并不像后来那么谨严，但基本上还是有规律可循的。这首诗的前半部分偶句押韵，押的都是“i”韵，而后半部分却换韵改为“an”韵。在同样作为《古诗十九首》的其他诗中，绝无仅有。我因此有一个猜测：会不会是在辑录的过程中发生了错误，将两首诗（或为同一个作者写的两首诗）辑录为一首诗。当然，也不是不可以仍将它看作一首诗，只是不妨将它作为像对话一般由两个不同的说话者发出的，由两部分组成的一首诗。这是发生于说话者“游子”和“思妇”间的对话。这样，我们有了两首诗，或是一首诗在说话者和脚韵上都很不相同的两个部分。

诗的一、二句写游子与爱人离别的情景。“行行重行行”这一叠音，极言“行”这一动作之多，通过音节上的循环往复极言游子远去道路的漫长，从而极写与爱人“生别离”时的压抑情感。语言在这里的魅力，是把视觉上的形象直接引入到精神性的感受里。“与君生别离”一句有的版本作“与君长别离”，从诗的意境看，显然没有“与君生别离”好。即使抛开《楚辞》中“乐莫乐兮心相知，悲莫悲兮生别离”这一极可能直接启发诗人写作的互文典故不论，也可以发现，“生别离”与“死别离”在我们的阅读里形成隐含的对照，使恋人间的这一别离，在死亡的阴影中愈加显得令人难以忍受。诗的三至八句极写别离的空间之远。游子的漂泊使恋人“相去万余里，各在天一涯”，这不得不令人想到，道路是那么艰难漫长，谁知是否还有重见之日？因此，这里的所指实际上第一次以“死别离”来为“生别离”作注解，诗意在这儿得到某种逆转和深化。“胡马依北风，越鸟巢南枝”两句则以胡马隐喻游子，以越鸟隐喻远方的爱人，通过胡马和越鸟、依和巢、北风和南枝这三组富有隐喻意味的对等词语的转喻性（语言上的历时性）并置，把不同地域的空间景象定格成同一幅画里山川异域，风月也不共天的令恋人伤心的景象。

从第九句开始，由于韵的改变，诗的说话者转而由“游子”变为“思妇”。在古诗里，类似于“相去日已远，衣带日已缓”这类句子，大概无论字句，还是文法，都是最具有日常说话的调子的。诗的九至十四句，写的都是说话者“思妇”和游子别离的时间之长以及它给“思妇”带来的感受。别离的时间越来越长，思念的人也由于无法抑制的悲伤衣带渐宽、日渐憔悴。接着的“浮云蔽白日，游子不顾返”是两句跳跃性极大的诗句，其费解之处在于它们之间的联系。古人有释其为游子为小人所害，因而不能返乡。这种多少有些牵强附会的解释，大概是将此类文字看作“赋比兴”中的“比”。或许，诗本身并不一定有这种道德上的讽喻意义，“浮云蔽白日”只是写“思妇”所见又如何？浮云遮蔽了太阳，天地变得昏暗，“思妇”触景生情，由此想到漂泊的游子“不顾返”。这里的“不顾”一词却别有深意，是说游子在他乡有“事业”要做呢？还是另有所恋的人？“思君令人老，岁月忽已晚”两句写无望的思念使说话者备受折磨，甚至催人变老，使岁月显得这样匆忙。这两句诗的所指，实则是“死别离”，在一定程度上解释了上文提到的“生别离”，意指这种时间上的“生别离”遥遥无期，在节序如流的岁月中她的等待是无望的，等同于一场没有结局的“死别离”。诗的最后两句“弃捐勿复道，努力加餐饭”意在自慰，却矛盾地显示出说话者内心的无奈。从全诗的意境来看，诗人在此使用了反讽语言。说话者实际上总处于对远方游子的绵长思念之中，甚至为此已经日渐憔悴而“衣带日已缓”了，但她所说的却是“弃捐勿复道，努力加餐饭”这种看似轻松的话。显然，这是一种自欺欺人的掩饰性语言，其表面意义与实际意义之间有着巨大的差别。当然，这种差别并不是简单的意义逆转，诗的真正用意，或者说实际效果，是通过最后两句使全诗体现出一种循环的结构，而非简单的线性结构。这种循环结构是反思性的，它可以促使我们回过头去重读整首诗，并因而获得某种新的认知和情感体验。

美国诗人庞德认为语言在其最初阶段，有口头语言和书面语言，而书面语言有两种，一种以“声音”为基础，即是“音文”，另一种以“视像”为基础，即是“形文”。他认为埃及人最终使用了“缩略图形”来代表声音，但中国人仍然把它作为“图画”使用，即“中国表意文字并不试图成为一个声音的图画，或成为记录一个声音的书写符号，它仍然是一个事物的图画”[1]。庞德所举的例子，往往是“人”“木”“日”等单个象形文字。实际上，从整体上把汉语看作“形文”，很大程度上是出于庞德的“误读”，出于庞德对汉语的一知半解（事实上，庞德并不懂汉语）。比如，我们就不能把上面这首诗的文字作象形文字读。究其实际，它还是某种“音文”，而不是形文。在汉字所谓的六书（象形、指事、形声、会意、转注、假借）中，完全属于“形文”的只有“象形”一类。可以想象，一旦语言由单个的字发展为句子，要表达较为完整和复杂的意思，单靠“象形”一途，实际上是不可能完整表意的。像上面这首诗，即使把“行行重行行”中的“行”字，看作象形，难道我们在阅读时，是要去体会很多条腿去走路，或是旅人走过一个又一个十字路口的样子吗？“与君生别离”又如何呢？在我合理的猜测里，不管用什么方言来读这样的诗，实际上，“象形”在汉语文字脱离甲骨文和金文之后，随着时间的推移，显得越来越不重要。否则，古人也像我们现代人一样，若纠结于文字的象形的话，肯定就不知如何来阅读诗与文了。中国文字由最具象形意味的篆书，发展到隶书和楷书，在我看来，都是逐步脱离最初的“象形”，而变为某种“音文”的需要和实际证据。只是，用复杂的汉字来表音，实在是某种资源上的浪费和奢侈。有多少人在阅读沈从文的小说时（即使它

[1] 埃兹拉·庞德:《阅读 ABC》，陈东飚译，译林出版社，2014 年，第 6—7 页。

是民国年间出版物上的竖排繁体版），是依据“形文”，而不是“音文”来阅读的？像《行行重行行》这样的诗，仍是某种特殊的“音文”，而不是庞德所说的“形文”。这样的诗，肯定还是写给耳朵听，而不是为了画给眼睛看的。

废名在讨论新诗与旧诗的差异时，说到一般旧诗“情生文文生情”的毛病，主要是在质疑许多写古诗的人，在骨子里并非“诗人”，只是掌握了“做诗”技巧的“文人”而已，其作诗的依据是格律，而不是诗本身的质上。也因此，他认为温李的诗的质（内容）很重，但形式似乎已经承担不起来了。而好的新诗，即一经写出来，便是“完全”的诗，尽管它在形式上是自由的。[1]废名的这些言论，并不是否定所有古诗的成就，只是以现代意义的“文学”眼光来评判古诗，并认为当中的许多所谓“诗”，并不能成为真正意义上的“文学”。若依废名的上述观点来观察“五言之冠冕”的《古诗十九首》，则大概可以看出，其之所以成为真正的诗，恰恰是由于其处于五言诗的初创阶段，形式似乎是为表达本身服务的，因此没有一般说的“情生文文生情”的毛病。其立足点，即在“修辞立其诚”的“诚”上。

三、戴望舒《游子谣》(1932)

海上微风起来的时候，
暗水上开遍青色的蔷薇。
——游子的家园呢？

篱门是蜘蛛的家，
土墙是薜荔的家，
枝繁叶茂的果树是鸟雀的家。

[1] 参见废名：《论新诗及其他》(陈子善编订，辽宁教育出版社，1998年）中的第三、四部分。

游子却连乡愁也没有，
他沉浮在鲸鱼海蟒间：
让家园寂寞的花自开自落吧。

因为海上有青色的蔷薇，
游子要萦系他冷落的家园吗？
还有比蔷薇更清丽的旅伴呢。

清丽的小旅伴是更甜蜜的家园，
游子的乡愁在那里徘徊踯躅。
唔，永远沉浮在鲸鱼海蟒间吧。[1]

阅读一首诗，不管有意还是无意，总是从其标题开始的。有的诗或许本来并没有标题，像前面的古诗，标题乃是后人为了方便以其第一行来命名的。一旦标题也成了诗人写作的一部分的时候，其中也常常隐含着诗人有意识的某种“操作”。这首诗的标题叫“游子谣”，其字面意义给人以它会是一首有关游子的歌谣的印象，我们因此期待这首诗明显的歌唱性，若从古典中国的文化语境来看，我们还应该期待游子思乡之类的主题。实际上，这首诗在这两个方面都打破了我们的期待，它似乎刻意要言说某种不同的东西。最终，标题本身似乎是反讽性的。

作为现代诗来说，这首诗每节三行的结构方式倒是颇为整齐，但它显然不属于闻一多、卞之琳和冯至他们提倡的“格律诗”范畴，而属于“自由诗”。诗并不刻意押韵，或者说，它名为谣曲，但故意要跟作为谣曲最为重要的一个特征即押韵唱反调。全诗五节中，没有一节押着严谨的韵脚，有的至多也只是类似于第一节第一行和第二行最后一词，即“候”“微”间的近韵。诗的第二节还醒目地让每行的最后一字相同，即“家”字。全诗的行尾

[1] 戴望舒：《戴望舒全集》（诗歌卷），王文彬、金石主编，北京：中国青年出版社，1999 年，第 103 页。

还到处充斥着“呢”“吧”“吗”之类的语气词。全诗最像押韵的是第四节二、三两行的“间”与“伴”，以及最后一节第一行的“园”和第三行最后一字语气词之前的“间”，它们都可称为“阴韵”。因此，这首诗的调调更不像“吟唱”，而是“说话”。这是戴望舒自1927年经历了由《雨巷》到《我底记忆》的写作转变之后，写的诗的一种总体特色。

诗的第一节虚写“游子”的海上之旅及突然涌上心头的“思乡”之情。行旅，因此在这首诗中成为一种假定的生活状态。说话者似乎并不必定处于他的行旅中，也就是置身海上。他或者有过某种在海上漂流的经验，或者干脆没有，他在以一种普遍的语气（既可发生在自己身上，也可发生在读者你身上）来讲某种人生体验。由于海上的微风，“暗水上开遍青色的蔷薇”。“青色的蔷薇”这一隐喻，是一个丰富的能指。其显而易见的意思，当然是指被海上的微风吹拂起来的浪花。但稍后，我们似乎看到，它几乎成了使游子留连忘返的一个隐蔽的所指，它具有旅途中让那些男性游子顾而不返的女性的魅力，甚或，它具有塞壬女妖的魅惑气息，使游子在海上留连忘返。像李白因月光而思故乡，这里是因海上“青色的蔷薇”而使游子起了思乡之情。于是诗的第二节便写起了家乡的状况。“篱门是蜘蛛的家，/土墙是薜荔的家，/枝繁叶茂的果树是鸟雀的家。”这三个排比句，倒是有歌谣常见的音乐性，它们描述了蜘蛛、薜荔和鸟雀安享于自己的家园。这节诗的第三行由于在“果树”前加了一个长长的，颇具炫耀性质的“枝繁叶茂的”修饰语，给人以语气上递进的感觉，进一步营造出家园繁盛宜人的景象。

诗至第三节却向我们递出了它关键的一击，显然，作者对此早已心知肚明，那第二节盛气凌人的三个排比，就是为了给我们一架梯子，让我们登上那名为乡愁的高楼，眺望李白的月亮，为的只是到此又给我们抽掉梯子：好让我们无所适从，或者干脆摔下来。诗的语气至“游子却连乡愁都没有”突然一变，也由上面和缓的语调，到这里变得急促甚至粗暴起来。说游子“沉浮在鲸鱼海蟒间”，是暗示他处在危险境遇的急迫中吗？抑或是他本身就喜欢这种刺激的浪子生涯？诗本身在这一点上并不明确，但有一点是肯定的，这个游子宣称“让家园寂寞的花自开自落吧”。显然，这与古典的、那个已成陈规的有关游子的宏大叙事相违背，他的远游并不必然是为了有朝一日的回归，似乎，远游本身成了目的。因此，远游也不再是一种放逐。这个游子几乎是恬不知耻地不以倚门而望的慈母或是独在闺阁神伤的思妇为念。诗的第四节，以“因为”这一作解释的连词起句，并再次捡起第一节中的“青色的蔷薇”一词。这里饶有意味的是：解释游子为什么不一定非要有思乡之念，是以探索语言上修辞形式的成因的方式进行的。“因为海上有青色的蔷薇，/游子要萦系他冷落的家园吗？”这两行似乎是在告诉我们，尽管“青色的蔷薇”是有关浪花的一个隐喻，而这个隐喻之所以出现，很大程度上可能就在于浪花的形象让游子想起了故园的蔷薇形象，说话者当然知道，这一修辞行为本身是思乡的症象。说话者也因此故意用这样一个反问句，来欲盖弥彰地否定这两者间的关系。也就是说，语言上的症象，并不必然是游子萦系家园的表现。这一节的最后一行，即“还有比蔷薇更清丽的旅伴呢”，对此作了明确的解释。但是，“这更清丽的旅伴”是什么呢？诗人在诗的最后一节中更亲密地谈到了它（称它为“清丽的小旅伴”），却始终没有明确地交代它是什么。这称得上一个虚幻的能指，所指并不确定，它的意义在很大程度上处于“自由的飘浮”中。在这首诗的最初版本里，“清丽的小伙伴”本作“清冷的小旅伴”，由“清冷”到“清丽”一字之改，尽管本来都是阴性的，但似乎多了点女性色彩。

在传统的有关“游子”的叙事中，“游子”与“思妇”（有时候是“慈母”），家乡（故园）与他乡的二元结构是泾渭分明的，而其最终的意义指向也是明确的。这首诗的最后一节，似乎刻意要将这种二元结构颠倒过来，而且把“清丽的小旅伴”说成是“更甜蜜的家园”，游子的乡愁也只是在那里“徘徊踯躅”，诗的结句“唔，永远沉浮在鲸鱼海蟒间吧”以感叹词开始，又以感叹词结束，日常说话的语调里，似乎隐含着某种毅然决然的决心。读到这儿，我们甚至会有这样的疑问：这是一首关于一个游子沉醉于他乡的温柔之乡，决定自甘沉沦，并决意将这种沉沦看作拯救的诗吗？显然，它不是那种浪游中的奥德修斯会写的诗，奥德修斯也曾沉沦于喀耳刻的温柔之乡，但他作为英雄的使命，不管是出于神的谕示，还是个人的意志，是始终朝向他的家乡伊塔卡，那个在想象里变得愈加美丽、举世无双的岛屿。

四、卞之琳《路》(1937)

路啊，足印的延长，
如音调成于音符，
无声有声我重弄，
像细数一串念珠。

穿过亭，穿过桥，停！
这里我掉过东西：
一本小小的手册，
多少故旧的地址。

记得有什么地方
我掐过一掬繁华，
走了十步，二十步：
原来是一朵好花！……

也罢，给埋在草里，
既厌了“空持罗带”。
天上星流为流星，
白船迹还诸蓝海。[1]

[1] 卞之琳:《卞之琳文集》(上卷)，安徽教育出版社，2002年，第77页。

“路啊，足印的延长，/ 如音调成于音符，/ 无声有声我重弄，/ 像细数一串念珠。”这开头四行，就像是“行行重行行”的现代版，有些人可能会脱口而出“现代稀释版”，或许实情并非如此。一时代有一时代的文学，一人有一人的表达方式。“行行重行行”像是低回婉转的吟唱，是“音文”，是写给耳朵听的；但卞之琳的这四行，是写给眼睛看的。它更多的要诉诸我们有头脑的思想，而不是单纯发热病似的激情。“路”被说话者解释成“足印的延长”，再比喻为像“音调成于音符”。说话者确实像做算术一样，让理智和情感协作，向我们呈现“路”的某种诗性特质：它由我们的一个个足印组成，就像一个个音符组成音调。这里的“无声有声我重弄，/ 像细数一串念珠”两行，则是典型的卞之琳式的“小制作”，却以其精致，巧夺天工而令人叹为观止。“无声有声”紧接上面的“音调”这一比喻，并又将不断地行走比喻成“像细数一串念珠”。这短短的一节，比喻中套着比喻，立意精巧，充满着卞之琳式的奇思异想。有意思的是，从这首诗的开头一节，我们也可以看出，这里的行旅也似乎是一种普遍性的人生之旅，而并不指向某次特定的旅行。

如果说，诗的第一节是总写，虚写，那么，诗的中间两节则开始实写。这两节在结构上是平行的，是相邻的转喻性质的关系。“穿过亭，穿过桥，停！”一行，由于两个逗号和一个感叹号的使用，显得特别高调。在声音的纹理上，这一行也显得格外用心，两个“穿过”，使短短的前面六字，成为两个排比的短句，而最后的“停”字，则与“亭”的音完全相同，就像是路，或音调，走着走着，突然又折了回去。卞之琳在文体上的这种特点，其实完全与他的个性相适应。也可以看出，他喜欢在这种小小的象牙之塔里，再搭出自己的语言之桥。而这里丢失的有着“故旧的地址”的，看似“通讯录”一类的小册子，像是委婉地说，走着走着，我把故旧的人走丢了。诗的第三节，在语调上变得有限度地轻快起来，那在什么地方掐的“繁华”，想来令这个说话者感到愉悦，他甚至语调略带俏皮地说“走了十步，二十步：/ 原来是一朵好花！……”闻一多曾说卞之琳是青年中少有的不写爱情诗的人。想来这是闻一多先生的“浅见”，他大概只认徐志摩《雪花的快乐》一类是爱情诗，殊有不知的是，卞之琳在隐蔽地将它某个时期写的诗，几乎全写成了深情款款的爱情诗。在我的猜想里，这一首也是。它写的是某种对爱情失望的情绪。

这首诗的最后一节，更可以说明这一点。“也罢，给埋在草里，/既厌了‘空持罗带’”两行中的“空持罗带”一语，典出五代李煜的《临江仙·樱桃落尽春归去》，其中有“别巷寂寥人散后，望残烟草低迷。炉香闲袅凤凰儿，空持罗带，回首恨依依”。说话者在这儿似乎是以“怨女”自喻，将忘情人的花儿埋在草里。诗的最后两行“天上星流为流星，/白船迹还诸蓝海。”与卞之琳《白螺壳》一诗中的“黄色还诸小鸡雏，/青色还诸小碧梧，/玫瑰色还诸玫瑰”具有意义上的互文关系，其意都在某种自我安慰地返回到本原状态的愿望，这也就是“出脱空华”之意。在这儿，说话者似乎是以无奈的态度说：本来也只是我多情，一切都未曾发生，或发生了又返回到了它原来的状态。

卞之琳的这一首诗，在现代诗里，算是谨严的格律诗。其韵式是复杂的“abcb/cded/afbf/egcg”，除每节偶行押韵，并每节换韵外，余脚韵相互穿插，寓变化于相对稳定的韵式中。全诗每行字数相等，基本由“三字顿”和“二字顿”组成，每行三顿。

五、冯至《十四行集·我们有时度过一个亲密的夜》(1941)

我们有时度过一个亲密的夜
在一间生疏的房里，它白昼时
是什么模样，我们都无从认识，
更不必说它的过去未来。原野——

一望无边地在我们窗外展开，
我们只依稀地记得在黄昏时
来的道路，便算是对它的认识，
明天走后，我们也不再回来。

闭上眼吧！让那些亲密的夜
和生疏的地方织在我们心里：
我们的生命象那窗外的原野

我们在朦胧的原野上认出来
一棵树、一闪湖光、它一望无际
藏着忘却的过去、隐约的未来。[1]

这是诗人冯至于战争期间寓居昆明时所写的《十四行集》中的第 18 首。与上面卞之琳的作品一样，它也属于新诗中的格律诗，且借用的是西方十四行诗的形式。这首诗以前两节各四行，后两节各三行的形式排列，其韵式是 abba/cbbc/ada/cac，共用了四韵，于不断穿插和回环往复中灵活变化。而且，这首诗每行的字数完全相同，都是十二字。若按顿的方式划分的话，每行大概又有五至六顿，每顿字数从一字到三字不等。显而易见，这不是那种可以一蹴而就写成的诗，它是诗人在灯下对着稿子“苦吟”和“推敲”的结果。写作，对这样的诗来说，不仅需要灵感，更需要工匠般耐心地劳作。

闻一多曾认为，十四行诗的结构颇类似于古典律诗的“起承转合”。很大程度上，这是准确的。这首诗的第一二节，即前八行是“起”与“承”，而第三节是“转”，最后一节则是“合”。这首诗的第一、二两小节，几乎都是各自独立的一个完整句子。只有第二个句子的主语，即“原野”两字，被放在一个表示起句的破折号前，并被放在第一节的最后两字。从形式上看，

[1] 冯至：《冯至诗选》，成都：四川人民出版社，1980 年，第 118 页。

这似乎是为了格律上的考虑，它把第二节第一行与作为惯例的格律多出来的两个字，放到正好少两字的第一节最后一行中。在这首诗中，确实出现了一个处于行旅中的人。诗以比较突然的“我们”起句，而不是一般抒情诗更常见的“我”。诗的第一、二两节，以说话的语调叙述了说话者“我们”在一间陌生的房子里度过的“亲密”的夜。这个夜和这间生疏的房子的体验，被从时间的链条和广阔的空间中，孤立并突出出来了：这间房子在白昼时的模样，并不清晰，更别提它的过去与未来了；而房子所处的一望无际的原野，只有一条来时的小路与外面的世界相联系，别的无从认识；而且，这种存在是短暂的，明天走了，便不再回来。

第三节“转”的方式，是带有恳求语气的祈使句，即“闭上眼吧！”没猜错的话，这是某种“训导”的开始，说话者要从现象的描述转向揭示某种观念或“真理”了。“让那些亲密的夜 / 和生疏的地方织在我们心里”两行中用一个精巧的“织”字将作为时间的“夜”与作为空间的“地方”联系在一起，其目的是为了向我们读者展示生命的某种道理，即“我们的生命象那窗外的原野”。最后一节作为“合”，即是要最后解释这一有关生命的喻象的意义：这朦胧的生命原野上的事物，“一棵树，一闪湖光”都“一望无际 / 藏着忘却的过去，隐约的未来。”这里的过去与未来，呼应了第一节第四行。也正因为这种呼应，使我遗憾地感到，说话者似乎是在原地踏上了几脚，并没有多少进展。

到这里，我们还没有涉及整首诗中非常重要的、出现过两次的一个形容词，这是在第一节第一行和第三节第一行中都出现的、不易被我们忽略的一个形容词，即用来修饰夜的“亲密的”一词。以它来修饰的夜，似乎有种暧昧的气氛：难道前面的“我们”因此指的是一对恋人？这样，这里的行旅，在很大程度上，便也成了某种生命本身的隐喻，行旅就是生命本身，是以时间（这里特别地将一个夜提高到生命中重要的地位）来走过一个又一个地方（这里是原野中一间陌生的房子）。这首诗似乎是有意地将生命中某些亲密的夜晚，在陌生的地方所度过的一段不长的时间，定义为生命本身值得肯定的享受。但其挖掘这一在陌生的地点所度过的夜晚的意义的方式，是认为短暂即永恒，因为它隐藏着“忘却的过去，隐约的未来”。显然，这不会是1960年代以后的某种把短暂视为短暂的时间观念。它追求的是某种看似有深度的将瞬间体验为永恒的感觉。尽管它肯定了现时，但肯定的方式是将现时纳入可靠的时间之链中。这就好比是说，行旅的某个瞬间之所以有价值，即在于它有来的地方，并还有地方要去。

在谈论冯至的时候，常谈到“哲学诗”这个概念。一定程度上，如果把这样一首诗称作哲学诗，可能既冒犯了诗，也冒犯了哲学。准确地说，这首诗的语言，并没有真正展现出什么称得上深刻的思想。在这儿，语言并没有尝试着挖掘还不能预先确定的，可以脱口讲出的“真理”。真正的哲学诗，是那种语言尚且处于途中，因此也开放的诗，因此，思想也是处于探索中的，并未言明的，像叶芝的《航向拜占庭》、里尔克的《杜伊诺哀歌》这样的诗。朗西埃曾说：“如果说作品之中有哲学，那么哲学应该以某种特殊方式存在，思想通过这种方式‘发生’，理念通过这种方式超越论述性思想的普通形式，以诗歌的形式被镌刻。”[1] 这种思想随着语言而发生的诗，对叶芝与里尔克的一些后期诗作来说，肯定是合适的。但大概不太适合冯至的这首十四行诗。严格说来，冯至这首诗，“理念”并没有通过诗的方式超越“论述性思想的普通形式”。语言在这儿，还尚且像是以某种权威的口吻在宣叙某种仿佛已经被诗人自己预先获得，并已经了然于胸的“真理”。因此，“真理”本身是像玻璃球一样透明的，让我们一目了然。语言在这儿是被“操作”的，而不是在途中不断“发现”的。这首诗的语调，尽管是适度悲哀的，在悲哀某种亲密的时间及其度过的地方不可挽回地逝去，但它也是适度喜悦的，因为说话者像是从这种失落中获得了某种有意义的补偿。

很大程度上，现代的诗之所以晦涩，并必然是晦涩，因而是不确定的，

[1] 雅克·朗西埃：《马拉美：塞壬的政治》，曹丹红译，河南大学出版社，2017年，第109页。

倒不是它故意惺惺作态，而是语言和思想的状态逼迫它如此，逼迫诗的语言本身成为探求我们现代生活的不确定的某种方式。是体验本身的不确定性，与语言本身的不确定性成为了我们现代生活真正的症象。

六、穆旦《出发——三千里步行之一》(1940)

澄碧的沅江滔滔地注进了祖国的心脏，
丛密的桐树，马尾松，丰美的丘陵地带，
欢呼着又沉默着，奔跑在江水的两旁。

千里迢遥，春风吹拂，流过一个城脚，
在桃李纷飞的城外，它摄了一个影：
黄昏，——寒冷，——一群站在海岛上的鲁滨孙
失去了一切，又把茫然的眼睛望着远方，

凶险的海浪澎湃，映红着往日的灰烬。
（哟！如果有Guitar，悄悄弹出我们的感情！）
一扬手，就这样走了，我们是年轻的一群。

而江水滔滔流去了，割进幽暗的夜，
一条抖动的银练振鸣着大地的欢欣。
在清水潭，我看见一个老船夫撑过了急滩，笑……
在军山铺，孩子们坐在阴暗的高门槛上
晒着太阳，从来不想起他们的命运……
在太子庙，枯瘦的黄牛翻起泥土和粪香，
背上飞过双蝴蝶躲进了开花的菜田……
在石门桥，在桃源，在郑家驿，在毛家溪……

我们宿营地里住着广大的中国的人民，
在一个节日里，他们流汗，挣扎，繁殖！

我们有不同的梦，薄雾似的覆在沅江上，
而每日每夜，沅江是一条明亮的道路，
不尽的滔滔的感情，伸在土地里扎根！
哟，痛苦的黎明！让我们起来，让我们走过
丛密的桐树，马尾松，丰美的丘陵地带，
欢呼着又沉默着，奔跑在河水两旁。[1]

穆旦的这首诗发表于1940年，但其具体的写作时间不详。在本文所选的诗里，这首诗第一次出现了具体的地名，即“沅江”及沿途的清水潭、军山铺、太子庙、石门桥、桃源等。而且，同样是第一次，诗人具体地写他真实的一次旅程，且是具有历史意义的一次旅程。1938年2月至4月，时为清华大学学生的穆旦，参加了北京大学、清华大学、南开大学三校师生250余人组成的“湘黔滇步行团”，由长沙步行至昆明，与另一部分乘车到达的师生一起，组成了后来著名的西南联大。该团由黄珏生、李继侗、闻一多、袁复礼等教授及助教组成的辅导团领队，历时两个多月，跋涉1600余公里。穆旦的这首诗，写的即是这次颇富传奇色彩的远征。

这首诗每节从两行到八行不等，共六节，每节也没有固定的韵式，押韵的尾韵倒是不少，但没有什么规则。似乎也只是机会主义的，碰上的，或是不费劲的，就押一下韵。第一节一、三行押韵，第二节第四行又与第一节脚韵同韵；第三节三个尾韵与第二节二、四行同韵（有的词由于有无鼻音的区别，可算半韵）。诗行本身比较长，但每行常由若干短句组成，整首诗的语调明显是欢快的。可以看出，说话者以积极昂扬的精神姿态来对待他的这一次行旅。诗的速度似乎比较快，显然，它不是那种缓步而行的“行行重行

[1] 易彬汇校：《穆旦诗编年汇校》，北京大学出版社，2019年，第95—96页。

行”，是急走，甚至“奔跑”。语言上的多短句，也与这种速度相适应。这首诗的四个省略号，很大程度上是过分使用的，除了似乎在一定程度上以未说出的信息减缓诗的速度之外，并没有多少用处。

诗的第一节是总写。第一行点明这次行旅的地点，即“祖国的心脏”地带的沅江沿岸；第二行则描写地形地貌（“丛密的桐树，马尾松，丰美的丘陵地带”）；第三行应该是省去了一个主语“我们”，也就是下面提到的“年轻的一群”，他们有时欢呼，有时沉默，奔跑在江水两旁。

整首诗给人以在沅江沿岸行走时获得的一些速写的印象。诗紧接的二、三两节，借吹拂的春风，写出千里迢遥旅途上的远行客。这是由拟人化的流过城脚的春风在桃李纷飞的城外所摄下的一个影：这年轻的一群，像是站在海岛上的鲁滨孙，失去了一切，“又把茫然的眼睛望着远方”。这年轻的一群，既浪漫（“哟！如果有 Guitar，悄悄弹出我们的感情！”）又潇洒（“一扬手，就这样走了，我们是年轻的一群。”）。

诗的第四、五两节，则像是这次行旅所经过的这个沅江地段的“速写”，依次出现了清水潭、军山铺、太子庙、石门桥、桃源，郑家驿，毛家溪等七个地名，“石门桥”之前的那些地名又依次跟“老般夫”“孩子们”“枯瘦的黄牛”这些人或乡村的动物联系在一起，如果说，前面是速写的话，后面则像是快动作了：“在石门桥，在桃源，在郑家驿，在毛家溪……/我们宿营地里住着广大的中国的人民，/在一个节日里，他们流汗，挣扎，繁殖！”在画面的快速运动中，说话者在这儿靠几个地名的排比，把“广大的中国的人民”与他们在一个节日里“流汗，挣扎，繁殖”全写进去了。也就是说，在短短的两节诗里，说话者意欲借着他的行旅，看到乡村中国一切人和物的“命运”。在这两节诗里，还有四个很突兀的省略号。这些符号的功能各有不同：第一个放在“笑”后面，似乎暗示爽朗的笑声绵延不断；第二个和第三个有些不明确，可能是想用它们来表示还没有写出的别的事物；第四个似乎是省略了更多的别的地名（地方）。这些省略号倒是很好地服务于想表达出所有人的命运这一宏大叙事。

诗的最后一节则是直白地抒情。在功能上，也起到总结全诗的作用。“沅江是一条明亮的道路”这一比喻，是这节诗的关键。同时，它在很大程度上也是全诗的“诗眼”。诗人的主题在这首诗中于是也变得单一又简单，用诗中的话来说，大概就是“不尽的滔滔的感情，伸在土地里扎根”一类的话。诗的最后两行重复了第一节诗的后面两行，算是呼应。诗的前后，于是成了一个闭合的环，尽管语言本身确实是线性的。

全诗读后，给我的印象，它本身是浪漫主义的。它的抒情方式是直接并直白的。这似乎是更适合于播音员在广播或电视中进行朗诵的诗，而不是供我们在静夜里阅读并为它思考良久的诗。你如果依照惯例想从这样的诗中发现什么真正具有“现代主义”的东西，那么，很有可能，你会徒劳无功。

因此，通过这种阅读，我对这首诗的写作时间，有了一个大胆的猜想。对穆旦来说，某种后青春期写作的转变，发生于 1939 年前后（时年 21 岁），其直接的因缘即是英语中的现代诗及诗学。于 1935 年 9 月进入清华大学外文系学习的穆旦，据周珏良的回忆，先受到英国浪漫派的影响，然后由于随后受到燕卜荪的教导，接触到叶芝、艾略特等人的诗和现代文论，才转到了现代派上。据周珏良回忆，他们从燕卜荪处借阅过威尔逊的《爱克斯尔的城堡》和艾略特的评论集《圣木》，并很推崇艾略特的《传统与个人才能》里面的思想。[1] 所以，据我的推测，这首诗应该并不是 1940 年的作品，而是在其向现代主义转变之前的作品，极有可能，它写于行军途中，或行军不久后。换言之，它应该完成于 1938 年。穆旦其他 1940 年写的诗确实已经颇为不同。

[1] 周珏良：《穆旦的诗和译诗》，《一个民族已经起来：怀念诗人、翻译家穆旦》，杜运燮、袁可嘉、周与良编，江苏人民出版社，1987 年，第 20 页。

七、彭燕郊《旅途上的插话》(1940？)

旅人们的第一夜的睡眠是这样的——
半夜里受了凉，我醒来了
从洒满茅屋的沁凉的清光里
我看见我的黑马还站在那里
还没有入睡
踢着前蹄，斜斜地抬起俊美的颈脖
还在咬嚼干草……
立刻，沿着波浪和飞溅的泡沫筑起的海堤
和那诱人的丰饶的田野，那随山势转折的道路
和异乡的怪样的口音和怪样的口味
汇合起来，构成的旅人无法排遣的惆怅
便来袭击我了
我的黑马，我的忠实的旅伴
是不是走过的陌生的旅途上
见到的一切，和对于家乡舒适的马厩和食料的
深深的怀念使你难以入睡
越过了高耸的戴云帽的山
投宿在这山隈的石板路边的野店里
我们已经出了县境——高兴吧
我的踏实的伙伴
我们现在是异乡人了
越过那平常不轻易越过的高山
要到那平常不轻易去到的地方
还有许多的像这样的旅人的夜

许多的旅人必须忍受的生疏和寂寞
在等待我们，在鼓舞我们向更远的旅程奔赴
我们会习惯这些的……
那么，我们又为什么一定要在此地停留
白白地忍受这夜的凄凉呢
我们就再往前走好了
让你在月光下咬嚼带露的野草
让你用悠长的嘶鸣向身后的山谷告别
然后，穿过弥漫林间的薄雾
以你的清脆的蹄声
震动整个月夜的寂静
更加忘情地向前奔驰
那不更合你的心意
也更合我的性格吗……[1]

这首不分节的诗，也完全不刻意押韵，更不讲究其他表层的格律因素，纯粹是一首自由诗。这首诗的结构也很独特，全诗甚至可以只看成由一个长句子组成。第一行“旅人们的第一夜的睡眠是这样的——”是这一长句子的引导语，后面的破折号，意为引出这个句子结构上的另外一部分，即对上面的“这样的”三字作出解释。尽管后面很长，有三十七行之多，且故意不使用一般新诗常有的标点，但如果你愿意，还是可以将它们全部读成一个长长的句子，中间有一些逗号和分号。因此，这首诗的句法，是一种值得注意的特别的存在。

全诗从第二行“半夜里受了凉，我醒来了”到“便来袭击我了”一行，可看作一个分句，算是“起兴”，其散文意思非常简单，讲的是旅人在半夜里醒来，借着简陋茅屋的清光看见黑马还没有入睡，还在咬嚼干草，于是

[1] 彭燕郊：《彭燕郊诗文集》（诗卷·上），湖南文艺出版社，2006 年，第 198—199 页。

“旅人”便想起旅途上的海堤，田野，道路，和异乡怪异的口音和口味，并因此涌起了无法排遣的惆怅。如果说，“半夜里受了凉，我醒来了 / 从洒满茅屋的沁凉的清光里 / 我看见我的黑马还站在那里 / 还没有入睡”还可以在每行间插入一个逗号，算不得行断意不断的跨行的话，那么，“立刻，沿着波浪和飞溅的泡沫筑起的海堤 / 和那诱人的丰饶的田野，那随山势转折的道路 / 和异乡的怪样的口音和怪样的口味 / 汇合起来，构成的旅人无法排遣的惆怅 / 便来袭击我了”便确实是一个逗号也无法插入进去了，准确地说，这五行都只能算是一个长长的句子，每一行都是跨行，这种复杂的句法，在这首诗中，典型地体现了诗人的某种意图，即将自己的所见所感，尽其所能地表达出来，不管它有多么复杂。

从“我的黑马，我忠实的旅伴”到“我们会习惯这些的……”这些诗行，是说话者虚拟的以对黑马说话的方式讲出的。前面四行看似猜测黑马无法入睡的原因（陌生旅途上新鲜的见闻和“思乡”），实际上是对旅人自身心情的自况。紧接着，就像自己说服自己压抑已经升起的对家乡的怀念，刻意让自己对“高耸的戴云帽的山”和“这山隈的石板路边的野店”及已经出了县境这一事实感到高兴，也就是说，劝马（实际上也是劝自己）高兴于自己已经是个“异乡人”，要越过平常不轻易越过的高山，要去平常不轻易去到的地方。“我们会习惯这些的”一语，听着确实有些无奈。

从“那么，我们又为什么一定要在此地停留”到“也更合我的性格吗……”，作为全诗的最后一部分，则是向黑马建议，不再在此停留，不再白白忍受这夜的凄凉，一起再往前走。这里的最后五行，语气开始有些激扬起来，但也并不过分激烈。

在所选的所有诗中，这首诗的旅人最为具体，他的行旅经验也最为实在。尽管上面穆旦的诗也写了个体的行旅，甚至是历史上有据可查的，有其他众多参与者可以证明的行旅。但他还是虚写，在写一个看似普遍的经验。彭燕郊的这首诗，则明显不同。若结合彭燕郊本人的生平，由这首诗所写的离开家乡去远方的经验来看，则不难推断，这首诗写的就是作者本人在

1930 年代末或 1940 年代初某次离开家乡的体验。在诗中，其所写某个夜晚旅居他乡的经验是具体可感的。但是，对有阅读耐心的人来说，文字在这里具有某种“催眠”功能，它能使人由看似相当现实的描绘进入“梦境”，一种超越于现实之上的幻觉。这里，一个与黑马一起奔向远方去的“我”的形象，已经由现实深入到生活和生命的某种本质中去了。特别有意思的是，在诗中，“我”对家乡、此地和前方的感受，全是通过对“我的黑马”的想象性感受及两者的对话实现的。“黑马”在这儿成了缓和全诗语调的有效中介，使“我”的感受节制而有深度。这使这首诗从它的时空背景中突显出来，成为特异的有关于人（旅人）与它的生命的隐喻。与那种直白的宣读观念的诗完全不同，这首诗在有意无意间超越了它的时空印记，在任何时代的读者心中都能成为一首好诗。

八、行旅之诗的精神力量

行旅之诗，最有意义也最有魅力的一点，是它抒写了我们人生之旅中几乎是最有意义的一个侧面。行旅本身的魅力，在于从日常生活，从“此在”中逃离，将自己置放于某种充满可能性的放逐中。在行旅中，人面对孤独的个人，也面对真实的自我。

《行行重行行》一诗，终究是一首古典的诗，它动人的力量只有镶嵌在古代的风景画中才有意义。很大程度上，我们的阅读确实遵循着某种文化的惯例。在这一传统的文化范式里，人似乎必须与某个固定的家（乡）联系在一起才有意义。外出读书、做官、当兵，从商，或是纯粹的游玩，都只因为有一个家（乡）才有意义。即使“误把他乡当故乡”，也还是明确地划分了家乡与他乡的界限。边缘人的“浪子”，便是因各种原因失去了家乡的人。在很大程度上，《行行重行行》中的“游子”与“思妇”，就像一面镜子的两面，其互相发生关系才有意义，游子是为了思乡的，同样，思妇也是为了远方的游子而存在，并才有意义的。显然，“游子”的意义，就在于在一种既定的“故乡”与“他乡”的二元结构中，永远有“返乡”的冲动和愿望。希腊神话中的奥德修斯这一英雄所背负的永远的隐喻也一样，他海上的漂泊本身，似乎只是英雄的某种业绩，要是他告诉我们宁愿与仙女喀耳刻在海上的岛屿上终老，那这个“还乡”隐喻本身，就是反“还乡”的，就不再是古典的。有意思的是，现代诗歌或小说中的“奥德修斯”，几乎无一例外地，都是对奥德修斯的故乡伊塔卡和他的妻子珀涅罗珀的背叛。这些作品都公然宣称这样一种现代性：人被抛入这个世界中，漂泊、失序和“无根”就是他的命运；人的意义，不再局限于他是否出生于伊塔卡这件他本人并无法改变的事上。

一定程度上，戴望舒的《游子谣》之所以是一首现代诗，确实不仅仅在于它在形式上是“自由”的。可以设想，某些现代诗之所以写得像古诗，确实还在于它内容的俗套上，也就是在质上“不像诗”这一点上。戴望舒的这首诗，隐在的一种想法，即是以轻松的语调误把他乡作故乡，而且想取消掉那个“家乡”的固定涵义。因此，这首诗首先便是某种公然的对“家乡”这一能指所作的所指上的破坏行为，它似乎就是有意要让“乡愁”变得别有所指。或许，也正是这一点上，这首诗体现了某种现代意识。这种现代意识确实就是戴望舒这样的诗人在这样一首诗的语言和形式（文体）中创造的特定的意识。胡适所讲的“新思想新内容”需要有新的语言和工具，想来也便是，也只能是这个意思。试想一下，能用《行行重行行》的文体来重写这首诗吗？我对这一点表示怀疑。

有些奇怪的是，当我翻阅民国的各种诗集，在为“行旅”这一主题寻找相应的诗时，发现要找到一首有着具体可感的行旅经验的诗，好似不太容易。比如，徐志摩有诸多的游历经验。但我们知道，他的《再别康桥》（1928）只是借用了一下地名，什么“金柳”“青荇”“柔波”“水草”一类，看似具体，实质抽象，抽象到成了抒自己之情的某个物件。再像他的《西伯利亚》（1925）一诗，共两节，前一节讲自己早年的想象，那是荒凉恐怖的西伯利亚，后一节讲自己的现在所见，是“车窗眺景”式对异域风光的描绘，当中写到了乌拉尔东的草原、森林、赤松和白杨等，但很快便变为“看，蓝空中往来的是轻快的仙航，——/ 那不是云彩，那是天神们的微笑，/ 琼花似的幻化在这圆穹似的周遭……”。也就是说，外在的风景，很快就会被这样的浪漫主义诗人“内化”，因而，“我”之外，变得真无一物。很大程度上，戴望舒的《游子谣》，卞之琳的《路》，冯至的《我们有时度过一个亲密的夜》，尽管可能都以一定的行旅经验作为其写作的基础，准确地说，它们可能是这些诗的“灵感”产生的来源，但它们都是在普遍的意义上，在写一次普遍的行旅。

在所选的这些诗中，只有穆旦的《出发——三千里步行之一》和彭燕郊的《旅途上的插话》两诗，确凿无疑地写出了一个处于某次特定行旅中的“说话者”。但就像我在上面的分析中所讲的那样，穆旦的诗也以浪漫主义的情感宣泄的方式，将“行旅”本身变成了虚幻的背景。最后，似乎只有《旅途上的插话》最“忠实”于“旅途”本身。自始而终，它没有超越旅途中陌生的一夜这一背景。要说“幻觉”，这首诗是高明地将“整首诗”变成了一种“幻觉”。“旅途”上的这一夜因此成了个别的，同时又具有普遍意义的“象征”。

按照一种较传统的美学观念，诗与其他艺术形式一样，都属于情感的艺术，它的意义似乎只在扩大我们的情感感受，它的魅力也只在感性上。而现代的诗歌观念显然早已经超越了这种传统的观念。诗除情感的扩大和丰富外，还也要有理智，也就是智慧上的提升。诗也致力于使我们成为有头脑的人，在这一点上，它与哲学无异。诗可以说是某类特定的以诗的方式（文体）显现出来的哲学语言。也是在这个意义上，或许，《旅途上的插话》一诗可能比冯至的《十四行诗》更有思考的力量。也正是因为这样的语言，行旅成为这样一种理想的生命体验，它也成了“发生的场所”，它从日常生活、从家乡的逃离中，开放性地展现了另外一个具有无限可能性的陌生的空间。正像朗西埃说的：“诗歌的思考力量同时也是否定一切封闭定义和一切僵化意义的精神力量，也是通过反思不断上升为新形式的生命的力量。”[1]一定程度上，理想的诗歌写作，与理想的行旅一样，都是发掘“否定一切封闭定义和一切僵化意义的精神力量”的过程，而那种“通过反思不断上升为新形式的生命的力量”的诗歌写作，乃是使参与者（包括作为写作者的诗人和作为阅读者的读者）体会到行旅的可能的精神力量的有力途径。也正是在这里，诗以语言，以自己独特的文体印证了自己的力量。

[1] 雅克·朗西埃:《马拉美：塞壬的政治》，曹丹红译，河南大学出版社，2017 年，第 112 页。

沈从文短篇小说的修订及其英译研究

陈　岚[1]

[摘要]1957年由人民文学社出版的《沈从文小说选集》和1982–1984年由香港三联书店和广州花城出版社推出的十二卷本《沈从文文集》，均由沈从文亲自审订，他对所选篇目进行了修订，对入选小说的内容也作了符合国家意识形态的修改。他对涉“性”的内容作了删减处理，对“革命”或“政治”问题则是通过强化二元对立的模式来凸显，下层人民被赋予政治性、革命性，反面人物则常被贬损以突出其反动性、落后性。同时，在50年代全国推行“新民歌”运动的大环境下，沈从文还添加了小说中民歌民谚的分量。上述沈从文短篇小说的不同的英译者，出于意识形态方面或译者秉持的翻译原则方面的考量，对原文改动处的翻译处理有相同和相异之处。

[关键词]《沈从文小说选集》《沈从文文集》 短篇小说　修订

一直追求自由写作的沈从文，解放前在中国文坛占据重要地位。新中国成立后，他曾一度陷入精神困境，进而改走文物研究的学术道路，仅在1957年由人民文学社出版《沈从文小说选集》。20世纪七、八十年代，海外汉学家夏志清、金介甫等人的研究工作逐渐影响到中国文坛对沈从文的重新审视，沈从文及其作品像“出土文物”般再次引起高度关注，1982—1984年，

[1] 陈岚，中南大学外国语学院博士研究生，中南林业科技大学外国语学院副教授。主要研究方向：比较文学及中国现当代文学作品英译研究。

由香港三联书店和广州花城出版社推出十二卷本《沈从文文集》。《沈从文小说选集》和《沈从文文集》均由沈从文亲自审订，他对所选篇目进行了修订。那么，在篇目选择以及文本改动方面，不同版本体现了怎样的时代风云变幻？沈从文小说的英译者有无在英译文中体现出当时沈从文主动改写作品所要突出的时代意味呢？本文拟以《贵生》《丈夫》《萧萧》的原刊文、《选集》版、《文集》版，以及戴乃迭、金介甫、欧阳桢、金隄、李宜燮等人的英译文为研究对象做一番梳理。

一、《沈从文小说选集》作品改写的时代背景

自1924年步入文坛以来，湘西故地人事，辰沅山水间的农民、水手、士兵，乃至土匪、娼妓都是沈从文创作的重要题材。在动荡黑暗的大社会背景下，跟同时期"为人生"作家发出高亢控诉呐喊不同，沈从文对乡村生活的描写一贯是温情脉脉的。在1928年的《柏子》，1930年的《萧萧》《丈夫》，1931年的《三三》，1934年的《边城》，1937年的《贵生》这些小说里，看不到两个阶级壁垒分明的对立，作为下等人的主人公接受自己的命运，而且能苦中作乐，完全没有同时代左翼作家笔下农民的那股反抗精神。例如贵生，跟叶紫、茅盾等左翼作家在《丰收》《春蚕》等小说中反映阶级严重对立下农民的困苦生活以及农民逐渐走向反抗的革命意识不同，沈从文笔下的农民贵生手脚勤快，日子过得挺滋润。他和地主五爷相处时还能保持自己的自尊，五爷送点东西，贵生必会拿东西回报。这些描写与沈从文秉持的文艺思想是一致的。1937年2月21日，沈从文在《大公报·文艺》副刊发表《一封信》，明确提出："我赞同文艺的自由发展，正因为在目前的中国，它要从政府的裁判和另一种'一尊独占'的趋势里解放出来，它才能各方面滋长，繁荣。""一尊独占"的趋势针对的是左翼文学在30年代文坛的强势地位。在1942年4月16日出版发行的《国文月刊》第18期上的《短

篇小说》一文中，沈从文批评“十八年左右，新文学又起始被政治看中，企图用它作工具（在野的则当武器，在朝的则当点缀物），从此一来，全个文学运动，便不免失去了它应有的自由独立性，这方面不受‘商业支配’，那方面必成为政治附庸。”

然而，沈从文只想构筑“人性”的神庙，追求文学独立于政治而自由发展的写作态度，一直为左翼作家所诟病。《贵生》发表不久，6月20日，属于左翼阵营的《中流》杂志就发表了凡容写的批评文章《沈从文的<贵生>》。文章质疑沈从文对农村和农民现状的想象，指出小说中本应矛盾尖锐的分属两个阶级的地主和农民，被描写得相处融洽和谐，农民也都不贫不苦，这完全不符现实。他质问沈从文，地主家那么有银子，“这些银子钱从哪里来的呢，总该与贵生他们有点关系吧？《贵生》不写这些关系，我总觉得有点说不过去。”[1]1948年，沈从文回忆熊希龄的文章《芷江县的熊公馆》叙述了湘西一带地主与佃户之间和谐共处的民俗风情。冯乃超撰文说沈从文称道熊希龄故居的“古朴”和熊“人格的朴素与单纯，悲悯与博大，远见和深思”，是“为地主阶级歌功颂德”，体现了“中国文学的清客文丐传统”。1948年2月10日香港出版的第一期《抗战文艺丛刊》登载了郭沫若的一篇文章《斥反动文艺》，斥责沈从文是专写颓废色情的“桃红色作家”，“作文字上的裸体画，甚至写文字上的活春宫”，是个“看云摘星的风流小生”，“特别是沈从文，他一直是有意识地作为反动派而活动着”，“存心不良，意在蛊惑读者，软化人们的斗争情绪”。1949年1月上旬，北平和平解放，北京大学学生将郭沫若的《斥反动文艺》抄成大字报张贴，政治上的乌云给了沈从文巨大的压力，同年3月28日，沈选择自杀，被救后一度住进精神病院。在5月30日的日记中，沈从文表达了内心强烈的孤独无助感。“世界变了，一切失去了本来意义。我似乎完全回复到了许久遗忘了的过去情形中，和一切幸福隔绝，而又不悉悲哀为何事，只茫然和面前世界相对，世界在动，一切在动，

[1] 李仕华，李斌：《论沈从文与左翼文学的关系——以<贵生>的发表和修改为个案》，《绵阳师范学院学报》，2009年第7期。

我却静止而悲悯的望见一切，自己却无份，凡事无份。”[1]

对这个变化中的时代，沈从文是矛盾的。一方面他担心自己很难适应，“人近中年，情绪凝固，又或因情绪内向，缺乏适应能力，用笔方式，20 年 30 年统统由一个‘思’字出发，此时却必须用‘信’字起步，或不容易扭转。”但另一方面，沈从文又是竭力想适应这种“变”的。他在 1948 年 12 月 7 日写给吉六君的信上说：“对于过去种种，得决心放弃，从新起始来学习。这个新的起始，并不一定即能配合当前需要，惟必能把握住一个进步原则来肯定，来完成，来促进。”[2] 1949 年 4 月 5 日，天津《大公报》的党组负责人杨刚到医院看望沈从文，带来了最新的《人民日报》《进步日报》，在第二天的日记中，沈从文是这样记述的：昨杨刚来带了几份报纸，可稍知国家近一星期以来的种种发展……，从这几篇文章中，让我仿佛看到一个新国家的长成，作家应当用一个什么态度来服务。这一点证明延安文艺座谈记录实在是一个历史文件，因为它不仅确定了作家的位置和责任，还决定了作家在这个位置上必然完成的任务。[3]1951 年 10 月 25 日，沈从文作为农村土改工作团成员启程赴四川。从启程之日起，到 1952 年 2 月 27 日止，在 4 个月的时间里，仅保存下来的书信就有 50 封之多，几乎是每两三天写一封信。在这些信件当中，苦闷、怀疑和忧郁的情绪一扫而光，取而代之的是为国家服务的热情。1951 年 11 月 11 日《光明日报》发表了沈从文的表态文章《我的学习》：“过去二十年来，个人即不曾透彻文学的本质，因此涉及文学艺术和政治关系时，就始终用的是一个旧知识分子的自由主义观点立场，认为文学从属于政治为不可能，不必要，不应该。……凡事用接受作实践，还是明白不少问题，特别是明白‘政治高于一切’‘一切从属于政治’‘文学艺术必从属于政治，为广大人民利益服务’，几句话对于新国家的深刻意义。……时

[1] 沈虎雏：《从文家书——从文兆和书信选》，上海远东出版社，1996 年，第 160—161 页。
[2] 沈从文：《花花朵朵 坛坛罐罐——沈从文谈艺术与文物》，江苏美术出版社，2002 年，第 1—4 页。
[3] 沈从文：《沈从文全集》，北岳文艺出版社，2002 年，第 19 卷 25—26 页，第 12 卷 361—373 页，第 23 卷 477—478 页。

代太伟大了，五万万人民解放了的双手和头脑，都将在中国共产党和伟大人民领袖毛泽东旗帜下而活用起来，进行史无前例的文化生产建设。我即活在这个光荣时代里，和所有中国人民共同为这个象征中国新生的伟大节日——中国共产党三十周年，而意识到自己的新生！”[1]

沈从文慢慢适应了变化的时代，1953 年 9 月，中国文学艺术工作者第二次代表大会在北京召开，沈从文作为全国美协推选的代表参加了这次会议，会后受到毛主席和周总理的接见。1956 年，沈从文进入了和主流政治最为合拍的一段时期。这一年的 1 月 10 日，沈从文作为特邀代表被增选为政协委员。1 月 30 日，沈从文步入了参政议政的殿堂，参加了中国人民政治协商会议第二届全国委员会第二次会议，并在会上做了发言，2 月 9 日的《人民日报》全文刊发了沈从文的发言。沈从文在发言中谈到："6 年以来，从一件一件事情看去，并参加了一系列的社会改革运动，我才日益明白过去认识上的错误。……我一定要好好的向优秀党员看齐，加强学习马克思列宁主义和毛主席著作，联系业务实践，并且用郭沫若院长报告中提起的三省吾身的方法，经常检查自己，努力作一个毛泽东时代的新知识分子，把学到的一切有用知识，全部贡献给国家。如果体力许可，还要努力恢复我荒废已久的笔，来讴歌赞美新的时代、新的国家和新的人民。”[2]沈从文的文物研究工作也得到了承认：1953 年 7 月 26 日，《光明日报》刊发了沈从文的《明代织金锦问题》，这是他解放后发表的第一篇专业论文；《中国织金锦缎的历史发展》发表于《新建设》第 9 期；《新观察》的第 19 期上刊发了他的《中国古代陶瓷》；并且“前后在全国政协又提过提案二十件，……一律得到通过。”[3]1963 年，他受周恩来总理的委托，负责编写《中国古代服饰研究》，以不到两年的时间完成了这部书的初稿。

---

[1] 沈从文：《沈从文全集》，北岳文艺出版社，2002 年，第 19 卷 25—26 页，第 12 卷 361—373 页，第 23 卷 477—478 页。

[2] 李扬：《缱绻与决绝：1950 年代的沈从文》，《长城》，2005 年第 3 期。

[3] 沈从文：《沈从文全集》，北岳文艺出版社，2002 年，第 19 卷 25—26 页，第 12 卷 361—373 页，第 23 卷 477—478 页。

在几年的恐惧、徘徊、挣扎后，沈从文以这样的方式努力向主流意识形态靠拢，获取通向新社会的通行证。1957年，人民文学出版社决定为他出版《沈从文小说选集》，这是沈从文建国以后出版第一部文学作品选集。决心做一个毛泽东时代的新知识分子的沈从文，在选哪些小说篇目和修改小说内容方面，很是下了一番功夫。

二、《沈从文小说选集》具体修订之处

1957年人文版《沈从文小说选集》选录了22篇旧作，约30万字。沈从文获得刊行旧作的良机，按常理该将经典代表作编入集中，不过事实却并非如此。沈从文曾多次提及小说《八骏图》和《柏子》。1947年，他在《八骏图》自存本上题道："从这个集子所涉及的问题、社会、人事以及其他方面看来，应当得到比《呐喊》成就高的评语。事实上也如此。这个小书必永生。"可《八骏图》主角是教授或绅士阶层，《柏子》虽讲述了下层人物——平凡普通的水手柏子的故事，但描写的是他与辰河岸边妓女的男欢女爱。这些素材与延安文艺座谈会以来强调文学为工农兵服务、以工农兵为主角、而知识分子则须接受全方位的改造、成为时代"新人"等现实要求相冲突。又如，沈从文《如蕤》《主妇》写得较为成功，可《如蕤》以都市富贵女子为主角，状写了其优裕、颓废、略显无聊的生活和游戏爱情的人生状态，《主妇》亦写得缠绵悱恻，散发着慵懒的气息。此类"桃红色"的书写同《摘星录》《看云录》一样属于被批判的对象，与树立阶级意识、坚持革命思维以及热火朝天搞生产、干工作的社会氛围步调不谐。[1] 所有这些"对现在读者无益有害"的作品，沈从文一律弃选。

[1] 廖太燕：《身份迷失与文本"再造"——论1950年代的沈从文及其作品的重版》，《湖南人文科技学院学报》，2015年第4期。

对入选小说的内容，沈从文也作了符合国家意识形态的修改。在《贵生》《丈夫》《萧萧》中，他对涉“性”的内容作了删减处理，对“革命”或“政治”问题则是通过强化二元对立的模式来凸显，下层人民被赋予政治性、革命性，反面人物则常被贬损以突出其反动性、落后性。同时，在50年代全国推行“新民歌”运动的大环境下，沈从文还添加了小说中民歌民谚的分量。

（一）删去色情描写

小说《贵生》有三处明显涉“性”内容，1937原刊版分别为：“我说它（指八月瓜，作者按）简直像女人的小……”“贵生知道这个故事，男的说起这个故事时，照例还得说是木簰流进妇人‘孔’里去的。所以贵生失口说：‘都是女人’”“免得想起女儿今晚上挨痛事情难受”，1957《选集》版改写为：“我说它简直像……”“贵生知道这是个故事，所以说：‘都是女人’”“免得想起女儿今晚上事情难受”，将原刊版的色情描写做洁化处理。

（二）添加地主官僚荒淫无度和旧时黑暗社会背景描写

《贵生》里关于地主四爷的外貌描写，《选集》版在原刊版“望着这退职军官”后，加了一个修饰语，“望着这退职军官私欲过度的瘦面”；在四爷、五爷谈论贵生讨老婆对话结束时，添加一句“这一对难兄难弟，于是把贵生当话头，引出了一片胡说，猥亵而放肆，越说越兴奋。”；五爷笑四爷厌了城里女人，想换乡下女人，《选集》版多了这么一句：“说人像狗，自己的鼻子才真像只叭儿狗。”“私欲过度的瘦面”“胡说”“猥亵而放肆”“像只叭儿狗”等贬义词的添加，使得小说中地主老财淫荡无耻的形象得以突出。原刊版鸭毛伯伯说“卖杂货的大约看中了贵生”，1957年版将“大约”改成“早已”，两个字意在表明五爷娶金凤是强娶，进一步强化读者对五爷的厌恶。《丈夫》在《选集》版增添了一段女子出乡卖身，丈夫却不阻止的这一社会悲剧现象后面的原因分析，“地方实在太穷了，一点点收成照例要被上面的人拿去一大半，手足贴地的乡下人，任你如何勤省耐劳的干做，一年中四分之一时间，即或用红薯叶和糠灰拌和充饥，总还是不容易对付下去”。还有士兵骂长官的话“我们军长师长，都是混账王八蛋，是皮蛋鸡蛋，寡了的臭蛋，我才不怕！”。《萧萧》中乡下人谈到女学生时，《选集》版加了一句，“她们咬人，和做官的一样，吃人骨头渣渣也不吐”，这些添加的话语渲染了社会的黑暗和普通百姓对霸道官员的痛恨。

（三）改变贵生、金凤、萧萧等下层人民形象，增添其反抗意识

杂货铺老板喜欢给女儿算命，说她八字怪，原刊版中金凤“听来只是抿着嘴笑”，《选集》版加了一句“（金凤）完全不相信这些斯文胡说”，将懵懂无邪的金凤打造成有主见的新女性形象；贵生和金凤谈到有钱老板破产，贵生归因于女人，金凤反驳说女人也有好有坏，不可一概而论，这之后，《选集》版添加：“你们男人才真坏！什么四老爷，五老爷，有钱就是大王，糟蹋人，不当数……”金凤对地主老财的憎恨跃然纸上；当金凤知道要嫁给五爷了，跟贵生聊天时，《选集》版增添的“神情索寞”四字鲜明传达出金凤对这桩婚事的郁闷痛苦之情；贵生确认自己和金凤的事吹了后，《选集》版在原刊版“对那老板看了一眼，拔脚就走了”基础上，改成“对那老板狠狠看了一眼”，想到四爷任意玩女人，还嫌妇人身上白得象灰面，无一点意思，自己却连一个女人也娶不到，《选集》版里的贵生愤愤地骂道：“你个做官的，总是做官”；原刊版中性格温顺的贵生在《选集》版中有了明显的反抗意识。《选集》版的《萧萧》多了这么几句话：“可是这故事把萧萧可乐坏了，因为花狗说这个就叫做‘自由’”“萧萧你也把辫子剪去好自由”“你想逃到城里去自由，不成的”，原版中不谙世事、被动接受命运安排的天真小儿女萧萧在《选集》版中有了主动向往自由新生活的情愫。

（四）添加民歌民谚

杂货铺老板有意无意地鼓动贵生追求金凤，原版：“我和你说，山上

竹雀要母雀，还自己唱歌去找。你得留点心。”《选集》版在这一句后，添加了“学归桂红，归桂红！婆婆酒醉归；婆婆酒醉归！”金凤和五爷成亲当晚，鸭毛伯伯说贵生不该不先对金凤表明态度，结果错失姻缘，《选集》版加了这样一句：“二十八宿闹昆阳，阵势排好了，先下手为强，后下手遭殃。”

三、《沈从文文集》相关作品的修订

《沈从文文集》第一卷的版权页是1982年1月，第十二卷是1984年7月。虽然八十年代已呈改革开放的态势，但“当时正在搞精神污染运动”，《文集》由沈从文亲自审订，“是慢慢编辑出版的，沈老特别谨慎，张先生尤其细致”“张先生本来在《人民文学》当编辑，怕引起政治问题。”[1]

除了几处与《选集》不同的地方：如《贵生》里删去“这一对难兄难弟，于是把贵生当话头，引出了一片胡说，猥亵而放肆，越说越兴奋。”“说人像狗，自己的鼻子才真像只叭儿狗。”“（金凤）完全不相信这些斯文胡说。”和五爷提到城里杨半痴算命很准，说：“连福音堂洋人也佩服得了不得。”《文集》版《贵生》将1957《选集》版“卖杂货的早已看中了贵生”的“早已”二字改回和原刊文相同的“大约”；《丈夫》里删去《选集》版“我只会拉《娘送女》流水板。”和妻子说到干爹水保请客的“四盘四碗一火锅”，《沈从文文集》中的《贵生》《丈夫》《萧萧》基本延续了1957年《选集》版的修改。

[1] 申霞艳：《<沈从文文集>出版前前后后》，《文艺争鸣》，2016年第4期。

四、《萧萧》《丈夫》《贵生》修订处的相关英译文

（一）《萧萧》《丈夫》《贵生》英译情况简介及英译所依据的中文版本分析

1938 年，李宜燮（lee yi–hsieh）翻译的《萧萧》（Hsiao–hsiao）发表在《天下》月刊第 7 卷第 3 期。欧阳桢翻译的《萧萧》收录在 1995 年刘绍铭、葛浩文（Howard Goldblatt）编译的《哥伦比亚中国现代文学集》（*The Columbia Anthology of Modern Chinese Literature*）。戴乃迭翻译的《萧萧》发表于《中国文学》1980 年 8 月期上。

金隄和白英（Robert Payne）合译的《中国土地：沈从文小说选》（*The Chinese Earth: Stories by Shen Congwen*）内收《丈夫》一文。该书是 1947 年由英国伦敦的 George Allen & Unwin 出版公司出版。金介甫的《丈夫》译本选自 1995 年由美国夏威夷大学出版社出版的《不完美天堂》（*Imperfect Paradise*）。戴乃迭翻译的《丈夫》发表于《中国文学》1980 年 8 月期。

金介甫的《贵生》译本亦选自《不完美天堂》。戴乃迭翻译的《贵生》发表于《中国文学》1980 年 8 月期。

根据译文发表时间判断，1938 年李宜燮版《萧萧》译文、1947 年金隄和白英版《丈夫》译文是根据沈从文 1930 年原刊文而作。《选集》和《文集》中对《丈夫》和《萧萧》的改动，未体现在译文里，因此本文不讨论这两个译本。欧阳桢译《萧萧》，据他自己回忆，“刘绍铭先生（Joseph Lau）于 20 世纪 70 年代邀请我翻译这篇文章。我接手了这项任务，并在短时间内完成了翻译。”[1] 戴乃迭翻译的《萧萧》《丈夫》《贵生》发表于 1980 年。从时间上说，欧译《萧萧》，戴译《萧萧》《丈夫》《贵生》有可能依据 1930 年原刊文或 1957 年《选集》版。通过认真比对，两人的译文都是据 1957 年《选集》版译出。从时间看，金介甫 1995 年发表的《丈夫》《贵生》译文可能参考沈

---

[1] 欧阳桢：《三湘土地上的弗洛伊德理论构想——论沈从文 <萧萧> 的翻译》，韩蒙译，《全球视野下的沈从文》，上海交通大学出版社 2017 年版，第 273 页。

从文小说原刊版、1957 年版《沈从文小说选集》和 1982–1984 年版《沈从文文集》。仔细比对后，判断金介甫《丈夫》《贵生》译文综合参照了 3 个中文版本。

（二）英译文根据沈从文改写后的中文版本所做的相应改写

1. 英译文根据改写本而改动

欧译《萧萧》，戴译《萧萧》都添加译出了本文二（三）中提及的原刊文中没有，而《选集》版中添加的有关萧萧向往自由的描写；《丈夫》中控诉社会黑暗、长官无良的描写等在戴乃迭、金介甫译本都得到体现。本文二（二）（三）提及的沈从文《贵生》《丈夫》改版中渲染金凤、贵生对受欺压表示不满，憎恨地主老财的革命性以及反面人物和旧社会的反动性的那些添补之处，有一些如"私欲过度的瘦面""你们男人才真坏！什么四老爷，五老爷，有钱就是大王，糟蹋人，不当数……""你个做官的，总是做官"，在戴乃迭、金介甫译本都得到体现。

2. 英译本对中文版改写处的不同处理

本文二（一）中提及《贵生》原刊文三处涉"性"描写，金介甫按原刊版本全面译出："…they look like women's little …" "When men told it, they always said that the rafts had got lost in a "cave" [1] "so as not to have to think about how bad the girl felt on her wedding night." 此 3 处戴乃迭的译文是据 1957 年《选集》版译出，涉"性"描写删译，甚至比沈从文更甚，连《贵生》里"讨老婆进屋，我恐怕他还不会和老婆做戏"这句貌似猥琐的话也一并删译。

《选集》和《文集》版《贵生》里添加的民歌民谣，金介甫加注译出，戴乃迭对此则采取的是省译或只是笼统说出大意。如"我和你说，山上竹雀要母雀，还自己唱歌去找。你得留点心。学归桂红，归桂红！婆婆酒醉

---

[1] that is a "vaginal cave"（金介甫在译前面一句中的"桃源县"，也加注说明"a center of prostitution"）。

归；婆婆酒醉归！”这句，金介甫译为：learn some serenades：‘to—wit, to---wife!’‘go–be–tweet, go–be–tweet, go–between’（注：The Chinese indicates onomatopoeic renderings of the calls of the cuckoo and the cock thrush.）而戴乃迭的译文是：learn some serenades! 省译了原文后半句模拟杜鹃和朱雀鸣叫声的文字。

（三）影响英译文改写的因素

出于意识形态方面或译者秉持的翻译原则方面的考量，不同译者对原文某些改动处的翻译处理不同。

处于权力话语交织网中的翻译活动，不可能是远离政治和意识形态斗争和其他社会、经济因素制约的行为，译者所处的社会环境中的主流意识形态必然会投射并明显影响译文。诚如勒菲弗尔所言：在翻译的各个层次可以看出，如果语言学的考虑与意识形态（和 / 或诗学）的考虑发生冲突，往往总是后者胜出。布迪厄的文化场域理论也表明场域中拥有资本较多的个体，往往会操纵资本较少的个体，从而产生权力关系。因此，在中国文学翻译的文化场域中，国家权力机关、杂志社和出版社都会以手中的文化资本对译者施加影响。[1]

发表戴乃迭《贵生》译文的《中国文学》是中国外文局主办的，是由国家机构主导的译介活动。由源语社会发起并从事的翻译活动多倾向于立足本社会的意识形态和诗学规范，以“政治第一”为特点的国家宏观话语支配了当时的对外宣传和译介活动。作为当时社会唯一一份专门翻译中国文学的期刊，《中国文学》承载了向国外读者介绍中国文学及其动态，展现国家自我形象的重要使命。美国读者瓦乐莉·迈纳在美国报刊《在这个时代》（1983年 11 月 23 日）上撰写《中国女作家的生活、工作和希望》这一评论时说：

[1] 王慧萍：《后殖民视域下的戴乃迭文化身份与译介活动研究》，上海外国语大学出版社，2014 年，第 110 页。

"在同《中国文学》杂志编辑部举行的讨论会中，总编杨宪益告诉我们，只要你不写那些'不健康的东西'，在中国发表作品是很容易的，他没有进一步阐述，但是后来我们听说对性描写的细节一般都是受到查禁的，当西方作品被翻译过来时，性描写的段落往往要被简化或删掉。"[1] 杨宪益曾回忆说，当时他根据原版本译好了《蒋兴哥重会珍珠衫》，该作品中有几处是性爱情节的描写，但在审稿时该小说被删除未能出版，体现了我国当时正统保守的审美观。[2] 为维护国家形象和符合当时的政治环境，戴乃迭的翻译以 1957 年版为依据，译文也做了"洁化"处理，删译了《贵生》初刊本中的色情描写。

在《不完美的天堂》序言中，金介甫介绍其译文出自已知的各个版本，特别提及《沈从文文集》这一沈从文最后一次亲力亲为的修订版（the translations below draw on all known editions. The author, with help from his wife, carefully revised the bulk of his writings one last time for his collected works, the Shen Congwen wen ji.），并指出如果原作有多个版本，则以 1949 年前的版本为准（However, when interpolations appeared inauthentic or incompatible with Shen Congwen's original creative vision, we favored pre-Communist texts）。他同时申明，作为译者，他尊重原著，不擅自删减（we have never presumed to "improve on" Shen Congwen by abridging his creative visions），因为阅读过程中，读者可以自行跳过文字不看，但是如果译文对原文有删减，读者却无法脑补恢复原文（Our reasoning is that …with imagination, a reader can blot out lines of text but cannot restore passages deleted.）[3] 在他给一国内学者的邮件中，也指出有些译本参考了多种不同的原作版本，且倾向于选取较长的版本，以保证译文全面反映原作的思想。金介甫一方面希望译文体现原文的最初风

[1] 倪秀华：《翻译新中国：<中国文学>英译中国文学考察（1951—1966）》，《天津外国语大学学报》，2013 年第 5 期。

[2] 杨宪益：《漏船载酒忆当年》，北京十月文艺出版社，2001 年，第 191 页。

[3] Jeffrey C. Kinkley.（ed.）.Imperfect Paradise. University of Hawaii Press, Honolulu. 1995. p485—486.

貌，一方面又对沈从文的改动有所尊重，他的译文基本是沈从文原刊文和改写本的合体。

为了研究沈从文，金介甫几次漂洋过海来到中国实地考察。他曾七下湖南，走访了沈从文作品中提到的地方，特别是湘西各地，访问了沈从文的许多亲朋好友以及了解沈从文的相关人士，[1] 并特别有幸能在 1980 年和 1981 年与沈先生会晤二十多次。[2] 正是这些花了大量气力的田野调查工作，帮助金介甫无论是撰写的研究沈从文的论文，还是翻译的沈从文的作品，都呈现出一丝不苟的学术气息。《沈从文传》的中文译者符家钦曾说："他（金介甫）的资料卡片多达六千张。传记正文二百八十页，而用小字排印的注文竟有八十一页，几乎为正文的一半。学术书注释占这样高的比重，在西方学者中也是罕见的。"[3]

正由于秉持这样的翻译原则，金介甫对沈从文小说中涉及文化方面的文字，总是不遗余力地加以显化处理。金介甫在其翻译的《边城》单行本的末尾，列出长达 7 页的 32 个尾注，译注内容涉及地域特点、民俗风情、历史典故、方言俚语、传说人物、文学作品人物等等，[4] 试图对原作中含有丰富历史文化内涵或浓郁地方特色的表达作出补充解释，使译文更清晰易懂。在翻译《选集》和《文集》版《贵生》里添加的民歌民谣，"学归桂红，归桂红！婆婆酒醉归；婆婆酒醉归！"这句，金介甫先是用头韵和拟音译模仿鸟叫声 'to—wit, to---wife!' 'go-be-tweet, go-be-tweet, go-between' 然后，通过加注 "The Chinese indicates onomatopoeic renderings of the calls of the cuckoo and the cock thrush." 来进一步解释，试图传达出民歌民谣的韵味。

---

[1] 张晓眉：《凌宇 <沈从文传> 与金介甫 <沈从文传> 同与异窥探》，《吉首大学学报（社会科学版）》，2014 第 S1 期。

[2] [美] 白保罗：《沈从文的生活和作品中的地方色彩与现代主义——对金介甫 <沈从文传> 的评介》，彭京译，《吉首大学学报》，1991 年第 Z1 期。

[3] [美] 金介甫：《沈从文传》，符家钦译，湖南文艺出版社，1992 年，第 431 页。

[4] 徐慧敏：《从 <柏子> 英译本结尾的改变谈起——翻译社会学视角》，《中国翻译》，2013 年第 4 期。

在1980年与澳大利亚《半球》杂志主编肯尼思·亨德森的访谈中，戴乃迭谈了她对翻译的看法，“我感到困难的是把中国的四字成语译成英语。每一个四字成语都有非常丰富的内在含义，可能其中还包含着一个典故，但是，一旦译成英语或用英语解释时，可能就需要一个或两个句子来表达，即使如此，仍旧不能表达原文所有的气魄和分量”“这可能涉及中国历史上的某一事件，也可能涉及中国文学作品中的某一人物，有时可能只提一个名字，比如‘红娘’，对中国人来说，只要一提这二字，人们会马上联想起一整套故事情节及其中人物之间的关系等。但是，我们怎样把这些翻成英语呢？当然我们可以加脚注或尽量多做些解释；然而，英译文总比原文累赘得多，也不及原文有力”“许多含义外国人无法了解的。我们就得用各种方法来解决：一是在文中加上一些原文中没有的词，二是加脚注，再就是不用这个典故，尽力创造出适合这种场合的气氛来。”[1] 在翻译实践中，戴乃迭对原文中出现的需要通过脚注和解释才能使外国读者明白的四字成语、历史事件、人物典故等会进行一些删减，例如戴乃迭在译古华的《芙蓉镇》中谷燕山给芙蓉镇的孩子们讲六位古代醉酒英雄的故事时，她只保留了其中一个，即《水浒传》里的武松打虎。不同于金介甫加注译出，戴乃迭对《贵生》里添加的民歌民谣“学归桂红，归桂红！婆婆酒醉归；婆婆酒醉归！”这句采取的是省译或只是笼统说出大意。她的译文是：learn some serenades! 仅用 serenades 一词，并不能替代表达出原文模拟的杜鹃和朱雀的鸣叫声，译文没体现出沈从文为呼应当时新民歌运动而特意添加突出的初衷。

[1] 杨宪益：《从<离骚>开始，翻译整个中国：杨宪益对话集》，文明国编，人民日报出版社，2010年，第1—11页。

五、余　论

（一）关于译本比较研究的思考

对文学作品不同译本进行比对研究，总结翻译方法，探讨不同文化的相互译介，质询不同翻译背后的社会原因，从而进一步提高翻译质量。但所有的译本比较研究必须建立在版本明确的基础上，否则就会闹笑话。笔者曾读到过比较《萧萧》的李宜燮、欧阳桢、戴乃迭三译本的文章，该文就小说中有关萧萧向往自由的相关描写的翻译，分析李宜燮之所以减译的原因。然而，李宜燮发表于 1938 年的译文依据的是沈从文 1930 年的原刊文，而原刊文本就没有相关描写，与欧、戴两人译文依据的《选集》版有不一致之处，这样一来，该文作者所列举的李宜燮译文所谓编译、减译的说辞就是生搬硬套，自我想象之举了。

（二）关于文学作品的改写、被改写及其英译的思考

早在 1936 年斯诺在《活的中国——现代中国短篇小说选》中对沈从文《柏子》结尾段进行了改写。短篇小说《柏子》讲的是水手柏子与妓女之间一种爱恋关系。柏子当水手赚钱，得点辛苦钱了，就去找妓女相好的，虽然钱花了个精光，但他觉得很满足。对他来说，这是生活的常态，他接受这一切，从未思考过命运为何如此不公。这符合沈从文一贯的创作基本倾向，他总是有意无意地回避尖锐的社会矛盾，即或接触到了，也加以冲淡调和，对于黑暗腐朽的旧社会，缺少愤怒。英译本结尾删除了原作最后三段，另行加了个结尾，改写的内容里有这样的句子："Dimly he perceived that there was something wrong with the world."（他隐隐地觉察到社会的不对劲）。斯诺偏重揭露性的、谴责性的描述中国社会现实的作品的倾向，使之将沈从文《柏子》结尾改写成一个带"左翼"色彩的结尾，让底层劳动人民觉醒，有了朦胧的革命意识，让原文中处于"蒙昧"状态的并不自觉其命运悲凉的柏子有

了一份意识到社会不公的“清醒”和“愤怒”。

文学史上，作家作品改写与被改写的例子还有很多。有被改写的，有作者主动改写，也有作者和译者合力改写。1945 年美国人伊万 · 金翻译出版了《骆驼祥子》(*The Richaw Boy*)，以《骆驼祥子》初版本对照伊万 · 金英译本，此译本对原作最后三章进行了改写，人物描写与故事情节与原作有很大不同，祥子的形象在译本中也重塑成了新形象，喜剧性的结尾完全不符老舍原著的精神。有学者在对印度诗人泰戈尔孟加拉语原创版诗集与自译英文版诗集进行对比研究后指出，“泰戈尔把孟加拉语的原作进行了细致的筛选、删节和改写，没有将原著中直接表现印度种姓制度，民族运动，社会思潮等内容的诗歌翻译过去，而是选取了那些更为单纯宁静，具有宗教神秘的诗歌，这些优美出色的英文译文成为他进入西方世界的通行证”[1]。葛浩文在《天堂蒜薹之歌》英译本后记中指出，“parts of Chapter Nineteen and all of Chapter Twenty have been revised, in conjunction with the author”，在后来的一次访谈中，葛浩文更详细地提及这一“改写”，“莫言的《天堂蒜薹之歌》是个充满愤怒的故事，结尾有些不了了之，我把编辑的看法告诉了莫言，十天后，他发给了我一个全新的结尾，我花了两天时间翻译出来，发给编辑，结果皆大欢喜”。[2]《天堂蒜薹之歌》原文的结尾是典型的中国式叙事话语，“光明性的结尾”记录的是作者虚拟的《群众日报》对蒜薹事件过程的报道及“总结式”社论，语气平淡，不痛不痒，而经过改写后的英译本结尾则承接了前 19 章内容，揭示了主人公高马、高羊、四婶最终的悲惨结局，表达了对社会的强力控诉。

对于作品的改写与被改写，原作者的态度各异。“在语言翻译所置身的两个世界的转换中，泰戈尔持有一种对目的语文化的谄媚心态”“无论泰

[1] 吴秀明，董雪：《诺贝尔文学奖与文学语言翻译——兼谈中国文学走向世界的文化应对策略》，《文艺理论研究》2009 年第 5 期。

[2] 李文静：《中国文学英译的合作、协商与文化传播——汉英翻译家葛浩文与林丽君访谈录》，《中国翻译》，2012 年第 1 期。

戈尔最初动机如何，至少他非常明白，他能否进入欧美主流文化并获得认可，就在于他的英语创作是否契合了英语国家的文化权力结构。”[1]莫言不懂英语，无法自译，但他对其在英语世界的代言人——译者葛浩文的态度也是惺惺相惜，迎合推崇。莫言 2000 年 3 月在科罗拉多大学博尔德校区演讲时说：“如果没有他（葛浩文）杰出的工作，我的小说也有可能由别人翻成英文在美国出版，但绝对没有今天完美的译本。许多既精通英语又精通汉语的朋友对我说，葛浩文教授的翻译与我的原著是一种旗鼓相当的搭配，但我更愿意相信，他的译本为我的原著增添了光彩。”[2]对于译本中的增删改写，莫言亦很淡定，正如葛浩文所言“莫言的小说也一样，……其中一两本被删去十分之一，甚至八分之一，但莫言对此没有意见，他说‘反正我看不懂’”[3]。相比之下，老舍的态度却截然不同。他对伊万·金擅改其《骆驼祥子》非常不满，后来他听说伊万·金在翻译他的《离婚》，即先要看一看对方的译文初稿，发现改动不少，老舍公开声明这不是他的《离婚》。老舍上诉，结果，伊万·金的译本只准在小范围发行，除他自己的书店外，不得在其他书店出售，老舍可以另外委托他人翻译作品。[4]

目前没有发现有文字记录下沈从文当年对于斯诺凭空给其小说《柏子》添加出一个革命性结尾有何想法。但是这次沈从文的作品被改写，与多年后沈从文在《沈从文小说选集》和《沈从文文集》里主动修订作品，加强其政治意义，这算不算冥冥之中的遥相呼应呢？

---

[1] 吴秀明，董雪：《诺贝尔文学奖与文学语言翻译——兼谈中国文学走向世界的文化应对策略》，《文艺理论研究》，2009 年第 5 期。

[2] 莫言：《我在美国出版的三本书》，《小说界》，2000 年第 5 期。

[3] 李文静：《中国文学英译的合作、协商与文化传播——汉英翻译家葛浩文与林丽君访谈录》，《中国翻译》，2012 年第 1 期。

[4] 马祖毅，任荣珍：《汉籍外译史》，湖北教育出版社，2003 年，第 397 页。

唐传奇研究中关于胡应麟的伪托与误读[1]

陈　爽[2]

[摘要] 在唐传奇研究中胡应麟是不可忽略的存在，他为中国古代小说，尤其是唐传奇的研究奠定了基础。本文对唐传奇研究中关于胡应麟的伪托与误读展开分析，提出《霍小玉传》是“唐人最精采动人之传奇”的经典评价来自汪辟疆对胡应麟的伪托，并进一步指出唐小说研究中对胡应麟“传奇”一词的误读。在胡应麟的思想中，“小说家”分类中与“志怪”并称的“传奇”并非意义稳定的文体概念，他也未以十分严谨的态度对待这种“传奇”。在胡应麟的文献中，“传奇”指小说是一种微弱的可能性，相较而言“传奇”的戏曲含义要稳定得多。

[关键词] 胡应麟　伪托　误读

在唐传奇研究中，胡应麟是不可忽略的存在，他为中国古代小说，尤其是唐传奇的研究奠定了基础，而经过鲁迅等人对胡应麟有关小说分类论述的引用，胡应麟更是成为唐传奇研究中不可不提的重要人物。在传奇命名的溯源、有关传奇文本的具体看法等问题上，胡应麟的文献均为后世研究提供了重要依据。然而，唐传奇研究中的“胡应麟说……”是否存在后人伪托的情况？以及是否存在对胡应麟文献的有意误读？本文拟从这两个问题展开论述。

---

[1] 本文为湖南省社会科学成果评审委员会课题“民国笔记体小说文体问题研究”（项目批准号：XSP21YBC269）的阶段性成果。

[2] 陈爽，长沙学院影视艺术与文化传播学院讲师。

一、伪托唐传奇评价的重要文献

“唐人小说纪闺阁事，绰有情致。此篇尤为唐人最精采动人之传奇，故传诵弗衰。”举凡谈及《霍小玉传》的文字大多征引此言，以作为强调《霍小玉传》经典传奇地位的重要文献依据。如袁行霈主编的第三版《中国文学史》(第二卷)：

> 诚如明人胡应麟所说：“唐人小说纪闺阁事，绰有情致，此篇尤为唐人最精彩之传奇，故传诵弗衰。”(《少室山房笔丛》)[1]

又如陈平原的《中国散文小说史》写道：

> 更能体现唐人“史才”之外的“诗笔”者，或许当推元稹《莺莺传》、白行简《李娃传》和蒋防《霍小玉传》。后者诗名虽不如元、白，但小说中情感之缠绵及描摹之精致，一点不比前两者逊色。明人胡应麟甚至称：“唐人小说纪闺阁事，绰有情致。此篇尤为唐人最精采动人之传奇，故传诵弗衰。”姑且不作“索隐”、不谈“影事”，单就小说艺术立论,《霍小玉传》可能是同类作品中最令人叹为观止的。(胡应麟:《少室山房笔丛·庄岳委谈下》)[2]

上述关于《霍小玉传》的著名评价随着经典文学教材的广泛使用、著名学者的引用而广为人知。值得注意的是，学者在征引该话时大多没有标明文献的具体出处，2014年第三版《中国文学史》(第二卷)未提供详细的文献信息，仅在行文中用括号的方式指明文献源自《少室山房笔丛》，并未注明准确的卷数。虽可能是出于简便行文的需要才在教材中不对重要文献进行详细注释，但在接下来关于唐传奇的继续论述中，作者再次引用了胡应麟《少

[1] 袁行霈，罗宗强主编：《中国文学史》(第三版)第二卷，高等教育出版社，2014年，第326页。
[2] 陈平原：《中国散文小说史》，上海人民出版社，2014年，第259页。

室山房笔丛》："传奇作者更注重作品的审美价值，注重小说愉悦性情的功用，由此形成'作意好奇'（胡应麟《少室山房笔丛》卷三六）。"[1] 同样是出自《少室山房笔丛》的文献，在引用体例上却不相同，为何后者更为细致地表明了卷三六，前者的卷数信息却缺失？自《中国文学史》1998 年第 1 版到 2014 年第 3 版，这则文献的处理方式未作任何改变。相比之下，陈平原在引用这句著名评价时注明其出自《少室山房笔丛·庄岳委谈下》，但其他如页数等更为具体的信息依旧付之阙如。胡应麟《少室山房笔丛·庄岳委谈下》主要谈论与戏曲相关的问题，此篇中确有提到霍小玉的文字："《王仙客》亦唐人小说，事大奇而不情，盖润饰之过，或乌有、无是类，不可知。霍小玉事据李益传，或有所本。"[2] 但并未见到那句《霍小玉传》的评语。

相较而言，聂石樵虽然同样使用了类似的评价，却选择不同的引文处理方式。在《唐代文学史》专评《霍小玉传》一篇时，写道：

> 此传奇在艺术上的成就，明胡应麟给予很高的评价，其《少室山房笔丛》卷三十六云："《广记》所录唐人闺阁事，咸绰有情致。"此篇尤为唐人最精彩动人之传奇，故传诵弗衰。明汤显祖本之作《紫钗记》。[3]

首先，聂石樵将"唐人小说"改为"《广记》"，其次，聂石樵保留了"此篇尤为唐人最精彩动人之传奇，故传诵弗衰"一句，然而有意将其放在了引号之外，表明其并非出自《少室山房笔丛》卷三十六，或许是因为该句太过于有名而选择保留，但于文献上进行了非常谨慎的处理。胡应麟流传至今的著作有三种，《少室山房类稿》、《少室山房笔丛》和《诗薮》，遍查三书皆不见此语。如此看来该评价应是伪托于胡应麟，不过在胡应麟《少室山房笔丛》卷三十六《二酉缀遗中》中确实有一段类似的表述，原文作：

[1] 袁行霈，罗宗强主编：《中国文学史》（第三版）第二卷，高等教育出版社，2014 年，第 327 页。
[2]（明）胡应麟：《少室山房笔丛》，上海书店出版社，2009 年，第 434 页
[3] 聂石樵：《聂石樵文集》第三卷《唐代文学史》，中华书局，2015 年，第 549 页。

> 惟《广记》所录唐人闺阁事咸绰有情致，诗词亦大率可喜。[1]

此句应是上述伪托文字的来源。对比二者，伪托文字将“诗词亦大率可喜”替换为“此篇尤为唐人最精彩之传奇，故传诵弗衰”，使得后句成为迄今关于《霍小玉传》传播最广、影响最大的评论。并且伪托文字将评价对象由《广记》中的唐人闺阁事替换为《霍小玉传》，在强烈推崇《霍小玉传》的同时掩盖了原文对小说中诗词的赞赏。

值得注意的是，作为唐传奇研究的创始人与权威，鲁迅也常引用胡应麟作为支撑，但在《中国小说史略》（1923）、《唐宋传奇集》（1927）中评析《霍小玉传》时却未曾征引过此语。那么此语究竟出自何处？实际上，与鲁迅同时代的汪辟疆也在大学讲授中国小说相关课程，且在唐传奇方面颇具影响力，对他的考察或将有助于回答这个问题。汪辟疆（1887—1967），号方湖，是一位处于20世纪初新旧之交的目录学家，文史修养极深，工于诗词，常与同时文人知交酬唱应和。汪氏对清代光宣时期的诗坛状况了若指掌，曾作《近代诗派与地域》《光宣诗坛点将录》《光宣以来诗坛旁记》等，颇著令名。其弟子程千帆切中肯綮地评价乃师“既精于诗学，又深于诗功”。[2]此外，汪辟疆编选《唐人小说》，并精心按覆，详加考校。《唐人小说》也成为鲁迅《唐宋传奇集》后最著名的唐小说选本。可以说，《唐人小说》与《唐宋传奇集》是“现代学术界研究唐代传奇文的‘经典书单’，规划出研究的范围，至今仍莫能外”，汪辟疆与鲁迅一同被看作是现代意义上的传奇文整理研究的发端之人。[3]

汪辟疆于1931年在神州国光社出版《唐人小说》，除了个人对唐小说情有独钟外，主要还是源于讲授课程的需要。在该书中汪辟疆不仅收录著名的唐传奇作品，而且将其他能够代表唐代文言小说成就的作品收录其中。该书

---

[1]（明）胡应麟：《少室山房笔丛》，上海书店出版社，2009年，第371页。该引文在明万历本《少室山房笔丛》为“诗词亦大率可喜云”，清光绪本无“云”字。

[2] 程千帆：《汪辟疆文集·后记》，上海古籍出版社，1988年，第1068页。

[3] 陈珏：《中唐传奇文“辨体”——从“陈寅恪命题”出发》，《汉学研究》，第25卷第2期，第75页。

名为“唐代小说”也说明在选目上并不局限于通常意义上的唐传奇作品。该书初版时有二篇附录，收有唐小说研究最有代表性的两篇长文，分别是鲁迅的《唐小说史略》[1]与盐谷温的《论唐代小说》[2]。而在1955年上海古籍出版社流传极广的再版中，附录部分被删除。汪辟疆在《唐人小说》评析《霍小玉传》时，便使用了上文提到的伪托胡应麟的文字。由于我们在汪辟疆之外尚未搜寻到更早使用该伪托文字的人，因此有理由认为：汪辟疆在《唐人小说》中首次伪托胡应麟，制造出这句大名鼎鼎的《霍小玉传》评语。

与此相关的是，1931年《中国新书月报》上曾刊登汪辟疆《唐人小说》的广告，再次借胡应麟之口宣传，选择的依旧是《二酉缀遗中》的同一句，改动的内容则更加符合书籍推销之用：

> 汪辟疆编集唐人小说
>
> 唐人小说，在文学上之地位，与诗歌并称奇作。宋人如刘贡父，洪荣斋皆称其情事悽惋。明胡应麟亦云：唐人记闺阁事，绰有情致，艺林推重久矣。中大教授汪辟疆先生，授此课程，乃将历年校勘所得，择尤选录，并将一事两载而认为同出一源者，逐篇附载，尤便互参。至作者之生平，本文之来源，则根据史传，旁采杂书，疏证于后，尤增兴趣。全书分上下两卷，上卷录单篇，下卷存专书，根据旧本，颇与通行本异趣。先已排竣，不久即出。[3]

这则广告的文案底本主要依据汪辟疆的《唐人小说·题辞》，但与汪文最大不同之处在于广告中加入了对胡应麟的引用。汪文的主要观点来自清代桃源居士所辑同名小说集《唐人小说》的序言，无论“唐三百年，文章鼎盛，独律诗与小说律称绝代之奇”的观点，还是对刘贡父，洪荣斋评价唐小

[1] 录自鲁迅《中国小说史略》八、九、十章。《鲁迅全集》(第九卷)，人民文学出版社，2005年。

[2] 录自[日]盐谷温《中国文学概论讲话》第六章第三节。(日)盐谷温著，孙俍工译:《中国文学概论讲话》(下)，山西人民出版社，2015年，第352—402页。

[3] 中国新书月报社编:《中国新书月报》，上海华通书局发行，1931年第一卷第四号，第13页。

说话语的征引，均与桃源居士的序言一致，某种程度上可以说汪辟疆重写了桃源居士的序言。在桃源居士的序言与汪辟疆的题辞中，二人均未引用任何胡应麟的文字，但在《中国新书月报》的这则广告中却有意加入了胡应麟，其中“艺林推重久矣”这样的道地文言，即便当真来自胡应麟应该也不会令人感到意外。我们认为，“绰有情致”后紧跟“艺林推崇久矣”，其目的在于使读者产生误解，将整个句子理解为胡应麟的评价，从而提高“唐人小说”的地位。广告的模糊其词当然属于有意为之的营销策略，但却表明“唐人小说纪闺阁事，绰有情致”和“此篇尤为唐人最精采动人之传奇，故传诵弗衰”两句话，其联系可能是松散与偶然的，在需要的时候可以截断成两句话分别使用，甚至添加其他内容与其组合，形成新的“胡应麟名言”。

目前无法判断这则广告中特别加入胡应麟是《中国新书月报》编辑个人所为，还是在汪辟疆的授意下完成的。之所以怀疑这一行为与汪辟疆有关，主要在于作为广告底本的《唐人小说·题辞》中无胡应麟的存在，且“唐人记闺阁事，绰有情致，艺林推重久矣”与汪辟疆伪托胡应麟《霍小玉传》评价恰好出自同样的原文。这种巧合让人不得不怀疑在广告中借胡应麟进行宣传的行为来自汪辟疆的授意，否则报刊编辑何以如此精准找到该句伪托，还能够对原文进行擅自改动。如果汪辟疆为了给予《霍小玉传》“唐人最精彩动人之传奇”的地位而伪托胡应麟，也有可能为了宣传新书采用同样的策略与手段。

无独有偶，汪辟疆在其他场合也曾采用过类似的做法，借胡应麟来提高唐小说的地位。1936 年汪辟疆在国立中央大学对中国文学系同学会的演讲中，谈到了《唐人小说内容的分析及其整理方法》，讲稿由当时就读于此的蒋维崧记录整理发表在《国立中央大学日刊》上。在这次演讲中，汪辟疆对唐代小说做出很高的评价，“唐代的文学，自然以诗为第一，第二位却不能不推到小说了”[1]，这与他一贯对唐小说的观点一致。随后汪辟疆引用了《唐

[1] 南京国立中央大学出版社组编辑：《国立中央大学日刊》，1936 年第一六六四号，第 3457 页。

人小说·题辞》中刘贡父与洪容斋的评价，与《中国新书月报》相似，汪辟疆在此二人之后也引用了胡应麟的评价，并表示“刘洪诸人，都是博洽多闻的学者，他们的称述，当然不是没有根据的”[1]，这明显是为了立论而依托于古人，通过一再借用“胡应麟说……”的方式提高唐代小说的地位与评价，由此可见胡应麟在当时唐代小说研究领域的影响力。

综上，关于唐传奇《霍小玉传》最为著名的评价是来自汪辟疆对胡应麟的伪托，汪也曾在其他场合有意借用胡应麟之言达成相应的目的。凭借唐代小说课程的讲授以及《唐人小说》的影响力，汪辟疆造就出《霍小玉传》的经典评价，并将其变伪成真。汪辟疆如此推崇《霍小玉传》以至于为其造用新句，这其中的原因需要另作文谈论，大致来说应与汪辟疆的传统文人与诗人身份相关，其推崇《霍小玉传》的部分原因来自对其中诗词的偏好。回到这句著名的伪托文字，上文明确指出现存胡应麟文献中查无此句，并且已找到了被改造的原文，这些均间接证实此句系伪托的事实。但是否存在另一种可能，即作为目录学家的汪辟疆掌握了我们无法获得的胡应麟文献资料？在见到有足够说服力的新材料之前，我们认为这种可能性是很低的。此外，本文还将从胡应麟本人对“传奇”的理解来进一步说明“唐人最精彩之传奇”不太可能出自胡应麟之口。

二、误读胡应麟“传奇”所指

胡应麟在《少室山房笔丛》中多次谈到“传奇”，并将“小说家”分为志怪、传奇、丛谈、辨订、箴规，也曾明确指出“至唐人乃作意好奇”。鲁迅在《中国小说史略》中引用胡应麟的观点，并进一步提出唐代“传奇文”。胡应麟的相关论述在唐传奇研究中常常被征引，但凡涉及唐传奇的命名问

[1] 南京国立中央大学出版社组编辑：《国立中央大学日刊》，1936年第一六六四号，第3457页。

题，或者需要借助古人观点作为研究的论证依据，胡应麟通常是不二人选。某种程度来说，经由鲁迅、汪辟疆二位唐传奇研究“发端之人”的提及，胡应麟已然是该研究领域中最具权威的古代人物。胡应麟确实在《少室山房笔丛》中多次谈到唐代小说，也曾多次使用“传奇”的说法，然而其“传奇”一词的含义长期遭遇误读，尤其是20世纪以来的古小说研究者对“传奇”命名追根溯源时，这一误读状况尤为明显。

石昌渝在《中国小说源流论》中关于胡应麟“传奇”的理解，具有一定代表性：

> 明代胡应麟赋予“传奇”以明确的含义，他说：“‘传奇’之名，不知起自何代”，在他看来，“传奇”属于“小说家”类，与志怪、杂录、丛谈、辨订、箴归并列，“传奇”名下的作品，他举例有《飞燕》、《太真》、《崔莺》、《霍玉》等，与我们今天称之为“传奇小说”者大体相合。[1]

正如石昌渝所言，胡应麟的“传奇”有明确的含义。不过，这个含义却不是小说传奇之意，这里的问题在于忽略了“传奇”一词在胡应麟文本中更为常见的含义，以特例为普遍。事实上，身处明代的胡应麟不太可能放弃“传奇”稳定的戏曲所指，反而将其赋予小说之意。胡应麟《少室山房笔丛》中涉及“传奇”二字的篇目主要有《九流绪论下》《庄岳委谈下》《玉壶遐览三》《丹铅新录二》《丹铅新录四》《艺林学山五》，其中以《庄岳委谈下》“传奇”出现数量最多。

胡应麟在《九流绪论下》对“小说家”的分类以及将汉代伶玄所作《赵飞燕传》称为“传奇之首”，似乎都表明了他认为存在一种名为“传奇”的小说类型，这也是胡应麟被看作唐传奇考释中重要一环的原因，他确实曾表达过类似的观点：

> 小说家一类又自分数种。一曰志怪，《搜神》、《述异》、《宣室》、《酉

[1] 石昌渝：《中国小说源流论》，生活·读书·新知·三联书店，1994年，第145页。

阳》之类是也；一曰传奇，《飞燕》、《太真》、《崔莺》、《霍玉》之类是也；[……] 至于志怪、传奇，尤易出入，或一书之中二事并载，一事之内两端具存，姑举其重而已。(胡应麟《少室山房笔丛·九流绪论下》)

从字义看，"传奇"与"志怪"基本意同，即关于奇异之事的记录，但确切含义并不清晰。根据胡应麟所举的四个例子，《赵飞燕外传》《杨太真外传》《莺莺传》《霍小玉传》皆与赵飞燕、杨玉环、元稹、李益等名人密切相关，所以"传奇"似指关于名人的奇异传闻、传记。胡应麟所谓"志怪、传奇尤易出入"，大约奇异的传闻若与鬼怪神仙有关，便属于"志怪"；若是关于知名人士的奇闻，则属于"传奇"。若一书中既有鬼怪传闻，又有名人逸事，即所谓"一书之中二事并载"；至如《霍小玉传》既有冤魂作祟的情节，又有关于"李益疾"的典故，即所谓"一事之内两端具存"。可以认为，胡应麟使用"传奇"与"志怪"并称为"两端"，主要是依据小说所记之内容，但此处的传奇却并无更多明确的文体含义。概言之，胡应麟在小说家分类时，采用"传奇"一说，应是从小说的内容来看，意为传奇之事。

事实上，胡应麟似乎并未很认真地对待这种意指小说的"传奇"，也反驳过"唐所谓'传奇'"的说法。《少室山房笔丛》中有如下一段记载：元代的陶宗仪在《南村辍耕录》中追溯戏曲产生的源流时，曾声称唐"传奇"指唐代戏曲，胡应麟对此说法错愕不已：

传奇之名不知起自何代，陶宗仪谓唐为传奇，宋为戏诨，元为杂剧，非也。唐所谓"传奇"自是小说书名，裴铏所撰，中如蓝桥等记诗词家至今用之，然什九妖妄寓言也。裴晚唐人，高骈幕客，以骈好神仙，故撰此以惑之。其书颇事藻绘而体气俳弱，盖晚唐文类尔，然中绝无歌曲、乐府若今所谓戏剧者，何得以传奇为唐名？或以中事迹相类，后人取为戏剧张本，因展转为此称不可知。范文正记岳阳楼，宋人讥曰

传奇体，则固以为文也。[1]（《少室山房笔丛·庄岳委谈下》）

胡应麟坚称“唐传奇”一词指晚唐裴铏所作的小说集《传奇》，即正确写法应为“唐《传奇》”，既然《传奇》中没有歌曲、乐府这样的“今所谓戏剧者”，那么“何得以‘传奇’为唐名”？可见胡应麟本人明确将“传奇”理解为戏曲。在他看来，虽然作为戏曲的传奇之名起源还不清楚，但像陶宗仪这样贸然将戏曲追溯至唐代却很不妥。同时胡应麟又补充，尽管有其他说法认为“传奇”指后世戏曲的底本故事，但自己却无法判断这种说法的可靠性。胡应麟一方面明确了“传奇”的戏曲含义，另一方面也质疑了“唐之传奇”的说法。因此，这段话可以视为对胡应麟参与唐传奇命名这类观点的有力驳斥。

此外，胡应麟在写作中使用“传奇”一词指代戏曲具有较强的普遍性，以下援引部分文献以说明这一点：

1.《西厢记》虽出唐人《莺莺传》，实本金董解元。董曲今尚行世，精工巧丽，备极才情，而字字本色，言言古意，当是古今传奇鼻祖，金人一代文献尽此矣。然其曲乃优人弦索弹唱者，非搬演杂剧也。[2]（《少室山房笔丛·庄岳委谈下》）

2. 董氏传奇称崔氏孀妇寓僧寺，河中兵乱，杜确弭之，张生、红娘等于《莺传》悉合，独郑恒不可晓。[3]（《少室山房笔丛·庄岳委谈下》）

3. 今王实甫《西厢记》为传奇冠，北人以并司马子长固可笑，不妨作词曲中思王、太白也。[4]（《少室山房笔丛·庄岳委谈下》）

4. 用修又云：吕蒙正父龟图多内宠，与其母刘氏不协，并蒙正出之，颇沦踬窘乏，刘誓不嫁。及蒙正登仕，乃迎二亲，同堂异室奉养之。近世传奇

---

[1]（明）胡应麟：《少室山房笔丛》，上海书店出版社，2009 年，第 424 页。

[2] 同上，第 428 页。

[3] 同上，第 428—429 页。

[4] 同上，第 429 页。

《饐瓜亭》亦缘此附会也。[1]（《少室山房笔丛·庄岳委谈下》）

这里所提到的“传奇”——王实甫的《西厢记》、董解元的《西厢记诸宫调》、《饐瓜亭》均是戏曲作品。可以说，除了《少室山房笔丛》中《九流绪论下》的特例外，在目前所见的胡氏著作中，尚未找到其他意指小说的“传奇”证据。于此可见与“志怪”并称的“传奇”，在胡应麟的思想中尚非意义稳定的文体概念，胡应麟也并未以十分严谨的态度对待这种“传奇”。在胡应麟的文献中，“传奇”指小说充其量是一种微弱的可能性，相较而言“传奇”的戏曲含义要稳定得多。

回到“唐人最精彩之传奇”一句，除了前文在文献方面的考辨外，判断此句为伪托的另一个重要理由是，此句中的“传奇”含义与胡应麟通常的理解极为不同。胡应麟偶一使用的“唐之传奇”是专有名词，特指裴铏所作名为《传奇》的小说集，胡的文献中也从未有过类似“唐代传奇”这样具有强烈文体自觉意识的表达。虽然在小说家分类中存在“传奇”一类，并且《霍小玉传》被归入其列，但这种分类主要根据小说的内容。与其说“传奇”是胡氏正式定义的一种含义固定的小说类型，倒不如说是胡氏为了行文需要而采取的便宜说法。

三、结　语

关于胡应麟的伪托与误读，使得虚构的“胡应麟说……”即便在无法查证文献来源的情况下，依旧得以进入文学史的书写与文学教育中。在进一步的误读中，胡应麟成为唐传奇命名考证链条上的重要一环，却用以偏概全的方式忽略了其文献中对“传奇”的真正理解。在厘清基本事实的基础上，需要进一步追问的是：为何要选择胡应麟进行伪托与误读？以及为何这种伪托

[1]（明）胡应麟：《少室山房笔丛》，上海书店出版社，2009 年，第 433 页。

与误读至今没有被注意到？

简而言之，汪辟疆选择胡应麟为伪托对象，除了胡应麟确实曾论及唐代小说外，最主要的原因在于当时胡应麟已被建构成唐传奇研究中的权威，虽然尚未到言必称胡的地步，但确实能够看出其不容忽视的影响力，而这种影响力至今犹存。汪辟疆参与了胡应麟权威的建构，但再向前追溯，我们认为这种建构主要来自于鲁迅。鲁迅在 1923 年《中国小说史略》中首论唐代“传奇文”，在论述时征引胡应麟的“小说家”分类依据，并以现代小说观念阐发胡应麟的观点。正如鲁迅主张“中国小说自来无史”，在新创小说史时或许需要来自传统文学内部的支撑，引用古人之言将使论述更具合理性与说服力。鲁迅通过 1920 年开始的小说课程讲授以及相关著作的出版，建立了古小说史的体系，也使唐传奇研究变成显学，后来研究者在受到鲁迅唐代“传奇文”影响的同时，自然不会忽略鲁迅对胡应麟的征引。

胡应麟能够进入到鲁迅的视野中，或许一方面是鲁迅本身对胡应麟文献的了解，另一方面可能是来自外界的影响。不论是鲁迅、汪辟疆，抑或同时代的其他人，在中国古代小说相关领域中与他们有着密切关联的是日本学者盐谷温。鲁迅曾因被抨击抄袭盐谷温而恼火，汪辟疆《唐人小说》附录部分特别加入盐谷温的文字，无论是鲁迅在盐谷温论述基础上的独特创新，还是汪辟疆引用盐谷温却对其观点进行批驳，这些都能够显示盐谷温一定的影响力。前文曾提到过汪辟疆在国立中央大学演讲中引用的“胡应麟说……”为伪托，这句话的伪托却非汪辟疆所为，而是来自盐谷温的《中国文学概论讲话》：“胡元瑞的评里有：唐人传奇小传，如柳毅、陶岘、红线、虬髯客传诸篇，撰述浓至，有范晔李延寿之所不及。”[1]汪辟疆演讲时指出上文应出自胡应麟的《少室山房类稿》，但书中查无此句。对盐谷温伪托之文不加辨别、求证的引用，某种程度上盐谷温的影响力可见一斑。那么，鲁迅使用“传奇”的说法与对胡应麟文献的引用，是否可能是受到盐谷温的影响？此外，

[1]（日）盐谷温著，孙俍工译:《中国文学概论讲话》(下)，山西人民出版社，2015 年，第 371 页。

围绕着鲁迅、盐谷温，及与他们相关的小说传奇对戏曲传奇的“名之抢夺”等问题，值得进一步关注。

鲁迅、汪辟疆等需要借助“胡应麟说……”的方式达成相应的目的与诉求，由此造成了伪托与误读。而我们至今没有注意到这些伪托与误读，或许是因为我们也在延续他们的方式，采用“鲁迅说……”“汪辟疆说……”。研究中对前人著作与论述的了解是必需的，但这一过程应带有更多的质疑精神，而不是以前辈权威学者之言为圭臬。此外，古代文献“同名异实”的情况常常困扰着研究者，同一名词在不同的人的文本中含义可能不同，即使是在同一个人的文本中也有可能出现这样的情况。如果有释名考证的需要，应结合更为具体的语境，并注重个人文献的整体表达，在更为全面综合之中寻找到古人对名词的真正理解。

论玄学思潮对魏晋南北朝批评文体建构的多维影响[1]

邓心强　刘思佳[2]

[摘要] 玄学是魏晋南北朝持续了数百年的主流学术思潮，有着鲜明的文化品格，对魏晋南北朝文学创作和理论批评等产生了重要影响。此阶段众多文论名家在建构各自批评文体时，均不同程度地打上了玄学的烙印。在建构文体过程中，陆机对创作构思和立意的论述，钟嵘采用品第法论诗，《文心雕龙》篇目的设定，思辨性的展现，以及相关批评方法的运用等，均明显受到玄学思潮的深刻影响。突破诗学内容而从文体形式角度，剖析魏晋南北朝学术思潮与文学理论之关联，能为学界重新认识玄学之魅力，以及魏晋南北朝中国文论的演进与形成，提供另一种视角。

[关键词] 魏晋南北朝　玄学思潮　批评文体　文体建构　思辨性

魏晋南北朝批评文体百花齐放、美轮美奂，极具思辨性和创新性，以其鲜明的新变特征显示出浓厚的时代色彩和民族特色。而这与批评家杰出的创造才华及高超的批评策略分不开。此阶段文论上的巨大成就与老庄道学复兴、魏晋玄学兴起以及儒道释三教合流有着直接的关联。面对文化转型时期全新的社会思潮和审美风尚，钟嵘吸收人物品藻之法，以品第、比较之法畅

---

[1] 本文为 2018 年度国家社科基金后期资助项目《魏晋南北朝批评家建构文体研究》（项目编号：18FZW023）的阶段性成果。

[2] 邓心强，中国矿业大学公管学院中文系副教授，北京师范大学文艺学研究中心高级访问学者，硕士生导师，主要从事中国古代文体学教学与研究工作；刘思佳，中国矿业大学中文系 2019 级硕士研究生。

论五言诗。汉末佛学东渐，其传播至南北朝时期不断深入，弥漫影响到文化界，刘勰成功地转化佛学的思维、术语等，建构起《文心雕龙》谨严的体系。而随着玄佛合流，陆机、钟嵘、刘勰等相当一批魏晋南北朝杰出的批评家，广采博收，吸纳百家之长，其著作体例、思维方式、批评方法、话语习惯等，无不深受其影响，刻上了玄学甚至人物品藻、玄佛兼治之烙印。这与儒家式微、庄学复兴的独特时代有关，道家的自然无为原则和抽象思辨风格日益成为汉魏晋之际思想家反对汉儒天人感应论与谶纬神学的有力武器，亦成为魏晋玄学的思想渊源。

一、玄学风尚

玄学在魏晋的复兴是与深刻的社会背景相关联的。老庄的社会政治思想是顺其自然而清静无为，是否定儒家纲常伦理，而这正合魏晋士人心意。他们身处乱世，从老庄哲学中发现了新的精神世界和灵魂支撑。和谶纬神学崇尚天帝与鬼神迥异的是，老庄哲学力举作为“天地之始”“众妙之门”的“道”或“自然”。道家宇宙本体论以其对汉儒神学论的挑战而受到魏晋士人的重视。“庄子极度鄙视尘世间的沽名逐利、尔虞我诈，主张心斋、坐忘、游心于虚，在清静无为的精神世界作无待之游。”[1]道家思想正成为士人的支柱和信仰。他们的“心理焦虑需要消释，人格冲突需要化解，个体企盼着从社会与心灵的双重苦难中解脱出来，在玄学的形而上的空间重建逍遥之游。”[2]正是在这种思想文化背景下，老庄道家思想深得魏晋文人士大夫的青睐，也就成为时势之必然了。

其次，随着帝国的瓦解和儒家思想的衰败，汉魏之际儒家经学逐渐向魏

[1] 李建中主编：《中国古代文论》，华中师范大学出版社，2002 年，第 119 页。
[2] 同上，第 119 页。

晋玄学转化，表现特征为以道释儒、儒道兼综。[1] 兹无必要梳理这样一个复杂哲学思想和文化思潮变迁的过程，读者可参见相关研究专著。这里只约略提及玄学在魏晋发展、兴盛并逐渐形成玄儒兼综、三教合流的态势。魏晋玄学经历了王弼、何晏的正始玄学，嵇康、阮籍的竹林玄学以及郭象的元康玄学共三期。前后均围绕本无、有末这些根本问题而展开。正始玄学以本为体，以有为用；竹林玄学“越名教而任自然”，崇无而弃有，以道家思想来解构儒家本体；至元康，又回到正始，崇有和本无又重新统一于一体。从玄学的这一发展线路来看，其“有”与“无”，均可向儒家与道家阐释。儒家主张名教，名教是“有”，道家主张自然，自然即是“无”。正是玄学思潮的兴起，才将儒道之本末、主次关系颠倒过来，以道家思想为本以儒家思想为末，本末结合、儒道兼综。比如王弼就是典型的儒道兼综型思想家，他既注《老子》，也注《论语》。[2] 而到了嵇康、阮籍，就极力反对儒家的礼教，“礼教岂为我辈设也！”到了郭象的《庄子注》，又重新回到儒道兼综之途。这一局面一直延续到东晋乃至南朝。

至东晋以后，由于佛教的传入和兴盛，“儒道兼综”又发展为“三教合流”，思想文化界呈现出多元文化彼此融通、渗透的局面。但无论如何，儒学地位和功效在不同时代有所变化；佛学作为外来文化和本土传统有一个漫长的适应与磨合过程，而因注《老》《庄》《周易》，源自中国本土文化的玄学则为“三教”中之“排头兵”，其影响自然极为深远。

玄学思潮极大地影响了魏晋南北朝文论，从形神论、才性论和言意论的演进即可见一斑。同时这种学术思想以其显著的调和特征也极大地影响到此

---

[1] 三国时荆州学派王肃伪作之《孔子家语》，带有明显的儒道兼综的思想倾向。参见许杭生等著：《魏晋玄学史》，陕西师范大学出版社，1989 年，第 22—27 页。

[2] 正始玄学领袖王弼作《论语释疑》，直接用老庄道家的观念和方法重释儒家经典。王弼注孔子“老于道”一语，称“道者，无之称也，无不通也，无不由也。况之曰道，寂然无体，不可为象。是道不可体，故但志慕而已”，这样一来，王弼将孔子的“道”释为“无”的代称，从而将儒学玄学化。

阶段众多文论家的批评思维。玄学对儒道有明显的调和意味，这可从王弼贵无和郭象崇有体现出来。王弼在阐述道与万物之关系时，一方面体认“道”是本是体，万物是末是用；另一方面承认“体用一如”“本末不二”，强调道与万物的共存共在、不可分离。“王弼接受老子人事效法天道的立场，从前一方面提出‘崇本息末’论以崇道而抑儒，从后一方面提出‘举本统末’论以使儒道沟通。”[1]

同时，以郭象、向秀等为代表的玄学家有明显的调和儒道立场之倾向，尤其表现在《庄子注》中，郭象初步形成“以独化论为前提的足性逍遥说”，试图形成一种安分守己、自满自足而不犯分越性、驰骛外逐的立身处世之道，这在本质上是将道家的自然和儒家的名教结合起来的思想观念，其特点是儒道兼采并重，并且和王弼道本儒末、名教本于自然相比，协调得更为周密些罢了。[2]

正是基于玄学不同派别的调和思想，全方位地对魏晋南北朝文论家的著述体例、批评方法和思维方式等产生了深远的影响。如陆机以深刻的体验和缜密的思维来传达创作构思活动的全部过程，将微妙而抽象的过程以形象的语言描绘得淋漓尽致；钟嵘将汉魏至南朝123位诗人溯源至《诗经》《楚辞》系统分别进行品第，在描述不同诗人风格时又阐述其变异与特征等；刘勰更是采用“四种基本批评准则”贯穿全书50篇，并且各部分前呼后应、浑然一体，显示出他精心构筑文论之网的杰出创造力；并且全书折中性范畴和术语比比皆是，各篇阐发文论问题时总是想得那么周全、严密、圆通，包容性极强，近乎滴水不漏，令人叹服。至于其余名家如曹丕、葛洪、萧统等在批评时无不深受玄学之影响。

[1] 黄应全：《魏晋玄学与六朝文论》，首都师范大学出版社，2004年，第25页。

[2] 同上，第28—35页。

二、玄学与赋体批评

陆机的《文赋》是魏晋时期最具代表性的赋体批评，其主要贡献在于对文学创作构思过程的精彩描述。在汉以前文学尚未自觉，批评家更多的是从社会功能角度来阐发文学，即非常注重文学的外部规律，相应地对于文学自身的种种特点——比如文学创作过程、文学形式要素等，并未作深入研究[1]。自曹丕提出“文气”说后，便开启魏晋文论就文体、创作、鉴赏、批评等领域进行深度开掘的批评历程，但建安文人对文学的创作过程仍然没有涉及。

陆机是我国深入研究创作过程第一人，其思维的精准度、细腻度和对抽象文论超强的传达力正是得益于玄学的滋养。我们将在后文进一步探讨《文赋》诞生的主、客观原因，虽然陆机在“自序”中并未明言，后世也无史料披露他所受玄学之影响，单从文本来看，《文赋》似乎也没有像《诗品》或《文心雕龙》那样有零星片语的陈述，读者似也难以寻到蛛丝马迹。然而如果我们对《文赋》的篇章结构、行文思路和陆机的思维特点及走向进行细致分析，就会发现该著问世于西晋绝非偶然，它是玄学熏陶的产物。陆机论文不能不受到时代学术思潮的影响和环境氛围的熏陶。从思维架构来看，《文赋》无疑打上了鲜明的玄学印记。

先看陆机论构思之前微妙的心理状态。他受庄子的“心斋”说（一种空明的领悟道的心境）之启迪，细腻地描述创作过程的情景为：

> 其始也，皆收视反听，耽思傍讯，精骛八极，心游万仞。

从有感于物，引起创作冲动，到进入构思阶段，首先接触到的便是创作开始时的心理状态问题。陆机把创作的心理特点概括为内视和神思的飞驰，这是很了不起的一个理论创造。陆机将道家悟道之心境引入文学理论，用来

[1] 司马相如从创作体验的角度谈及过作赋的过程（载于葛洪《西京杂记》中），但相比《文赋》和《文心雕龙·神思》篇，则深入度明显不够。

说明创作构思开始时必须具备的一种精神状态，这与“心斋”说在排除杂念、归于虚静方面具有异曲同工之妙，直接开启了后来刘勰之论。

紧接着讲想象的驰骋。他在庄子所说的身存于此而神驰于彼[1]的基础上，进一步概括出驰神运思。其高明之处在于，从“其致也，情曈昽而弥鲜，物昭晰而互进”到“观古今于须臾，抚四海于一瞬”一节，不仅描述了想象活动超越时空的特点，而且指出想象过程伴随着感情活动和语言运用，而且实践是艺术创造的开始。随着心象的联翩出现，所要表达的情思也由朦胧而逐渐清晰，想象伴随着情感活动。不仅如此，“信情貌之不差，故每变而在颜；思涉乐其必笑，方言哀而已叹。”感情与想象交错展开的统摄，便是选择词语以表现逐渐明朗的情思和清晰的物象，离开语言，则构思必然落空。陆机在描述想象活动的同时，也在描述词语选择的情状，这的确是一个了不起的成就，不仅需要持久深切的创作体验，更体现了陆机论文思维的缜密和细腻。在陆机之前，还未有任何批评家能细致深入到这一步。

接着陆机论述创作构思过程时，提出了艺术灵感在创作中的意义问题。在“若夫应感之会，通塞之纪，来不可遏，去不可止，……故时抚空怀而自惋，吾未识夫开塞之所由”一节，他以诗一般优美的语言深情而生动地描绘了人类难以琢磨的“灵感”——贯穿想象、情感、语言和义理的一种文学现象。只有具备高超的思维能力，才能将这个复杂的现象传达得如此透辟与精准。[2]可见，陆机论构思，涉及创作冲动的引起、创作开始时的心境、想象展开时的情形，以及灵感现象等问题。

可以说创作的整个过程陆机都有所涉及，而这实际上是对创作的思维方式、思维过程的一种研究。罗宗强先生认为，《文赋》乃是文学的艺术特质被发现、文学功利说受冷落之后的产物，是文学独立成科之后对创作经验

---

[1]《庄子・让王》曰：“身在江海之上，心存魏阙之下。”此外，《人世间》和《应帝王》等篇涉及的“游心”“游神”等，都是和想象有关的论述。

[2] 虽然陆机坦诚他自己也不明白灵感到来是开与塞的缘由，但这种充满神秘性的文学现象人类至今也无法完全给出科学的解说。许多教材苛求陆机，我认为这是不合理的，他只是尽其所能道出了实情。

的理论总结。[1] 这就揭示了《文赋》论"构思"绝不可能出现在秦汉的真正缘由。而设想在建安玄学正起步发展时期，这种传达几乎难以想象。放在诗性文化占据主导的唐代，也没有诗人型批评家能描述得如此周密、贴切和生动。正是建安至西晋一百多年玄学的深入发展，对广大士人思维方式的熏陶，才使《文赋》借助于经验丰富、体验细腻的文坛赋作高手陆机得以问世。因此，从玄学特征和论述思维来看，《文赋》诞生于西晋，成为文坛佳话并不奇怪。[2]

部分学者也明确认为陆机对构思过程的研究除了以创作经验为积累外，显然也与玄学的发展及受到玄学之影响有关。罗宗强曾说：

> 玄学创造了高度思辨的方法，才使对于思维活动的研究成为可能。陆机对构思过程的描述，虽然以具象的形式出现，但其实是抽象的产物，是无数创作经验的抽象。没有经过玄学思潮的训练，没有玄学思潮带来的士人思维能力的普遍提高，《文赋》的构思理论是不可能产生的。[3]

所言极是，如果把陆机《文赋》放入玄学发展史中去考察，将之与此前嵇康《声无哀乐论》、应瑒等玄学家的《文质论》以及魏晋其他文学进行比照，就绝不会对其所受玄学的影响、刻下玄学的印迹有所怀疑。

三、玄学与诗体批评

1. 追溯源流与执本驭末

汉末社会的大乱急切呼唤时代重新建构新的文化秩序，学界与思想界对经典的阐发不再拘泥于一家学说，因而陷入繁琐局面。玄学家王弼在本体论

[1] 罗宗强：《魏晋南北朝文学思想史》，中华书局，1996 年，第 112 页。

[2] 玄学思潮影响魏晋创作，使诗歌融合艺术性和思辨性，显示出很强的哲学意味，参见罗宗强《魏晋南北朝文学思想史》第 141 至 150 页相关论述。

[3] 罗宗强：《魏晋南北朝文学思想史》，中华书局，1996 年，第 112—113 页。

意义上建构起一种方法论，虽不局限于学术，但却为当时学术研究提供了全新的视野和方法，指示了新的发展方向，这就是其“以寡统众”（或称“以少驭多”）或“举本统末”的思维方法。如《论语释疑》释“予欲无言”曰：“予欲无言，盖欲明本。举本统末，而示物于极者也。”

而最为显著的是王弼注解《周易》，体现出“以《传》证《经》”[1]的特点。在《易传》中，王弼尤其重视的又是象，其《周易略例》即首列明象，[2]他从“举本统末”的方法论出发，提出了“统之有宗，会之有元”的思想，并谓“故自统而寻之，物虽众，则知可以执一御也”。虽《周易》本来就有“易简”的思想，如《系辞上》有“易简而天下之理得矣”的说法，但真正将这种思想加以挖掘、阐释和弘扬，并且在理论上提出“统之有宗、会之有元”的命题，则不能不说是王弼在学术思想上的重大贡献。

此外，部分僧人亦有对本、末关系的论述。如支遁《大小品对比要抄序》云：“事之所由，末不有本。宗之与本，万理之源矣。”（《出三藏记》卷八）从支遁、慧远等强调“本”“宗”“统”，也就自然会引发出“源”“流”等问题，并且支遁还讲到“览其源流，明其理统”“寻源穷流各有归趣”“推寻源流，关虚考实”等。虽然钟嵘与佛学的关系暂不可考，但支遁之文却与《诗品》颇有近似之处。学界通常认为，钟嵘“明周易”，吸收了王弼的方法论从而形成了《诗品》的内在体系。当然，二者形虽异但神实同，王弼提出的“以寡统众”“举本统末”方法论，是侧重于思想文化领域，试图调和儒道，协调孔老，为汉末以来纲纪沦丧的社会重新建立一种文化秩序；而钟嵘则是面对当时诗坛在创作上的“庸音杂体，人各为容”以及在批评上的“淄渑并泛，朱紫相夺，喧议竞起，准的无依”的“淆乱”局面，意欲建立一个新的诗学体系，准确导向读者的阅读趣味与评判标准。在他看来，诗歌史的发展，《诗经》和《楚辞》是“寡”，是“本”，而以下的发展则是“众”，是

[1] 汤用彤：《王弼之周易论语新义》，见《汤用彤学术论文集》，中华书局，1983年，第267页。

[2] 易传中对此已有提示，系辞下云：“知智者观其彖辞，则思过半矣。”但真正重视彖辞，则自王弼始发挥其义。

“末”。诗人层出不穷，风格各异；作品数以万计，变化多端，但追溯其源，则不外乎《风》《骚》，用王弼的话来说就是“品制完变，宗主存焉”（《周易略例·明象》)。《诗品》的内在体系，就是受玄学家注释《周易》的影响而建构起来的。[1]

2.“三易”与批评方法

钟嵘评论诗人诗作为何有如此强烈而自觉的溯源意识，将众多诗人归之于《诗》《骚》二途？他在品藻不同风格时为何不断在比较中显示差异、区分高下、明确优劣呢？这些归根到底与《周易》之“三易”说对后世文化的渗透及影响有关。

孔颖达在《周易正义·论易之三名》指出：“易一名而含三义：易简，一也；变易，二也；不易，三也。”而《诗品》的内在体系，正是通过“推溯源流”法来具体体现的。如前所述，讲“文末”“一多”“寡众”便很自然导出源流的命题与方法。钟嵘吸取了王弼“以寡统众”“举本统末”方法论，将汉魏以来的诗派归为《国风》与《楚辞》两大系统，这就是《周易》的“易简”之理，也就是“以寡统众”的“寡”，“举本统末”的“本”。据张伯伟先生的研究，完整的“推源溯流”说由渊源论、文本论和比较论三部分构成。[2]源流论就是“其源出于某家”之类，此即《周易》中的“不易”之理；而文本论和比较论则是对诗人及其作品特色的考察，包含了对渊源的突破，也就是对“不易”的“变易”，是“通”而能“变”的意思。例如，钟嵘评谢灵运：“其源出于陈思，杂有景阳之体。故尚巧似，而逸荡过之。”前者是“不易”之处，“而逸荡过之”以下的评语则是“变易”之处。又如评鲍照、评谢朓等均是如此。这种批评思路与方法在《诗品》三品中广泛运用，比比皆是。钟嵘在具体使用“推源溯流”法时，几乎同时包含了“易”之“易简”“不易”“变易”三层含义，显然也是《周易》浸染的结果。

---

[1] 这里关于王弼玄学的表现、影响及其与《诗品》的关系等，参见了张伯伟《钟嵘诗品研究》第47至50页的部分成果，尤其是吸纳了很多史料，特此说明并致谢。

[2] 张伯伟：《中国古代文学批评方法研究》，中华书局，2002年，第158—166页。

3. 尚“中”观念

我们还发现，钟嵘在为不同诗人座次排序、归于相应品第时，并未就上品一味叫好、中品怠慢之、下品轻视之，而是于上品中兼论其诗歌的缺点或不足，在评论下品诗人时，几乎全是就其诗歌的某种长处而言，否则，仅仅鞭笞下品诗人诗作，则于文坛不利、于文学发展大失偏颇，同时也非钟嵘之本意。他是本着严肃的批评态度与标准而绝非单靠直观感受、个人喜好及某种印象来进行批评的。如评上品：

> （刘桢诗）仗气爱奇，动多振绝。贞骨凌霜，高风跨俗。但气过其文，雕润恨少。然自陈思已下，桢称独步。

> （陆机诗）才高辞赡，举体华美。气少于公干，文劣于仲宣。尚规矩，不贵绮错，有伤直致之奇。然其咀嚼英华，厌饫膏泽，文章之渊泉也。

他对刘桢、陆机、谢灵运诗歌极力欣赏，赞不绝口的同时，也敏锐地指出其弊，毫不留情。而对于下品诗人：

> （班固）观其《咏史》，有感叹之词。文胜托咏“灵芝”，怀寄不浅。

> （毛伯成）伯成文不全佳，亦多惆怅。吴善于风人答赠。许长于短句咏物。

钟嵘每每捕捉下品诗人的优势和长处，予以褒奖和肯定。因此通观《诗品》全书，钟嵘通过适当褒、贬的方法，分别将上品适当下拉，将下品适当上拔，从而实现了某种“折中”与“尚和”。这种批评中“尚中”的观念即是对《周易》的吸纳和运用。[1]《周易》之“中”在王弼的注解中得到过很好的发挥：

[1]《诗品》中还有一些字句延续了《周易》一书，但这和本文从文体学视角进行玄学与批评的考察有别，故不论。读者可参见张伯伟《钟嵘诗品研究》，南京大学，1999 年，第 53 页之论述。

《坤卦》象辞注："方而又刚，柔而又圆，求安难矣。"

此意谓过刚过柔都不足取。再如：

象辞注："用黄裳而获元吉，以文在中也。"

"尚中"的观念被钟嵘贯穿于《诗品》始终。除指陈上、下品级诗人之优缺点外，钟嵘对最为欣赏的曹植之诗歌评价也是深得其"中"，使用的"骨气"与"词彩"、"雅"与"怨"、"文"与"质"均是对立的两极，而曹植能很好地融合为一[1]，故深得钟嵘赏识和赞叹。批评家调度各种排比譬喻虽是溢美之词，但也从侧面反映出钟嵘欣赏的是曹植诗篇融合多种文学元素于一体，有兼容并蓄之气度。因此，钟嵘肯定了曹植的最高地位，而相比较而言，刘祯、王粲则不免各得其偏。

4. 对"自然"风格的推崇与实践

在《诗品序》中，钟嵘的确对大明、泰始以来的"抄书"诗风颇为不满，以犀利的笔法和尖锐的口气予以鞭笞和批判。在他看来，诗作"至乎吟咏情性，亦何贵于用事？"以用典、隶事而加于诗歌之上，是缺乏"自然英旨"之表现。钟嵘极力倡导"自然"的诗学观[2]。我们无意从文本内容中来搜寻钟嵘的"自然"观陈述，只是从批评文体的角度来通观其三品之论，则其批评风格在整体上正是对其主张的切实践行，或者说钟嵘的诗学批评和其理论倡导相当一致。这在前文论述直觉思维和感悟性批评方法时，均可见一斑。我们不妨再对其文体从语言和风格呈现出的自然性稍作分析。

泰机"寒女"之制，孤怨宜恨。长康能以二韵答四首之美。世基"横海"，顾迈"鸿飞"。戴凯人实贫羸，而才章富健。观此五子，文虽

[1] 曹植自己在《赠丁仪王粲》中曾言："欢怨非贞刚，中和诚可经。"

[2]《诗品序》云："思君如流水"，既是即目；"高台多悲风"，亦唯所见；"清晨登陇首"，羌无故实；"明月照积雪"，讵出经史？观古今胜语，多非补假，皆由直寻。

不多，气调警拔。……

范诗清便宛转，如流风回雪。丘诗点缀映媚，似落花依草。故当浅于江淹，而秀于任昉。……

这完全是对诗人诗作最直观的鉴赏和最直接的感受，无论是略带喜好还是稍存褒贬，不仅没有堆砌典故的毛病，也不大讲究声律的协调，纯粹将诗作给其留下的印象传达出来，有话则长，无话则短。《诗品》通篇这种印象与感悟式的批评，使其文体呈现出自然、亲切的况味，少了些许人工雕琢的痕迹。钟嵘何以极力反对用典显学、以理性宰割诗歌的咽喉而主张自然文风呢？钟嵘何以能在玄佛合流的南朝，将尚中意识、调和思维与自然文风处理得如此得心应手呢？这需要追溯到老子的“自然”观。自然的本义是自然如此、与外力无缘，其含义被玄学家王弼注解、阐发得更加透彻：

万物以自然为性，故可因而不可为也。（第二十九章注）

王弼不断发挥这一层自然之意，认为“应物”而不为物所累，“有情”[1]而不为情所牵，就是自然之性的遵循。

因此，钟嵘无论是在序言中指陈的“即目”“直寻”还是其批评文体呈现出的“自然”风貌，就是按照其本来面貌、自己如此的样子，不必借助于前人典故、隶事来“曲折”而“间接”地进行表达——这只能是对“自然”的违背与破坏。不过，既然是诗歌，需要创作，就必定要通过主观的情思、意象的安排和文字的构造，故就诗而言，又不能是纯粹“自己如此”的。如上引其评“范云”一条，虽直道主观之印象，然而采用三句工整的骈体偶对，加之以象喻法的巧妙运用，融批评与创作之中，文采斐然，读来优美灵动，引人无穷遐思。只是这种人为的辞格修饰和形式讲究颇有美感罢了。所

[1] 语出《三国志·魏志·钟会传》裴松之注引。

以，钟嵘序言中所论之“自然”必定是玄学的“自然”，是一种融盐入水的高超创造，但“又不觉其为创造，似乎只是‘即目’‘直寻’而已，没有雕琢斧凿、人工构造的痕迹”。[1]

此外，钟嵘何以采用“三品”论人，难道仅仅是吸纳了当时艺术批评中三品论艺的方法？曹旭先生曾翔实地分析了其与易数之关联，兹不赘述。

四、玄学与骈体批评

《文心雕龙》是南北朝最具代表性的骈体批评，也属于论文体和专著体，具有多重色彩。我们这里主要从批评文体角度，来探讨刘勰如何吸纳并转换玄学思想来进行全著篇目的设置从而建构全书的理论体系，又如何引入玄学以形成自身独特的思维方式和批评线路。这集中表现在三个方面。

1.《文心》之篇目：其为文用，四十九篇

章学诚谓《文心》“体大而虑周”“笼罩群言”，肯定该书规模的宏大、结构的谨严、体系的完整等体制特征，这已成为一种共识。王运熙等先生曾试图从佛学和秦汉子书体例等角度寻找答案。[2] 而这两个方面在该书中，刘勰都没有谈及过，需要显隐结合、综合分析。而刘勰明确提及过他受玄学影响而著述，其《序志》篇云：

> 位理定名，彰乎大衍之数，其为文用，四十九篇而已。

按照《周易》系辞传称：

[1] 参见张伯伟：《钟嵘诗品研究》，南京大学出版社，1999 年，第 59 页。本处论述吸取了张先生该书部分史料，特此说明并致谢。

[2] 王运熙、顾易生主编：《中国文学批评通史》（七卷本），上海古籍出版社，1989 至 1996 年版，其中《魏晋南北朝文学批评史》卷，第 328 页。

大衍之数五十，其用四十有九，分而为二以象两，挂一以象三。揲之以四，以象四时，归奇于扐以象闰，故再扐而后挂。[1]

原文是讲揲蓍求卦的方法和过程的。“大衍之数五十”本指用来卜卦的五十根蓍草，“其用四十有九”指从五十根中拿出一根放在一边不参与蓍草数目的变化，只有四十九根实际参与求卦过程。就揲蓍求卦的实际过程来说，这已足够了，而准备五十根不过是为了表明数的神圣性。按照郑玄解释，《易传》作者认为“五十”这个数有特别神圣的含义，它可能是天地之数五十有五减去五行之数而剩下的神数。故此，凡是依照“大衍之数五十”来行事的，都有遵从和神化所作之事的含义。《文心雕龙》总数五十篇，从其《序作》陈词来看，其篇目形成是吸纳《周易》并转换玄学家注释而精心杜撰的。并且，刘勰也依照“其用四十有九”而安排出“其为文用，四十九篇而已”。可见，他对大衍之数中总数的“五十”、被用的“四十九”、不用的“一”这三者的关系和作用有深入的认识，对各自功用和如何处理、把握等也是很熟悉的。所以《文心雕龙》是在有意模仿与吸纳大衍之数及其分配，而这恰恰成为该著的结构体系和刘勰的行文思路。

不过，刘勰如此干脆而明确地采用此法结构全书，还是深受王弼《易》学之影响。王弼对“大衍之数五十，其用四十有九”的解释，有可能得到刘勰某种程度上的认同甚至推崇。其注解曰：

演天地之数，所赖者五十也。其用四十有九，则其一不用也。不用而用之以通，非数而数以之成，斯易之太极也。四十有九，数之极也。夫无不可以无明，必因于有，故常于有物之极，而必明其所由之宗也。[2]

王弼此注的特点固然主要在于借解易来谈玄，但也是对汉儒易学以“不用”之“一”为“太极”之说的继承。王弼宣称，不用之“一”与被用之

[1] 楼宇烈：《王弼集校释》，中华书局，1980 年，第 547—548 页。
[2] 同上，第 547—548 页。

"四十九"之间具有本末关系，"四十九"以"一"为本，承"一"而来。王弼这种看法充分体现了玄学强烈的思辨性，曾得到与刘勰同时代的顾欢的赞同。顾欢说：

> 此立五十数以数神，神虽非数，因数而著，故虚其一数，以明不可言之义也。[1]

这也是将不用之"一"看作非数，它是借助数（四十九）而得以显明的，只不过顾欢把"一"叫做不可言说的神而已。而刘勰是否也受到王弼注解的启发与影响呢？虽暂无史料披露，但其著篇目的设置来精心杜撰，绝非空穴来风。我们据其《原道》(或《序志》）一篇与其余四十九篇之关系即可作出断定。

对于代表其"一"的这一篇究竟是《原道》还是《序志》篇，目前学界虽有争议，但大多倾向于"一"指《序志》篇。因为此篇只是提纲挈领地谈论创作构想和著述意图，说明书名的由来、意义，写作本书的目的，全书的基本结构，论文的基本态度，以及对全书来说属于总体性或一般性的问题。它不再属于具体的论文篇目，是与其余四十九篇性质迥异的一篇。因此，考虑一下《文心雕龙》前四十九篇与《序志》篇的关系，它不属于具体论文的"四十九"篇而又对它们有重要意义，我们就不难看出《文心雕龙》这种安排与王弼大衍义的实际关系了。

2. "以一为本"与"以多为末"

在《文心雕龙》前四十九篇的论文方法上，刘勰还是颇受玄学的影响，玄学家阐发"三玄"时所使用的"以寡统众""举本统末"之思维方法，已如上述，此不赘言。单就王弼来看，他注《老子》《周易》甚至《论语》时就明显地强调义理，以为它是统帅支配复杂现象的"多中之一"，即以一

[1]（清）孙星衍：《周易集解》，上海书店，1988 年，第 574 页。

（义理）为本、以多（事象）为末[1]。因此，王弼自然地在方法上主张执一统众、举要治繁，强调做任何事情都要善于抓住根本和关键，也就是把握纷繁事物中不变、简易的义理。比如他在《周易略例·明象》中说：

> 故自统而寻之，义虽众，则知可以执一御也；由本而观之，义虽博，则知可以一名举也。故处璇玑以观大运，则天地之动未足怪也；据会要以观方来，则六合辐辏未足多也。[2]

主张自统而寻之，由本而观之，要"处璇玑以观大运""据会要以观方来"，就是把握事物的要害即事物恒常而单一的义理，不为众多的现象所迷惑。《周易略例·明象》中所说的得象忘言、得意忘象的方法，本质上也是执一统众、举要治繁的方法。王弼正是扫除了汉易繁琐的象数之学，使易学走上了易简之路。

而王弼这种直探宗旨、略去枝节的方法论，在当时玄学家那里具有很强的普遍性。比如郭象《庄子注》寄言出意的方法就显然继承自王弼。以王弼为首的玄学家注解三玄、解读经典，以及看待事物、分析现象所使用的思维及方法，后来甚至成为南朝学术（经、玄、佛）的基本方法，构成南朝学术的基本特色。这在《世说新语》中时有记载，读者可参看。而刘勰论文的有些观念非常明显地与王弼派易学的本末、一多观念有关。如《章句》篇说：

> 章之明靡，句无玷也；句之清英，字不妄也。振本而末从，知一而万毕矣。

《附会》篇又云：

> ……扶阳而出条，顺阴而藏迹，首尾周密，表里一体，此附会之术也。

[1] 相关论述请参见黄应全：《魏晋玄学与六朝文论》，首都师范大学出版社，2004年，第156—160页。本处吸取了黄先生该部分研究成果，特此说明并致谢。

[2] 楼宇烈：《王弼集校释》，中华书局，1980年，第591页。

其中“振本而末从，知一而万毕矣”“驱万涂于同归，贞百虑于一致”在辞句上似乎都直接本于王弼《易》注或《老子》注。

其次，刘勰论文时何以能精准地把握命题的要害与关键，以简洁凝练的语言进行批评，深入浅出，游刃有余，每每令后人叹服不如？这也与其吸纳、接受并成功转化、应用玄学思想有关。比如《情采》篇云：

> 故情者文之经，辞者理之纬；经正而后纬成，理定而后辞畅：此立文之本源也。

《物色》篇云：

> ……两字连形：并以少总多，情貌无遗矣。……《诗》、《骚》所标，并据要害，……物色虽繁，而析辞尚简。

《序志》篇云：

> 盖《周书》论辞，贵乎体要，……辞训之奥，宜体于要。……

类似的例子还散见于全著论析文体和创作论之中。虽然在不同地方，“要”或“本”的含义因语境之别而略有不同，然刘勰采用王弼玄学在哲学层面上具有整体影响和形而上作用的方法来论文，总是能把握问题关键，以之统帅全篇的。

再者，在《文心》全书具体结构的安排上，刘勰也是充分采用玄学执一统众、举要治繁的思想方法。如《序志》篇陈述，全书分上、下两篇。上篇明纲领，共二十五篇，包括总论（“文之枢纽”）和文体论（“论文叙笔”），其中《原道》至《辨骚》前五篇论文学的基本原理，谓之“文之枢纽”，是全书的总论；从《明诗》至《书记》后20篇分论各体文章，依照“四项批评原则”依次进行，故此而“纲领明矣”。下篇又分为三个部分，“以驭群篇”的《序志》为一部分，从《神思》至《总术》泛论写作方法为一部分，从《时序》至杂论与文章有关的一些重要文体为一部分。这样一来，“下篇以下，毛目显矣。”

从刘勰对《文心》的整体安排中，我们就已经可以看出他论文抓要害和根本的方式（“枢纽”“纲领”“毛目”等可见）。而其批评曹丕、曹植、应瑒、陆机、挚虞、李充等，认为他们只是抓住了文的次要方面，在论文时“各照隅隙，鲜观衢路”，没有“振叶以寻根，观澜而索源”，即未能抓住论文的要害和关键。这正从反面证实了刘勰是有意识地吸纳和采用玄学家王弼等人的方法来从事批评。而从“文之枢纽”“论文叙笔”“割情析采”三大部分的二级分析中，我们依然可清晰地看出这种努力和影响。[1] 兹不赘述。

虽然玄学盛行于魏晋，而在刘勰所处的南朝开始江河日下，但一种哲学层面的文化思潮历时数百年之久，必定会在人们的观念、方式和习惯上根深蒂固，或显或隐地深入士人的内心世界、思维方式和批评思路之中。王弼注易在整个南朝都十分盛行，整个南朝学术都深受其注重原理的易简方法的影响。无论如何，王弼玄学化的《易》对《文心》结构产生的影响，都是不可否认的。早有学者如王元化先生就注意到了玄学思维方式对文学体系性和逻辑性的影响。[2]

3.《文心》思辨性的多重体现

玄学家在阐发言意、形神和才性等系列命题，在注解三玄时所使用的角度、所形成的思维等，都显示出浓郁的思辨性，这给了魏晋南北朝批评家极大的思维滋养，使这一阶段批评文体显示出秦汉以来少有的繁盛局面，相比之前都取得了极大的突破和推进。玄学极大地提升了魏晋南北朝批评主体思维的深广度和缜密度，带来了批评文体全新的思辨性。这在集大成的刘勰论文时，表现得极为明显。通观《文心雕龙》全书，从标题的组合与设置，理论的分析和阐发，再到诸多范畴术语的形成等，无处不充满强烈的思辨色彩。可以说，在整个魏晋南北朝四百余年里，刘勰论文的思辨性堪称榜首、

---

[1] 这方面的相关论述可参见黄应全:《魏晋玄学与六朝文论》，首都师范大学出版社，2004 年，第 162—166 页。

[2] 王元化:《文心雕龙讲疏》，上海古籍出版社，1992 年，第 296 页。

无人能敌。

先看标题设置之思辨。《文心雕龙》五十篇中很多篇目命名本身就是思辨的产物。单从标题来看，其批评行文必然会围绕相互对立的两个方面展开。比如《通变》《情采》《隐秀》等篇，其中的通与变、情与采、隐与秀等就是对立二元的结合。比如"通变"，"通"是要求有所继承，如作品的体裁必然有一定的规格，这方面要广采博收，大量参考前人的作品，是因袭，是继承；然而单是如此，作品无法创新，还得有所革新，就得"变"，作家的文辞、才气等，要变化，要推陈出新，文辞因时代而变，才气因个体而异，只有在新变中文学才有出路。刘勰辩证地统一二者于一个标题中，凝练又醒目，思辨而又深刻。全篇批评的展开，对九个朝代文学发展史的考察，也都是思辨性地来进行。而正是刘勰巧妙地汇通二元对立因子而创造标题，才使"隐秀"等成为深远影响后世文论的重要范畴与术语。以标题彰显思辨，这在刘勰之前的批评家那里，还是极少的。

再看析理之周全和严密。一部《文心雕龙》无论是初读还是多次反复阅读、研磨，都会有一种强烈的感受：刘勰考虑问题往往既从正面单刀直入，接着又从反面迂回曲折；既想到了问题的 A 面，同时也没有忽略与之相对或相关的 B 面，他很少直接在 A 或 B 之间鲜明表态，直接或完全赞成、反对某一方面，其思维和话语显得非常圆通。刘勰论文时的分寸感和把握度在魏晋南北朝众多批评家中是第一流的，无人可以超越。这是他兼容并蓄，综合吸纳并转化儒、道、玄、佛各家思想熔成一炉的伟大之处。也正是在折中和圆通中，读者几乎窥探不出刘勰思想感情的大喜大悲，批评情绪的起伏变化，批评显得非常冷静和理智，一切显得那么温和，似乎主体退居幕后，只凭理性在自如调度。

刘勰的高明也就在这里。其论文几乎处处兼顾了事物的两极，取其折中而不偏激。例如"斯斟酌乎质文之间，而隐括乎雅俗之际，可与言通变矣"，就是兼顾两头而取其适中合度，斟酌于文质、雅俗之间。其论文风，则要求风骨与文采的结合，质、雅、风骨属于"正"的一面，文、俗、采则属于

“奇”的一面。《熔裁》篇讲到文质繁略各有优长，虽繁而不可趋于芜秽，虽略而不可陷入短乏。立论稳妥，颇有分寸。其他如论种种修辞手法，也常常注意到事物的两面，强调适度。如《夸饰》篇要求“夸而有节”，用事主张“综学在博”而“取事贵约”。至于《声律》总结出的“异音相从”的规律；《丽辞》指出“反对”之优在于上下句“理殊趣合”即相反相成；《章句》论改韵，以为四句一转、百句不迁都不相宜，当取其折中，……凡此种种，都是其论述具体问题时辩证思维的体现。

思辨性论文的方式贯穿《文心雕龙》诸篇之中，有时思辨前后紧承，一目了然；有时则需要前后互文对照，方可见其考虑之周全、思维之缜密。从救弊角度来看，刘勰论文是有鲜明倾向性的，但同时他又反对因噎废食，走入另一端，这种两头兼顾的批评方法，表现得极为圆通，运用得极为灵活。在任何朝代任何民族，一种思维形式所显示出的品质必定需要长期的发育和酝酿，刘勰论文时的思辨理性和周全考虑很大程度上离不开玄学论辩带给士人们思考习惯和话语方式的影响，尽管儒家中庸学说和佛教中道观也具有相当的折中性与调和性，然而魏晋玄学思潮对思辨所作出的贡献尤为显著。正是刘勰吸纳、融汇玄学各种思想和方法来论文，才使其诗学内容博大精深，耐人寻味；也使其批评思想光照千秋，泽被后世。

综上，魏晋南北朝批评家借鉴并引入玄学“以寡统众”“举本统末”及折中调和的思维方法来从事文学批评，才使这一阶段批评文体在结构体系、批评思路、范畴术语等方面显示出很鲜明的时代色彩，使批评家在论述构思、灵感、心物等理论问题时既可深入又可浅出，尤其是以一执多、举本统末方法的运用，使《诗品》《文心雕龙》等文论巨著不仅显得思路清晰、线索分明，而且使批评家的各种观点、见解相互融合，有机勾连，生发出批评文体强烈的思辨性。

论《汉书》“《诗》以正言”与《诗》之“用”

李铁婷[1]

[摘要]《汉志·六艺略》序明确提出“《诗》以正言，义之用”。《诗》不仅可以匡正“言”，还可以作为凭据佐证“言”，《诗》的价值在这两方面都得到认证。儒家的五常之“义”寄寓于《诗》中，通过引《诗》便可以用其“义”来规范和引导言行。不仅如此，离开“义”的五常背景，《诗》具有的现实指导性还表现在政治与生活的各个方面，其实践价值得到更全面验证。《诗》与“言”“用”得以结合的原因在于：一是西周春秋时期对教“言”和“言”教的重视；二是春秋时对《诗》的广泛运用；三是汉代对经术的强化。

[关键词]《汉书》《诗》以正言 《诗》之“用”

《汉书·艺文志·六艺略》序云：“六艺之文：《乐》以和神，仁之表也；《诗》以正言，义之用也；《礼》以明体，明者著见，故无训也；《书》以广听，知之术也；《春秋》以断事，信之符也。五者，盖五常之道，相须而备，而《易》为之原。”[2]由材料可知，六艺的价值包括两个层面：一是《易》《乐》《诗》《礼》《书》《春秋》自身所具有的理论价值；二是作为“五常之道”以辅助仁、义、礼、知、信等“五常”得以实现的实践价值。其中，“《诗》以

---

[1] 李铁婷，北京师范大学文学院博士后。

[2]（汉）班固撰，（唐）颜师古注：《汉书》，中华书局，1962 年，第 1723 页。

正言，义之用”即指《诗》一方面具有“正言”的功能，另一方面也能使五常之“义”的意义得以展现，除此之外，《诗》的实践价值还表现在多方面。

一、“《诗》以正言”：《诗》理论价值的认证

“《诗》以正言”表明《诗》之于“言”的作用在于“正”。“正”甲骨文作或，口为城邑之形，下从止，为征伐城邑之意，本义为征伐。由于征伐的目的就是有所平定，由此引申出纠正、匡正之义。又由于“正”与“证”通，而“证”的篆文有“証”和“證”两种写法。《说文解字》释“証”为“谏也”，用言语劝谏使言行不偏离正道[1]；又释“證”为“告也”，因告发需要有可靠的凭据来判定，故引申为证据，故“正”有戒偏和凭证之意。这在“《诗》以正言”之“正”中都得以充分体现，结合《汉书》对《诗》的引述，分析如下：

首先，《诗》具有匡正之意。《儒林传》载昌邑王刘贺“以行淫乱废”而使得“昌邑群臣皆下狱诛”，除了因“数谏”昌邑王改正淫乱之为而幸免的中尉王吉和郎中令龚遂外，还有一位免于死罪的就是君王之师王式。在王式投狱处死之时，治事者曾责问他：“师何以亡谏书？”王式回答道：

> 臣以《诗》三百五篇朝夕授王，至于忠臣孝子之篇，未尝不为王反复诵之也；至于危亡失道之君，未尝不流涕为王深陈之也。臣以三百五篇谏，是以亡谏书。[2]

从治事者的问话中不难得知，如果曾经有进谏的文书，王式也会像王吉与龚遂一样免于死罪，可见谏书在当时的效力。然而，王式认为在朝夕传授昌邑王的三百五篇《诗》中，特别是，如“忠臣孝子”之正例，借此树立

[1]《周礼·地官·保氏》云：“保氏掌谏王恶。”郑玄注云：“谏者，以礼义正之。”

[2]（汉）班固撰，（唐）颜师古注：《汉书》，中华书局，1962年，第3610页。

榜样而具有典范意义；如“危亡失道之君”之反例，从中受到启示以达到警戒之用，这些篇章都具有深刻的教导意义，就相当于进谏的文书，其发挥的作用与有意撰写的谏书一样。治事者接受了此论断，遂王式“亦得减死论”，从而说明《诗》的理论价值得到时人的认可。除此之外，对于昌邑王放纵如故的本性，王吉也总是极力规劝，在上奏的谏书中曾多次借引《诗》以达到此目的，可谓“甚得辅弼之义”。《汉书·王贡两龚鲍传》云：

《诗》云：“匪风发兮，匪车揭兮，顾瞻周道，中心怛兮。”说曰：是非古之风也，发发者；是非古之车也，揭揭者。盖伤之也……昔召公述职，当民事时，舍于棠下而听断焉。是时人皆得其所，后世思其仁恩，至乎不伐甘棠，《甘棠》之诗是也。[1]

臣闻圣王宣德流化，必自近始……左右所以正身也，所使所以宣德也。《诗》云：“济济多士，文王以宁。”[2]

舜、汤不用三公九卿之世而举皋陶、伊尹，不仁者远。今使俗吏得任子弟，率多骄骜，不通古今，至于积功治人，亡益于民，此《伐檀》所为作也。[3]

分析这四次引《诗》，其一，《桧风·匪风》“匪风匪车”言此时已不是周王朝之政而不免心生忧伤，这也是王吉面对昌邑王好游猎且行为没有节度的真实写照。意在谏其能“顾瞻周道”重振周朝之政，而不是只为能“不半日而驰二百里”就使百姓“废耕桑”而“治道牵马”，要向召公学习在棠树下“听断”时百姓仍能从事自己的事，引《召南·甘棠》正是此意。其二，《大雅·文王》在于警示昌邑王要“谨选左右，审择所使”，当众多有才之士聚集左右，自然会使先王之教化流布天下，上下合德而国家安宁。其三，

[1]（汉）班固撰，（唐）颜师古注：《汉书》，中华书局，1962 年，第 3058 页。
[2] 同上，第 3063 页。
[3] 同上，第 3065 页。

《魏风·伐檀》是伐木者对统治者的讽谏和对社会现实不公的斥责。受此启示，就是要任用贤人明士治理朝政，废除任用亲属的政令而“明选求贤”，这也适用于当今多任用“率多骄骜，不通古今”的子弟为官而造成“亡益于民”的社会现实。可见，从君王的日常生活喜好，到朝廷选贤任能、整饬朝纲朝纪，《诗》在很大程度上都发挥了劝谏功效。龚遂也是这样一位谏争者，《汉书·武五子传》云：

大王诵《诗》三百五篇，人事浃，王道备，王之所行中《诗》一篇何等也？……（刘贺）既即位，后王梦青蝇之矢积西阶东，可五六石，以屋版瓦覆，发视之，青蝇矢也。以问遂，遂曰：“陛下之《诗》不云乎？‘营营青蝇，至于藩；恺悌君子，毋信谗言。’陛下左侧馋人众多，如是青蝇恶矣。”[1]

从《诗》中可以透彻地了解人事，明白为王之道，以此指导帝王日常所言所行，更加明确了《诗》作为谏书的价值。如昌邑王梦到五六石的黑蝇屎堆积在宫殿中，暗示他周围像黑蝇屎一样的小人众多，由此引《小雅·青蝇》以警戒其不要听信谗言，并能放逐谗佞之人，变祸为福。

谏言是为阻止君王犯错，如何在遵循传统尊卑伦理纲常下，还能充分表达己见并达到劝谏的目的，在言语的运用上就需要细致考量。在汉代，《诗》的经学地位不断加强而得到普遍接受，其语言又凝练简洁、极具感染力和表现力，加之自先秦就有以《诗》为谏的《诗》学传统，由此像王吉、龚遂等在上书中纷纷称引《诗》亦是自然。尽管这只是上书谏争的一种表达方式，但从一开始便与五经之一的《诗》紧密相连，故此谏言方式也意义深远。事实上，《汉书》追求文字、语言之“正”[2]不仅表现于谏言中对《诗》的引述，还体现在日常的言语表达中。如《贾邹枚路传》云：“贾山自下劘上，邹阳、

[1]（汉）班固撰，（唐）颜师古注：《汉书》，中华书局，1962 年，第 2766 页。
[2]《汉书·叙传下》云：“函雅故，通古今，正文字，惟学林。”

枚乘游于危国，然卒免刑戮者，以其言正也。”[1]贾山直指陈皇后的过失，邹阳、枚乘交游于局势不安稳的国家，都能免于受刑被杀，正是说话严守正道、“言正”的结果。然而，不论是“谏书”还是“言正”都可以借此免于死刑，在生死攸关之际发挥了重要作用，也从侧面说明《汉书》对言语之正的重视。

其次，《诗》作为凭据之意。

其一，引《诗》证史。《春秋诗话》云：“左氏传《春秋》，学最博，而尤好说诗；诗之关时事者，往往标出。”[2]可见，《左传》就已将“诗”与“时事”相联系，但并没有明确指出“诗”“史”之间有何种密切关系。直到孟子提出“诗亡然后《春秋》作”[3]，《春秋》是“诗亡”后对“诗”价值的延续，由此推知“诗”在未亡之前，完全充当或扮演了《春秋》的角色而具有“史”的价值[4]。这种“诗”“史”间的关系，在《汉书》之《楚元王传》《韦贤传》《匈奴传》三传中亦有表现。如：

> 文王既没，周公思慕，歌咏文王之德，其《诗》曰：“於穆清庙，肃雍显相；济济多士，秉文之德。”当此之时，武王、周公继政，朝臣和于内，万国欢于外，故尽得其欢心，以事其先祖。其《诗》曰：“有来雍雍，至止肃肃，相维辟公，天子穆穆。”言四方皆以和来也。诸侯和于下，天应报于上，故《周颂》曰“降福穰穰”，又曰“饴我厘麰”。厘麰，麦也，始自天降。此皆以和致和，获天助也。下至幽、厉之际，朝廷不和，转相非怨，诗人疾而忧之曰：“民之无良，相怨一方。”众小在位而从邪议，歙歙相是而背君子，故其《诗》曰“歙歙訿訿，亦孔之哀！谋之其臧，则具是违；谋之不臧，则具是依！”君子独处守正，不

[1]（汉）班固撰，（唐）颜师古注：《汉书》，中华书局，1962年，第2372页。

[2]（清）劳孝舆撰，毛庆耆点校：《春秋诗话》，广东高等教育出版社，1996年，第20页。

[3]（清）焦循著，沈文倬点校：《孟子正义》，中华书局，1987年，第572页。

[4] 如《孟子·滕文公上》云：“《鲁颂》曰：‘戎狄是膺，荆舒是惩。’周公方且膺之……。”《滕文公下》云：“周公兼夷敌，驱猛兽而百姓宁……诗云：‘戎狄是膺，荆舒是惩，则我莫敢承。’无父无君，是周公所膺也。”均认为《诗》之所言即是周公之事。

桡众枉，勉强以从王事则反见憎毒谗诉，故其《诗》曰："密勿从事，不敢告劳，无罪无辜，谗口嗸嗸！"[1]

臣闻周室既衰，四夷并侵，猃狁最强，于今匈奴是也。至宣王而伐之，诗人美而颂之曰"薄伐猃狁，至于太原"，又曰"啴啴推推，如霆如雷，显允方叔，征伐猃狁，荆蛮来威"，故称中兴。[2]

至穆王之孙懿王时，王室遂衰，戎狄交侵，暴虐中国。中国被其苦，诗人始作，疾而歌之，曰："靡室靡家，猃允之故""岂不日戒，猃允孔棘"。至懿王曾孙宣王，兴师命将以征伐之，诗人美大其功，曰："薄伐猃允，至于太原""出车彭彭""城彼朔方"。是时四夷宾服，称为中兴。[3]

《楚元王传》载刘向就封事谏言中大量引《诗》,《周颂》之《清庙》《雝》《执竞》言周文王、武王、周公时政治昌明，四方诸侯也来助祭，可谓"朝臣和于内，万国欢于外"。这种"以和致和"的局面感应于天，由此获得天的帮助,"於穆清庙，肃雍显相""有来雍雍，至止肃肃""降福穰穰"等《诗》句正表现于此。与之相反,《小雅》之《角弓》《小旻》《十月之交》则言周幽王、厉王时期由于朝廷不和而转为相互非议和埋怨，纷纷"从邪议""背君子"，即"谋之其臧，则具是违；谋之不臧，则具是依"好坏颠倒。即使那些无罪无辜、独立守正之人，不免还是受到"谗口嗸嗸"之遇。《诗》从正反两面印证了历史。《韦贤传》引《召南·甘棠》与《小雅》之《六月》《采芑》和《匈奴传》引《小雅》之《采薇》《六月》《出车》，主要阐明周懿王时戎狄入侵而暴虐中国，宣王出兵讨伐而大获全胜，使人民从苦难中得以解脱，由此获得中兴之主的称誉。《诗》中"如霆如雷""出车彭彭""薄伐猃允，至于太原"就是对其作战气势与战果的最好概括。《诗》作为历史事实的证

[1]（汉）班固撰，（唐）颜师古注：《汉书》，中华书局，1962 年，第 1933—1935 页。
[2] 同上，第 3125 页。
[3] 同上，第 3744 页。

据，不仅表现在对《诗》句的具体引述，还表现在对《诗》的整体称述，如“昔《诗》《书》述虞夏之际”[1]“殷周之盛,《诗》《书》所述，要在安民，富而教之”[2]更明确地指出《诗》就是对三代历史的真实反映与记载，而且还能从中受到启示。可见,《诗》不仅能证史，从某种程度上讲,《诗》本身也成了史，具有了史的特性，发挥了史的功效。

其二，引《诗》证风俗。主要集中于《地理志》[3]，对于郑、齐、唐、秦、陈五国之民俗民风都引《诗》句予以佐证。一是以《诗》证风。“风”谓“水土之风气”，即自然地理、地域环境及其对人们的影响。如秦地天水和陇西地区“山多林木，民以板为室屋”,《小戎》引“在其板屋”。又安定、北地、上郡、西河等地区都靠近戎狄，因而当地人有修习战备、崇尚高上气力、以射猎为先的习惯,《无衣》引“王于兴师，修我甲兵，与子偕行”[4]。又郑国“土狭而险，山居谷汲”，由此为男女经常聚会提供了契机，以致出现了“俗淫”，故《出其东门》引“出其东门，有女如云”,《溱洧》引“溱与洧方灌灌兮，士与女方秉菅兮”“恂盱且乐，惟士与女，伊其相谑”[5]。言在溱水与洧水灌灌然流盛之时，士人与女子纷纷执芳草于期间，相互赠送并嬉戏。不同的地域会形成不同的自然环境，从而使人们形成不同的生活习性和行为方式，这在《诗》中都有体现。二是以《诗》证俗。“俗”谓“君上之情欲”，盖指君臣与先贤的情性与好恶及由此产生的影响。魏国河东地区“皆思奢俭之中，念死生之虑”的民风形成就与受“先王（尧）遗教”密切相关，并在《唐风》之《蟋蟀》《山枢》《葛生》中得到证明[6]。《史记·五

---

[1]（汉）班固撰，（唐）颜师古注：《汉书》，中华书局，1962 年，第 363 页。
[2] 同上，第 1117 页。
[3]《汉书》引《诗》55 次，而《地理志》中就出现 21 次。参见闫璟：《<汉书>引用书目考》，陕西师范大学硕士学位论文，2001 年。细致划分《地理志》对《诗经》实际数目的引用达 41 次。参见李艳：《论班固<汉书·地理志>的引<诗经>方法及其认识价值》,《中国诗歌研究》第 11 辑，社会科学文献出版社，2015 年。
[4]（汉）班固撰，（唐）颜师古注：《汉书》，中华书局，1962 年，第 1644 页。
[5] 同上，第 1662 页。
[6] 同上，第 1648—1649 页。

帝本纪》述尧“黄收纯衣，彤车乘白马”[1]，乃至“茅茨不翦，采椽不斫，大路不画，越席不缘，大羹不和，粢食不毇”[2]，知尧对质朴节俭的崇尚。又尧采用“妻之以二女”“慎和五典”“遍入百官”“宾于四门”“入山林川泽，暴风雷雨”[3]等方式对虞舜层层考验，顺利通过后才最终决定由他来做继承人，则知其思虑之深。《蟋蟀》不仅体现了“俭不中礼，故作是诗以闵之”[4]的刺俭观，“今我不乐，日月其迈”则是对“将老而死”[5]的深思。《山有枢》“宛其死矣，它人是媮”，《葛生》“百岁之后，归于其居”，也都是忧深思远的表现，故朱熹称《唐风》具有“勤俭质朴，忧思深远，有尧之遗风”[6]的特质。而陈地因胡公之妻大姬“好祭祀，用史巫”，从而采用歌舞祭祀鬼神的习俗很快传播开来，乃至出现“淫祀”[7]。《宛丘》“坎其击鼓，宛丘之下，亡冬亡夏，值其鹭羽”，鹭鸟的羽毛舞动即“事神”[8]；《东门之枌》“东门之枌，宛丘之栩，子仲之子，婆娑其下”，在枌栩之下用歌舞来“娱神”[9]，与唐尧之遗风完全不同。在汉代，由于《诗》是以“经”的面貌立足的，是“恒久之至道，不刊之弘教”[10]，具有绝对的神圣性与权威性，故无论是对历史事件或事实的证明，还是对风俗的佐证都是毋庸置疑的，这也是《汉书》多次称《诗》引《诗》的重要原因。

---

[1]（汉）司马迁撰，（宋）裴骃集解，（唐）司马贞索隐，（唐）张守节正义：《史记》，中华书局，1959年，第15—16页。“黄收”，司马贞索隐云：“象古质素也。”“纯衣”，裴骃集解引郑玄语云：“士之祭服。”

[2] 刘文典撰，殷光熹点校：《淮南鸿烈集解》，安徽大学出版社、云南大学出版社，1998年，第290页。类似的记载如《韩非子·五蠹》云：“尧之王天下也，茅茨不翦，采椽不斫；粝粢之食，藜藿之羹，冬日麑裘，夏日葛衣；虽监门之服养不亏于此矣。”（清）王先慎集解，钟哲点校：《韩非子集解》，中华书局，1998年，第443页。

[3]（汉）司马迁撰，（宋）裴骃集解，（唐）司马索隐，（唐）张守节正义：《史记》，中华书局，1959年，第20—21页。

[4]（汉）毛亨传，（汉）郑玄笺，（汉）孔颖达疏：《毛诗正义》，北京大学出版社，1999年，第442页。

[5]（汉）班固撰，（唐）颜师古注：《汉书》，中华书局，1962年，第1649页。

[6]（宋）朱熹注：《诗集传》，凤凰出版社，2007年，第78页。

[7]（汉）班固撰，（唐）颜师古注：《汉书》，中华书局，1962年，第3335页。

[8] 同上，第1653—1654页。

[9] 同上，第1654页。

[10]（梁）刘勰著；范文澜注：《文心雕龙注》，人民文学出版社，1962年，第21页。

二、《诗》之“用”：《诗》实践价值的验证

《诗》不仅可以“正言”具有理论价值，而且还有“可施行”[1]的实践价值。如“义之用”，这里的“义”是仁义礼智信之“义”，“合君臣、父子、兄弟、夫妻、朋友之际”[2]，即儒家所说的政治伦理纲常。“义之用”指儒家的道德之义寄寓于《诗》中，通过《诗》就可以明白其中之“义”，从而达到指导和规范言行的目的。《诗》与义之间的这种密切关系早在《左传》僖公二十七年就有记载云：“……《诗》《书》，义之府也；礼、乐，德之则也。德、义，利之本也。”[3]孔颖达正义释“义”为“禁民为非”，与“德”一起成为利民之根本，可知这里的“义”指道义。然而，其背景是晋国在商量元帅人选时，赵衰提出郤縠总是讲些礼乐《诗》《书》的内容，可知其对道德、礼义的重视，又都能给人民带来利益，故认为郤縠是不错的人选。不仅《诗》究竟如何发挥了“义”的作用不是表达的重点，而且也只是说明《诗》中存在诸多关于道义的内容，也没有明确提出《诗》在现实实践中发挥的“用”的价值，而《诗》“义之用”对此做了很好的补充。《汉书》引《诗》就对《诗》“义之用”的观念有所体现，沿用“道义”之意并对实践有所指导，而且在提出《诗》有“义之用”的作用外，在实践价值上还有多个面向的扩展，所谓“汉崇经术，实能见之施行”[4]。

“义之用”表现在：一是践行德教德政。《匡衡孔马传》引“窈窕淑女，君子好逑”（《周南·关雎》），“淑女”贤良淑德、容仪端庄喻指政治教化，“君子”喻指“至尊”，意言只有政教宗正，君王才会受到尊崇而配称为“宗庙主”。实行德教的关键在于君王以身作则，《宣元六王传》引“毋念尔祖，聿

[1]《说文解字》云：“用，可施行也。从卜，从中。”

[2] 刘文典撰，殷光熹点校：《淮南鸿烈集解》，安徽大学出版社、云南大学出版社，1998 年，第 348 页。

[3]（周）左丘明传，（晋）杜预注，（唐）孔颖达正义：《春秋左传正义》，北京大学出版社，1999，第 501 页。

[4]（清）皮锡瑞注，周予同注：《经学历史》，中华书局，2004 年，第 56 页。

修厥德”（《大雅·文王》），指追念先祖德行最好的方式就是要先自我修德。不仅如此，在其治理中还要遵循礼法以体现君王之德政，从而得到上下响应而统一四海内外，如《宣帝纪》引“率礼不越，遂视既发。相土烈烈，海外有截”（《商颂·长发》）即有此意。足见，君王施行德教与德政的重要，加之王臣百姓与上天的助力，汉朝“济济多士，文王以宁”（《大雅·文王》）指日可待，《贾邹枚路传》《东方朔传》《杨胡朱梅云传》《王贡两龚鲍传》等均有引此《诗》颂赞这一盛况。然而，任何一个朝代的政治统治都不是一帆风顺，故要以史为鉴，保持警惕。《楚元王传》《谷永杜邺传》引“殷监不远，在夏后之世”（《大雅·荡》），说明夏商周秦之失的教训都值得君王借鉴。《五行志》引“赫赫宗周，褒姒灭之”（《小雅·正月》）“颠覆厥德，荒湛于酒”（《大雅·抑》），认为三代所以丧亡都是因为“妇人群小湛湎于酒”，以示引起后世统治者的注意。同时，还应防范罔上挟奸、蔽朝崇党、肆意伤善的谗佞小人，其不轨之为必将祸乱朝纲，扰乱离间各诸侯国，如《匡衡孔马传》《东方朔传》均有引“谗人罔极，交乱四国”（《小雅·青蝇》）表示对其严厉痛斥。二是珍惜伦理亲情。《盖诸葛刘郑孙毋将何传》引“欲报之德，昊天罔极”（《小雅·蓼莪》），是自幼为孤儿的哀帝对皇太太后辛劳抚养和教导以礼的恩泽报答不尽时所感。《哀帝纪》《外戚传》均引“谷则异室，死则同穴”（《王风·大车》），在哀帝看来夫妇为一体，即使生前不能在一室，死后也要葬在一处，故将其母丁太后棺柩运回定陶与父亲合葬。《文三王传》引“戚戚兄弟，莫远具尔”（《大雅·行苇》），兄弟之间应亲密无间，不应彼此疏远，谷永上疏引此《诗》意告诫成帝不要应窥兄弟闺门之私而破坏了手足情。

战国中期以来，在各类五行学说的影响下，特别是经过汉儒“天人感应”说的进一步推毂，到西汉后期，“五行”说作为一种思维方式和叙述方式，已经辐射到汉人知识系统的各个方面，包括自然、身体、官制、伦常，均被纳入“五行”说的体系之内[1]。尤其是，太初元年（前104）以来，“数

[1] 宋艳萍：《阴阳五行与秦汉政治史观》，《史学史研究》，2001年第3期。

用五”政策的颁行无疑更加强化和刺激此认知倾向。在这样的背景下，无论刘歆还是东汉诸儒，当他们尝试对儒家经典进行某种总结式叙述时，自然会考虑到如何将这一经典体系纳入“五行”的宏阔系统中，而与“五行”相关的一系列观念中，具有伦理纲常性质的“五常”与其最靠近，由此将其作为“五经”与“五行”间的连接纽带再合适不过了[1]。“五常”便与“五经”发生了联系，《诗》“义之用”正是此学术背景下的结果。然而，如果离开这样的学术环境，《诗》在实践中的指导作用还表现在诸多方面。就战事而言：《刑法志》引“武王载旆，有虔秉钺，如火烈烈，则莫我敢遏”（《商颂·长发》）说明只要以“仁谊绥民者”就会无敌于天下，受到如何行军作战的启示；《傅常郑甘陈段传》载刘向疏奏引“吉甫燕喜，既多受祉，来归自镐，我行永久”（《小雅·六月》）言军赏“不逾月”并使立功的人很快就能得到丰厚的犒赏；《卫青霍去病传》引“出车彭彭，城彼朔方”（《小雅·出车》）言汉武帝从中知晓在朔方筑城以抵御匈奴之策。就农事而言：《食货志》云“还庐树桑，菜茹有畦，瓜瓠果蓏殖于疆易”而引“中田有庐，疆埸有瓜”（《小雅·信南山》），又云“春将出民，里胥平旦坐于右塾，邻长坐于左塾，毕出然后归，夕亦如之……冬，民既入，妇人同巷，相从夜绩……”[2]引“四之日举止，同我妇子，馌彼南亩”“十月蟋蟀，入我床下”（《豳风·七月》）足见，《诗》对农桑、时令所带来的影响。就占卜、天象而言：《艺文志》载“《诗》载熊罴虺蛇众鱼旐旟之梦，著明大人之占，以考吉凶，盖参卜筮”[3]，明确《诗》具有占考吉凶的作用；《刑法志》《董仲舒传》《王莽传》引“宜民宜人，受禄于天”（《大雅·假乐》），从中得知善待顺应百姓的生活及生产活动就会得到“天”的庇佑；《匡张孔马传》引“敬之敬之，天惟显思，命不易哉”（《周颂·敬之》）“畏天之威，于是保之”（《周颂·我将》）意在劝诫哀帝要承顺天命，敬畏变异，唯此才能保全自己与天下百姓；《律历志》引“彼月

[1] 程苏东：《从六艺到十三经——以经目演变为中心》上册，北京大学出版社，2018年，第322页。
[2]（汉）班固撰，（唐）颜师古注：《汉书》，中华书局，1962年，第1121页。
[3] 同上，第1773页。

而食，则惟其常；此日而食，于何不臧”（《小雅·十月之交》）则以日食、月食现象的出现为依据来论争政治之善恶。

三、《诗》与“言”“用”结合之因

“《诗》以正言，义之用”明显是将《诗》与“言”“用”联系在了一起，表明《诗》理论与实践价值均得到认可，而最早将三者联系起来的是孔子。《论语·子路》云：“诵《诗》三百，授之以政，不达；使于四方，不能专对，虽多，亦奚以为？”[1]邢昺疏云：“古者使适四方，有会同之事，皆赋《诗》以见意。”[2]钱穆先生释“专对”云：“谓出使以己意应对，不随时请示于本国之朝廷。”[3]故“专对”(言)是特定场合使用的一种外交语言或辞令。“达政”(用)即通过《诗》以达到外交酬酢或谈判的目的[4]，由此使《诗》“用”的意义得以凸显，以致孔子提出“不学诗，无以言”[5]，进一步肯定了《诗》言语功能的价值。那么，《诗》为何能与“言”“用”密切结合？原因如下。

首先，西周春秋之际对“言”的重视。就教“言”讲，侧重于教授：一是说话技能。《周礼·春官·宗伯》云：“以乐语教国子兴、道、讽、诵、言、语。”孙诒让正义云：“毛云：‘直言曰言，答述曰语。’许氏《说文》云：‘直言曰论，答述曰语。’论者语中之别，与言不同，故郑注《礼记》云：

[1]（三国）何晏注；（宋）邢昺疏：《论语注疏》，北京大学出版社，2000年，第196页。

[2] 同上，第196页。

[3] 钱穆：《论语新解》，生活·读书·新知三联书店，2002年，第239页。

[4] 如宦懋庸《论语稽》云：“《春秋》专对之才，如宁俞不答《彤弓》《湛露》，穆叔不拜《肆夏》《文王》，叔弓之辞郊劳致馆，韩献子之称《易》象、《春秋》，范宣子追念襄王，谨其官守；西乞术徽福周公，致其瑞节；国庄子将事克敏，见称于臧孙；叔孙豹式礼无愆，受赐于周室；他如七子言志，六卿讥客，子范之让赵衰，叔向之屈子木，皆其最著者也。若高厚歌《诗》之不类，伯有赋《鹑奔》之失伦，华定不解《蓼萧》，庆封不知《相鼠》，适足以辱国而召衅耳。”参见程树德撰，程俊英、蒋见元点校：《论语集释》，中华书局，1990年，第900—901页。

[5]（三国）何晏注；（宋）邢昺疏：《论语注疏》，北京大学出版社，2000年，第261页。

‘言，言己事。为人说为语。’” [1]故国子所接受的“言”就是采用直接言说的方式表达自己想说之事[2]，与采用对话形式的“语”完全不同。二是辞令：《周礼·天官·九嫔》云：“九嫔掌妇学之法，以教九御妇德、妇言、妇容、妇功……。”郑玄注“妇言”为“辞令”。又《礼记·昏义》云：“古者妇人，先嫁三月……教以妇德、妇言、妇容、妇功。”孙诒让正义赞同此说，但又针对《周南·葛覃》提出“毛传以为古者女师之教。若然，女官与女师所教异，而四事则同” [3]。可见，女官、女师都有教授“言”的职责,“所教异”说明“言”所涉的内容比较灵活并不固定，但大体不出辞令的范围。就“言”教讲，主要包括：一是作为科目的“言”：长台关楚简载“……，教书三岁，教言三岁，教射与御……”故李零先生疑“教射与御”后面还有“教礼与乐，又五岁”或“教礼与乐，又七岁” [4]，由此“言”就与书、射、御、礼、乐一样成为学校教育科目之一，且地位仅次于“书”。二是作为学习资料的“言”:《国语·晋语九》云：“择言以教子，择师保以相子。” [5]“师保”指教授贵族子弟的老师，而同样能充当这一角色的“言”，即指能让子弟学习的具有教育价值和意义的资料。总之，西周春秋时期，“言”涉及与教育相关的内容相当广泛，从具体说话采用的技能技巧，到外交场合运用得体的应对言辞，到与书、射、御、礼、乐并列的学习科目，再到作为贵族子弟习得的载有嘉语懿言的学习资料，等等，都是“言”所包括的内容。“言”在教“言”和“言”教两方面的表现，充分说明当时贵族阶层对“言”的重视，也在某种程度上推进了当时贵族教育的发展。

---

[1]（清）孙诒让撰，王文锦、陈玉霞点校：《周礼正义》，北京大学出版社，1999年，第1724—1725页。

[2] 接受说话技能技巧学习的还有来自诸侯国的象胥、瞽史。如《周礼·秋官·大行人》云：“王之所以抚邦国诸侯者……七岁属象胥，谕言语，协辞命；九岁属瞽史，谕书名，听声音。”孙诒让正义云：“此谓行人召侯国之象胥、瞽史来至王国，则于王宫内为次舍，聚而教习言语、辞命、书名、声音之等也。”

[3]（清）孙诒让撰，王文锦、陈玉霞点校：《周礼正义》，北京大学出版社，1999年，第552页。

[4] 李零:《简帛古书与学术源流》，生活·读书·新知三联书店，2004年，第180页。

[5] 上海师范大学古籍整理组校点:《国语》，上海古籍出版社，1978年，第491页。

其次，春秋时对《诗》的广泛运用。以《左传》为例，主要包括歌诗、诵诗、赋诗、引诗等都从不同方面体现了诗的功用性。其一，“歌诗”即配乐来歌唱诗。襄公四年载晋悼公设享礼招待穆叔，当穆叔听完《肆夏》《文王》等“不拜”是为维护礼仪规范而不被僭越，而听完《鹿鸣》《四牡》《皇皇者》后“三拜”是礼貌性的回馈晋悼公对鲁襄公的嘉奖、使臣的慰劳以及教导使臣的五种善道[1]，而且乐工歌《鹿鸣》《四牡》《皇皇者华》时的出场和退场都具有仪式规定[2]。又襄公二十九年载季札来鲁国聘问时请求观赏周乐，季札听出《郑风》“细已甚”,《豳风》“乐而不淫”,《秦风》“大之至”,《魏风》“大而婉”“险而易行”,《大雅》“曲而有直体”,《颂》“五声和，八风平”“节有度，守有序”等不同的具有地方性的声曲特征。又襄公十六年载晋平公宴饮时，要求大夫们的舞蹈必须与其歌诗相配，即“歌诗必类”[3]，而齐国高厚就因两者不匹配而被认为有“异志”险遭讨伐。由此可见，通过“歌诗”便可以见礼、观乐、达志。其二，“诵诗”之“诵”作为乐语之一，不是通过配乐以达到有节奏的效果，而是在诵的过程中制造出高低起伏、抑扬回旋之感[4]。襄公十四年载卫献公招待孙文子之子孙蒯饮酒，命太师歌《巧言》“彼何人斯，居河之麋。无拳无勇，职为乱阶”以此喻文子作乱，太师认为不妥

[1]（周）左丘明传,（晋）杜预注,（唐）孔颖达正义：《春秋左传正义》，北京大学出版社，1999 年，第 951—956 页。《国语・鲁语》也有类似记载：叔孙穆子聘于晋，晋悼公飨之，乐及《鹿鸣》之三，而后拜乐三。晋侯使行人问焉，曰：“子以君命镇抚弊邑，不腆先君之礼，以辱从者，不腆之乐以节之。吾子舍其大而加礼于其细，敢问何礼也？”对曰：“寡君使豹来继先君之好，君以诸侯之故，贶使臣以大礼。夫先乐金奏《肆夏》《樊》《遏》《渠》，天子所以飨元侯也；夫歌《文王》《大明》《绵》，则两君相见之乐也，皆昭令德以合好也，皆非使臣之所敢闻也。臣以为肄业及之，故不敢拜。今伶箫咏歌及《鹿鸣》之三，君之所以贶使臣，臣敢不拜贶。夫《鹿鸣》，君之所以嘉先君之好也，敢不拜嘉。《四牡》，君之所以章使臣之勤也，敢不拜章。《皇皇者华》，君教使臣曰‘每怀靡及’，诹、谋、度、询，必咨于周。敢不拜教。臣闻之曰：怀和为每怀，咨才为诹，咨事为谋，咨义为度，咨亲为询，忠信为周。’君贶使臣以大礼，重之以六德敢不再拜。”（以下只标注书名和页码）

[2]《礼记・燕礼》云：“小臣纳工，工四人，二瑟。小臣左何瑟，面鼓，执越，内弦右手相。入，升自西阶，北面东上坐。小臣坐授瑟，乃降。”《礼记・燕礼》云：“卒歌，主人洗，升献工。工不兴，左瑟，一人拜受爵。主人西阶上拜送爵。荐脯醢。使人相祭。卒受不拜。主人受爵，众工不拜，受爵坐祭，遂卒爵。辩有脯醢，不祭。主人受爵，降奠于篚。”

[3]《春秋左传正义》，第 1078 页。

[4] 郑玄注云：“以声节之曰诵。”贾公彦疏云：“为吟咏以声节之为异。”并赞同徐养原所云：“诵则有抑扬顿挫之致。”参见《周礼正义》，第 1725 页。

便推辞了。而平日与献公有积怨的师曹主动请求歌唱，借以激怒孙蒯而达到报复献公。师曹先“歌”后“诵”，杜预注云：“恐孙蒯不解故。”[1]可见，“诵”即进一步指出是借《诗》讽谏孙文子。又襄公二十八年载穆叔宴请庆封时，因其不懂宴请礼而遍祭群神，使得穆叔不悦，遂让乐工为其诵《茅鸱》，杜预注云：“《茅鸱》……刺不敬。”[2]旨在讽刺庆封。又“诵”《说文解字》释“讽”[3]，《正字通》释“怨谤亦曰诵”[4]。足见，诵诗即实现嘲讽或怨愤的功能。

其三，“赋诗”大致有两种形式，如郑玄云：“赋者，或造篇，或诵古。”[5]“造篇”指创作诗作。隐公元年载郑庄公与母亲隧道相见而赋，孔颖达正义云：“赋诗谓自作诗也。”[6]又僖公五年载士蔿对自己修筑城墙不谨慎之因向晋献公说明而赋，杜预注云：“士蔿自作诗也。”[7]又杨伯峻先生为“卫人所为赋《硕人》也”作注时云：“此‘赋’字及隐公元年传之‘公入而赋’‘姜出而赋’，闵二年传之‘许穆夫人赋载驰’‘郑人为之赋清人’，文六年传之‘国人哀之，为之赋黄鸟’皆创作之意；其余‘赋’字，则多是诵古诗之意。”[8]知《左传》中“诵古”的数量远远超过“造篇”，它主要是唱诵旧篇旧章与“造篇”相反。但无论何种形式，“赋诗”在《左传》中的用途不外乎裨情意之曲达、资典礼之祝颂、观政俗之兴衰、见诗史之类通等四种[9]，尤其是在达政专对中发挥了重要作用。其四，“引诗”即对《诗》句直接引述，

---

[1]《春秋左传正义》，第 1058 页。

[2] 同上，第 1243 页。

[3]（汉）许慎：《说文解字》，中华书局，1963 年，第 51 页。

[4]（清）陈廷敬；（清）张玉书编撰：《康熙字典》，上海辞书出版社，2007 年，第 1138 页。

[5]《春秋左传正义》，第 1724 页。

[6] 同上，第 64 页。

[7] 同上，第 390 页。

[8] 杨伯峻：《春秋左传注》，中华书局，1990 年，第 31 页。王夫之《诗经稗疏》指出：“为赋《无衣》之诗，岂曰《无衣》云云。为赋云者，与卫人为之赋《硕人》，郑人为之赋《清人》，义例正同。则此诗哀公为申胥作也。若所赋为古诗，如子展赋《草虫》之类，但言赋，不言为赋也。”由此《左传》“造篇”或有六例。

[9] 张高评：《左传之文学价值》，文史哲出版社（台北），1982 年，第 89 页。

赵翼《陔余丛考》指出“《左传》引诗共二百十七”条[1]。引诗之用在于或言志、或断事、或证说、或辩论、或阐释、或褒赞、或讽谕、或譬况、或叹惋等[2]，借诗的神圣性与权威性为言说助力，同时也使说话简明得体。不管是用《诗》的数量，还是《诗》在运用过程中发挥的作用，都可以看出引诗是当时最主要的用诗方式，以致战国年间引诗后都出现“此之谓也”的惯用语，可知此方式逐渐得到广泛接受。

最后，汉代对经术的强化。在武帝“罢黜百家，表彰《六经》”[3]并设立五经博士的背景下，儒家思想被官方控制和把持，儒家经典也成为国家实施政治教化所依循的规则。经学转而倾向于“经术”，与国家意识、政治权利联系愈加紧密，其致用性也得以加强，明显表现在诏令文和奏议文对《诗》的引述。文帝诏文引《大雅·泂酌》“恺弟君子，民之父母”意在废除肉刑，统治者应当像父母一样惠民爱民而不是“教未施而刑已加焉”；武帝诏文引逸诗“九变复贯，知言之选”，旨在通过大赦天下而“与民更始”，遵循天地阴阳之变的法则，除旧布新以立新政；宣帝诏文引《小雅·伐木》“民之失德乾糇以愆”意在指“勿行苛政”，不要禁止百姓嫁娶时摆设酒食之礼，使民失去欢乐不是教化的好办法；元帝诏文引《邶风·谷风》“凡民有丧，匍匐救之”，旨在说明百姓遇到灾难且饥寒疾疫，应尽全力予以帮助，赐马帛酒食不等；哀帝诏文引《小雅·青蝇》“馋人罔极，交乱四国”，意在表明言傅嘉诋毁贤良之士而使其长期不得重用，结党营私而祸乱朝纲，由此免为庶人。君王的政治意志与决策可以通过引《诗》得以传达，同样，上奏者的政治意图与观点也可以通过在奏文中引《诗》得以表达。翼奉奏文引《大雅·文王》“殷之未丧师，克配上帝；宜监于殷，骏命不易”，旨在说明周公所作告诫成王的《诗》也适用于当今，“初取天下”“德化未洽”后世子孙却挥霍无度的社会现实。匡衡奏文引《周颂·闵予小子》“念我皇祖，陟降

[1]（清）赵翼著，栾保群、吕宗力校点：《陔余丛考》，河北人民出版社，1990年，第21页。
[2] 张高评：《左传之文学价值》，文史哲出版社（台北），1982年，第96页。
[3]（汉）班固撰，（唐）颜师古注：《汉书》，中华书局，1962年，第212页。

廷止”，言成王继位后常思文武之道和祖考之业，以致受到鬼神之祐，意在劝诫君王注重遵循先帝之制并弘扬其功以稳定群臣之心。刘向奏文引《周颂·清庙之什》“於穆清庙，肃雍显相；济济多士，秉文之德”《周颂·雍》“有来雍雍，至止肃肃，相维辟公，天子穆穆”《周颂·执竞》“降福穰穰”“饴我厘辫”，言武王、周公时“朝臣和于内，万国欢于外”而获得天的庇佑。幽、厉之际则“朝廷不和，转相非怨”即《小雅·角弓》“民之无良，相怨一方”，以致厉王奔彘与幽王被杀，旨在说明“和气致祥，乖气致异”为古今通用之理。可见，《诗》对诏令文和奏议文官方意志与观点的表达起着指引和规范的作用，《诗》的致用性从此两类官文书中可见一斑。不仅如此，是否通经术常作为评价人物的依据，“皋不通经术，诙笑类俳倡”（《枚皋传》）“（刘病已）通经术，有美材”（《丙吉传》）“（萧望之）通经术，居九卿之右”（《萧望之传》）。通经术者应当“修行先王之道”具备较高的品格，而不是“委屈从俗”“苟求富贵”（《儒林传》），更不应该“知父谋反而不谏争”（《杜周传》），而且如果“外亲幼童”不能通达经术也要“皆宜令休就师傅”（《鲍宣传》）。更重要的是，通经术者还有可能被选中成为君之近臣，“与王起居”（《循吏传》）“侍帷幄”（《金钦传》），甚至会因此而擢升，如眭弘、龚遂、刘向、韦贤等皆是受益者，可知能通经术明经术在当时的重要性。

总之，受上述因素的影响，无论是教“言”还是“言”教，从西周到春秋“言”具有重要的教育价值。春秋时歌诗、诵诗、赋诗和引诗的用诗功能更是涉及多面，这种以《诗》代言的用《诗》方式是对《诗》具有言语功能的看重，也是自西周时重视言的延续，《诗》与“言”“用”在这里已然有结合之意。尤其是，在外交政治活动中的用《诗》，孔子概括为“专对”以“达政”，使《诗》与“言”“用”之间的关系愈加明朗。而将三者关系进一步推进的是，在汉代“罢黜百家，独尊儒术”的背景下，儒学以及儒家所推崇的六经也得以兴盛，并在不断与政治权力结合的过程中，使经术的价值得到强化，从而凸显了“致用”的作用。《诗》亦如此，其言语的实用功能得以提升且权威性不容置疑，由此便与“言”“用”结合在一起。

中国文论与文化

道学绝者兼风流：陈白沙的自然之学

孟　泽 [1]

[摘要] 以“自然”为核心理念的“自然之学”，是陈白沙在“道学”传承中的自觉选择，根植于白沙独特的心性，根植于他的生活经历和生命体验，是他求“真”求“知”的结果，也是求“善”求“美”的结果。“自然之学”不仅是本体之学，也是伦理之学、审美之学。“自然”与“自然之学”，在思想史的演绎，特别是在白沙的具体体验与阐发中，所彰显的与伦理政治、与审美自觉、与个体主体性之间的关联与矛盾，所展示的生命扩张与生命内敛、审美泛化与审美取消、自我收缩与自我放达的对立与互动，是中国审美思想史最基本的和最富有诠释挑战性的命题。

[关键词] 陈白沙　自然　自得　审美

按照束景南先生的研究，明弘治十八年（1505年），是王阳明崇拜陈白沙的“自然”之学、走上心学之路的思想转型之年。

以“自然”为核心理念的“自然之学”，是陈献章（1428—1500年，字公甫，别号石斋，广东新会白沙里人，世称白沙先生）在“道学”传承中的自觉选择，根植于他独特的生活经历和生命体验，是他求“真”求“知”的结果，也是求“善”求“美”的结果。

“自然”与“自然之学”，在思想史的演绎，特别是在白沙的具体体验与

[1] 孟泽，中南大学外国语学院比较文学系教授。

阐发中，其所内含和彰显的与伦理政治、与审美自觉、与个体主体性之间的“两歧”与“一致”，其所展示的生命开张与生命内敛、审美泛化与审美取消、自我收缩与自我扩张之间的对立与互动，是中国思想史特别是审美思想史上最基本的和最富有诠释挑战性的命题。

一、“道学绝者兼风流”“风流绝者兼道学”

俞长城《题陈白沙文稿》曰：“陈白沙先生倡学东南，为世儒宗，吾疑其文必方正严肃，确不可犯。今颂其集，潇洒有度，顾盼生姿，腐风为之一洗。吾固知人造其绝者，未尝不有所兼也。道学绝者兼风流，吾求其人，合其文，其陈白沙乎！风流绝者兼道学，吾求其人，合其文，其唐伯虎乎！”[1]

俞氏“道学绝者兼风流”“风流绝者兼道学”的说法，看似轻薄无根，缺少足够的思想支撑，但是，在一定的理论前提下，俞氏的这一说法，却有着足够的可阐释性，它不仅道破了所谓“道学”（在某种意义上，可以视为理性的准宗教性的生命态度和精神取向）与“风流”（可以理解为审美的感性的自由精神）的截然两分并不完全可靠，还能够统一在特定的生命践履中，对立性的力量在一定主体条件下可能产生最大的张力，达成最大的格局或局面，一如最大的“必然”在掌握者手里可以成为最大的“自由”。

这不只是审美的秘密，思想的秘密，似乎也是人生的秘密，文化的秘密。

自然，俞氏的说法并不是出于理论创发，而是基于具体解读，他难得地读出并道出了“方正严肃”“为世儒宗”的白沙，其诗文却“潇洒有度，顾盼生姿”。作为“道学”传承中的重要一环，说白沙的诗文“潇洒有度，顾盼生姿”，难免让人觉得异样，觉得不可置信。

[1]（明）陈献章：《陈献章集》，中华书局，1987年，第919页。

然而，白沙确实不像一般所谓道学家那样性情偏枯、面目干涩，而是显得从容淡泊又情趣盎然。白沙的诗（他的文很少，多为序、记和书信之类）也确实风情十足、顾盼自如，显示出饱满又恣肆的诗人性情与率真烂漫的襟怀。而且，白沙的诗不止是诗，其实就是他的哲学，他的安身立命的依据。

他的弟子湛若水说："白沙先生无著作，著作之意寓于诗也。"[1] 陈炎宗曰："诗即先生之心法也，即先生之所以为教也。"[2]

白沙不著书，作为道学家、思想者而全然一种诗人做派，这同他于学理上的取向看似"吊诡"，实则一致。而此种取向不仅在思想逻辑上渊源有自，更关涉乎白沙个人的气质、体验与生活历程。

"白沙之学"被称为"自然之学"或"自得之学"，黄宗羲说："先生学宗自然，而要归于自得。自得故资深逢源，与鸢鱼同一活泼，而还以握造化之枢机，可谓独开门户，超然不凡"[3]。

白沙自述，"此学以自然为宗者也"，"自然之乐，乃真乐也。宇宙间复有何事？故曰，虽之夷狄，不可弃也"[4]。又言及弟子张廷实之为人为学："以自然为宗，以忘己为大，以无欲为至，即心观妙，以揆圣人之用。其观于天地日月晦明，山川流峙，四时所以运行，万物所以化生，无非在我之极，而思握其枢机，端其衔绥，行乎日用事物之中，以与之无穷。"[5]

这显然也是白沙为人为学的自我解说，他把此种"自然之学"或"自得之学"，明确地归结为"心学"，并且说"为学当求诸心得。所谓虚明静一者为之主，徐取古人紧要文字读之，庶能有所契合，不为影响依附，以陷于徇外自欺之弊，此心学法门也"[6]。

[1]（明）陈献章：《陈献章集》，中华书局，1987 年，第 699 页，附录《诗教解原序》。
[2] 同上，第 700 页，附录《重刻诗教解序》。
[3] 同上，第 864 页，辑黄宗羲《明儒学案师说陈白沙案语》。
[4] 同上，第 192 页。
[5] 同上，第 12 页。
[6] 同上，第 68 页。

白沙“自然之学”在当时就引来了不同方向的诠释与“修正”[1]，评价也趋向两端。

一者认为，“有明之学，至白沙始入精微”[2]，陈献章是走出教科书式的理学偏执的第一人，使儒学重新获得了它本该有的生机和活力。

一者认为，白沙之学是“伪学”，是把庄禅的虚无寂静之想纳入了儒学正轨，并且迷失在这种无所指归和难以划定范围的禅悦之思中。夏尚朴《东岩集》谓“白沙之学近禅”，将晚明精神上的“窳败”归结于白沙，说“近世论学，直欲取足吾心之良知，而谓诵习讲说为支离，率意径行，指凡发于粗心浮气者，皆为良知之本然。其说蔓延，已为天下害。揆厥所由，盖由白沙之说倡之耳”[3]。

调和两者的“持平”说法并没有增加有力的洞察和解释，“近世道学之昌，白沙不为无力；而学术之误，亦恐自白沙始”[4]。黄宗羲虽然能够通达地看待白沙之学与正统理学的关系，却仍不免遗憾“先生识趣近濂溪，而穷理不逮；学术类康节，而受用太早。质之圣门，难免欲速见小之病者也”[5]。

“白沙之学”究竟是否属于理学，以及晚明的“天崩地坼”是否与“白沙之学”有某种关联，不是一个可以简单澄清和解决的问题，不仅涉及对于难言客观的历史的描述与观察，甚至也涉及更加无法统一的价值判断。

兹事体大，不敢轻易置喙。

我们能够知道的是，在白沙生活的年代，程朱理学已然是人人居之不疑的官方哲学，甚至成为了士子们的功名之学，不仅要以之安顿心灵，而且要以之安身立命，谋求衣食之资。白沙本人也并非一开始就以“自然”“自得”作为旗帜来标举的，虽然他的祖父“不省世事，好读老氏书，尝慕陈希夷之

---

[1] 白沙的两大及门弟子湛若水、张廷实便代表着两种不同的诠释方向。前者极力把白沙之学纳入俗世的范围，以为有益于名理纲常；后者则有意无意地彰显了白沙学术与人生历程中的神秘主义色彩。

[2]（明）陈献章:《陈献章集》，中华书局，1987 年，867 页。

[3]（明）黄宗羲:《明儒学案》卷四，中华书局，2008 年。

[4]（明）陈献章:《陈献章集》，中华书局，1987 年，第 866 页。

[5] 同上，第 865 页。

为人”[1]，白沙本人也天资卓异，警悟绝人，“世网不足以羁之”。但这并不影响白沙按照士子们通常的进升途径读书进学求功名，以程朱之是非为是非，以程朱之选择为服膺。

白沙 20 岁乡试第九，次年入京会试，仅中副榜，留国子监。24 岁时再考，名落孙山，于是南归回到江门。景泰五年（1454 年）往临川从吴康斋学，开始“道问学”的生涯，他自己回忆说：“予少无师友，学不得其方，汩没于声利，支离于秕糠者，盖久矣。年几三十，始尽弃举子业，从吴聘君游，然后益叹迷途其未远，觉今是而昨非，取向所汩没而支离者，洗之以长风，荡之以大波，惴惴焉，惟恐其苗之复长也。”[2]此次求学，虽有所获，但并未解决白沙精神上的根本困惑，即没有找到足以让他从此“心安理得”的思想支点。

白沙生而羸弱，父亲早逝，由寡母只手养育，自称“无岁不病，至于九岁，以乳代哺”[3]。单亲家庭、多病的童年，极容易培养出一个人柔弱敏感的气质、清纯细腻的心性和沉静多思耽于梦幻的品格。

白沙对寡母深情到依恋的程度，虽然包含了以“孝”作为伦理本源的自律，但其心理依据却是白沙对亲情的不免病态的眷顾，以至 56 岁受举荐入朝求官时，仍然以母亲作为自己行止出处的最动人的理由：“臣母二十四而寡居，臣遗腹子也”“非母之仁，臣委于沟壑久矣。臣生五十六年，臣母七十有九，视臣之衰如在襁褓。天下母子之爱虽一，未有如臣母忧臣之至，念臣之深也”“顾臣母以贫贱早寡，俯仰无聊，殷忧成疾，老而弥剧，使臣远客异乡，臣母之忧臣日甚，愈忧愈病，愈病愈忧，忧病相仍，理难长久。臣又以病躯忧老母，年未暮而气已衰，心有为而力不逮，虽欲效分寸于旦夕，岂复有所措哉。臣所以日夜忧惫欲处而未能者，又以此也”[4]。

[1]（明）陈献章：《陈献章集》，中华书局，1987 年，第 868 页。

[2] 同上，第 34 页。

[3] 同上，第 2 页。

[4] 同上，第 2、3 页。

与白沙的“孝心”相对，白沙的母亲对白沙也宠爱到“专制”的程度，常常须白沙陪伴方能进食就餐，否则食之无味或干脆不进食；老夫人信佛，遇事必做祈祷，白沙陪伴，朝朝夕夕，母爱子慕。

这里当然用不着作更多心理学解释，但大体上可以肯定，白沙是一个在“性”“情”中讨生活，而不是在经国济世的大道理大功利中讨生活，以至可以舍“生”忘“死”的人，尽管他不遗世务，留意士风，关心生民，面对曾经见证南宋最后覆灭的厓山遗迹，甚至含泪表达过有些感伤的慷慨情怀。

他所要寻找的思想，显然是必须吻合他的气质与性情，并为服从这种气质与性情提供精神支撑的思想。因此，吴康斋虽然“尊师道，勇担荷，不屈不挠，如立千仞之壁，盖一代人豪”，吴康斋之学虽然“由濂、洛、关、闽以上达洙泗”[1]，但白沙发愤从学，“仍未知入处”[2]。他不得不“归白沙，杜门不出，专求所以用力之方”，开始了十年自残式的苦读，“坐小庐山十余年间，履足不逾于户阈”“既无师友指引，惟日靠书册寻之，忘寝忘食，如是者亦累年，而卒未得焉。所谓未得，谓吾此心与此理未有凑泊吻合处也。于是舍彼之繁，求吾之约，惟在静坐，久之，然后见吾此心之体隐然呈露，常若有物。日用间种种应酬，随吾所欲，如马之御衔勒也。体认物理，稽诸圣训，各有头绪来历，如水之有源委也。于是涣然自信曰：作圣之功，其在兹乎。有学于仆者，辄教之静坐，盖以吾所经历粗有实效者告之，非务为高虚以误人也”[3]。

通过“忘寝忘食”面对“书册”，并没有找到“此心”与“此理”的“凑泊吻合”，终于“舍繁求简”“惟在静坐”，反而“心体呈露”，精神洞达，然后“涣然自信”。

白沙由“迷”转“悟”的过程，在今天看来，有点匪夷所思，却也不难理会，关键在于如何在现实和内心两方面获得价值取向的转移，“方法”的

[1]（明）陈献章：《陈献章集》，中华书局，1987年，70页。
[2] 同上，145页。
[3] 同上，145页。

得当与否，是伴随着价值转移而确定的。

从白沙求功名、求学、求自我安顿的历程看，首先，白沙必须解决他放弃社会事功或者说他在名利场中失败后的心理创伤与郁结，解决情绪上的紧张与惶惑[1]；其次，当他不再通过社会的主流途径去获得自我实现时，如何为自己相对独立的精神与灵魂寻找到可以安顿、可以停泊、可以泰然处之的价值依据；再者，当理学家已经把“修身、齐家、治国、平天下”的每一种途径与可能，都定理设计得无可置疑时，思想如何获得它原本应该具有的创造性与至少能够满足自我心性的愉悦？践履如何获得自我认同的真实性、具体性？

所谓“自然”“自得”之学，正是成长于上述源于现实也源于内心的困惑、缺乏与渴望之上，首先就在于白沙面对现实的价值调整。

根据白沙自己的表述和同时代人的讲疏，“自然”“自得”两个概念几乎可以置换，按我们今天的分辨，“自然”更像一种状态，“自得”则更像是获得这种状态的过程。白沙说：“士从事于学，功深力到，华落实存，乃浩然自得，则不知天地之为大，死生之为变，而况于富贵贫贱、功利得丧、屈信予夺哉？”[2]“自得者，不累于外物，不累于耳目，不累于造次颠沛，鸢飞鱼跃，其机在我”“夫学贵自得也，自得之后然后博之以典籍，则典籍之言我之言也”[3]“往古来今几圣贤，都从心上契心传”[4]。

简单地说，“白沙之学”就是伴随现实取向的转移，放弃学术的功利指向，进而解除功利指向导致的精神遮蔽[5]，回到内心，回到“本真”自我，回到理论的开端，回到生命的原初。在这里，社会性的热情、世俗的纷扰、知识的累赘、理论的迷障，哗然崩解，生命通过诉诸内心的解构与修为，获

[1] 成化五年，白沙应试再次下第，传说是被人做了手脚，而白沙也大笑置之。但有人说“他人戚戚太低，先生大笑太高”，白沙无以言对。看得出大笑背后的苦衷。

[2]（明）陈献章：《陈献章集》，中华书局，1987 年，8 页。

[3] 同上，879 页。

[4] 同上，881 页。

[5]《东晓序》中，白沙以房屋的敞亮与荫蔽为喻，说明欲望对人的控制与遮蔽如同不见天日，曰“耳之蔽声，目之蔽色，蔽口鼻以安佚，一掬之力不胜群蔽，则其去禽兽不远矣”。

得自由与超越，获得真实性与生气。所谓“华落实存”“鸢飞鱼跃”“浩然自得”“其机在我”，指示的都是一种面向自我的收敛与回归，或者从另一种意义说就是内心的放达与自我的解放。

二、“自然”的与“人文”的

“自然”最初是作为一个本体论概念出现的。

《老子》曰：“人法地，地法天，天法道，道法自然。”“道之尊，德之贵，夫莫之命而常自然”。这里的“自然”，既是与“道”合一或等同于“道”甚至高于“道”的普遍本体，又指与“人为”“人文”相对的本然存在或本真状态。

魏晋时期，“越名教而任自然”中的“自然”，则更加深入生命之境，具有更多人文色彩，王弼说：“万物以自然为性，故可因而不可为也，可通而不可执也”“圣人达自然之性，畅万物之情，故因而不为，顺而不施”[1]。由定义一种客观的外在状态，到定义一种内在的心性状态，“自然”贯通了儒、道两家。发展至宋明时代的哲学，“自然”作为一个越来越具有解释力和覆盖性的概念，则已然融会圆洽，无所睽隔，成为中国古代思想中最核心、最根本的理念，指称一种认识，一种信仰，一种生活方式，一种近乎极致的物质与精神状态，一种至高无上的评价与规范，一种“始因”。

在儒家，“自然”也不再是动不动要上溯到“三代”甚至比“三代”更远的“大朴未亏”的“洪荒之世”的前人类状态，而可以置于眼下当前、举手投足之间，诉诸个人。饱则安寝，饥则求食，物全理顺，莫不自得，仁义发于情性，情性本乎天理，天理即“自然”，“自然”即“诚”。“自然”于是成为了最高的人性、最高的伦理。

---

[1]（魏）王弼：《王弼集》，中华书局，1980 年，77 页。

如此，人世间的事理也纳入了自然法则，生活在人间，从事人间事务，同样可以实现“自然”、拥有“自然”,“自然”原则最终是一种人文原则,“自然”原则最终指向人文原则，或者说，“自然”原则的达成，也就是人文世界的化成。

白沙作为儒者而以“自然”为指归，除了希望以此矫正儒学逐渐堕落为功名利禄之学外[1]，实际上也是从另一个方向对儒家性理之学的皈依张扬，孔子有“春风沂水”的“自然”之想，颜子有“箪食瓢饮”之乐，孟子倡言“君子深造之以道，欲其自得”，邵子的“安乐”，濂溪的“光风霁月”，都指向一种内在自我的充足宁静之境，无与乎世俗是非与爵禄。

白沙沿此路径，通过“静坐”的方式去实现“自得”与“自然”，以期首先达到自我平衡与自我解放。

很显然，达到“咸率乎自然”的境界，并且真正拥有“自然之乐”，首先就需要对于“心本体”的清理，必须“去蔽”，不仅在认识论上而且在价值论上“去蔽”，方可以确立“与天地万物同体”的主体自我，方可能有“自在”的“心境界”。

与此相应，与自然合一的“心境界”的获得，又以主体在价值论上的归结和认同为前提。

对于白沙来说，从习举子业到“道问学”，都未获得自我的挺立，相反沉溺不返，几乎淹没。当他在价值清理与转移的基础上舍繁取约、幡然醒悟，“静坐”然后“自得”时，他欣慨于心，对自己开始有了信任感，即主体和它的价值取向达到了统一。

白沙反复强调“虚明静一”“致虚立本”“从静中养出端倪”，正是要求通过“虚”“静”达到主体的敞开，使自我拥有一种开放的感受状态，而对于此种要求与状态的描述则不免充满神秘主义色彩：

---

[1] 不止一种传记材料记载，白沙在京中接受问学，白沙说“我无以教人，但令学者看‘与点’一章”。人引朱子语录说“专理会‘与点’意思，恐入于禅”。白沙说“此一时也，彼一时也。朱子时，人多流于异学，故依此救之。今人溺于利禄之学深矣，必知此意，然后有进步处耳”。

夫养善端于静坐，而求义理于书册，则书册有时而可废，善端不可不涵养也，其理一耳。斯理也，识时者信之，不识时者弗信也。为己者用之，非为己者弗用也。诗、文章、末习、著述等路头，一齐塞断，一齐扫去，毋令半点芥蒂于我胸中，夫然后善端可养，静可能也。终始一意，不厌不倦，优游厌饫，勿忘勿助，气象将日进，造诣将日深。所谓"至近而神"、"百姓日用而不知"者，始自此迸出体面来也。到此境界，愈闻则愈大，愈定则愈明，愈逸则愈得，愈易则愈长。存存默默，不离顷刻，亦不着一物，亦不舍一物，无有内外，无有大小，无有隐显，无有粗精，一以贯之矣，此之谓自得。[1]

义理之融液，未易言也；操存之洒落，未易言也。夫动，已形者也，形斯实矣。其未形者，虚而已。虚其本也，致虚之所以立本也。[2]

古之善学者，常令此心在无物处，便运用得转耳。学者以自然为宗，不可不著意理会。[3]

以上言论所描述的有点玄妙的"自得"过程，我们暂不理会。从根本处看，所谓"养善端于静坐""致虚立本""常令此心在无物处"等，就是从外骛到内求，从"为人"到"为己"，从"有我"到"无我"，从"循迹"到"循心"，再从"循迹""循心"到"任迹而无心"[4]，所谓"天地心普万物而无心""无心即天机"[5]。

这是一个不断舍弃放下、不断解除依附执迷的过程，以"负"的方法、"减"的方法，达到精神的增长、心灵的扩张与生命的还原。由"静坐"而"自得"，由"自得"而至于"自然"，胸中无半点芥蒂，终始一意，不厌不

[1]（明）陈献章：《陈献章集》，中华书局，1987 年，第 975 页。
[2] 同上，第 131 页。
[3] 同上，第 192 页。
[4] 同上，第 976 页。
[5] 同上，第 767 页。

倦，勿忘勿助，这有点类似庄子“吾丧我”和佛家“大我”的意思，与其说是一种理论，还不如说是一种修养和通过修养达到的可以意会而不可言传的境界。

此种修养带来的是身心交泰、形神兼济而不只是单方面或道德或身体的修为，是通过认知调控心理和情绪，使之宁静纯一，由心理和情绪的宁静纯一达到精神“去蔽”，精神“去蔽”便可与“自然”的任何方面的信息气息形成感应交流，然后出神入化，人本身就成为“自然”或者说分解在“自然”中，“不着一物亦不舍一物”，世界恢复成为一个混沌的生机勃勃的整体，主体融会在这一不能分解也无须分解的整体当中，故“无有内外，无有大小，无有隐显，无有粗精”，故“天地我立，万化我出，而宇宙在我”。一切都充满神秘而唯美的气息，在思维上是畅通无阻，在精神上是海阔天空，在价值上是圆融通达，逻辑的与现实的固执，全然解除，直觉开放。

此时此刻、此情此境，是理性世界的终点，又是更高的理性世界的起点，是一个无方所的方所，无归宿的归宿，一切可以由此出发，一切可以由此归结，成圣成凡，纯任天然。

走向自我获得的过程，是纯粹私人化的，诉诸个人隐秘的体验和参悟，“心可得而拟，口不可得而言”[1]。

黄宗羲不能体会白沙所谓“此心之体隐然呈露，常若有物”，究竟是一种什么情景。其实，在今天看来，这与某种程度的气功状态是一致的（在《与伍光宇书》中，白沙曾述及自己“百病交攻”时学习“以心御气之术”，获得很好的效果）。克雷奇在《心理学纲要》中曾以“集中性的沉思”与“敞开的沉思”为题阐述过这种状态，他把它作为一种神秘的东方技术来诠释，认为主要是精神导引带来了身体内部的调整，以至进入某种幻觉的体验。

但是，仅作生理与心理的分析，似乎无法解释清楚它对于中国古代思想

[1]（明）陈献章：《陈献章集》，中华书局，1987年，第864页。

与思想家的深远影响和巨大诱惑，中国思想家常常以之为一种思想的乃至价值的归宿，而不仅是带来身体安逸的养生术；以之为精神的解脱、解放与重大的超越，而不止是心理的愉悦与健康。它意味着认知、情感乃至价值判断的某种重大调整与变迁，意味着身内身外的世界由此走向自在、自足、自由与安详，一种接近审美的心醉神迷的状态，与“心无本体，工夫所至，即是本体”[1]的说法相一致，只是在这里，“工夫”是内在的心性的，而不是外在的实践的。

三、“自然”的三重境界

以宁静淡泊作为理论指归的人，常常是内心敏感而热烈的人。

白沙对“自得”“自然”之学的发明，正可以疗治他“淑世不遂”带来的心理郁结与精神衰敝，平衡心性高迈而体质懦弱的矛盾。

只有当世俗的热衷与社会性热情逐渐解除，才可以“或浩歌长林，或孤啸绝岛，或弄艇投竿于溪涯海曲”[2]，才可能“优游自足无外慕，嗒然若忘，在身忘身，在事忘事，在家忘家，在天下忘天下”[3]，面对世界的繁复与纷扰，用审美态度取代现实态度，自我还原到造化的自然流转中。

白沙视文辞为秕糠，声称“只对青山不著书”[4]，却写诗成癖，欲罢不能，其人生践履、思想境界，主要以诗的方式获得言说与呈现，“先生心学之所流注，在诗文”“著作之意寓于诗”“道德之精，必于诗焉发之”[5]。

他的诗是对他的“自然之学”的最好诠释。

“自然”对于白沙来说，至少有三重含义。显然，这三重含义大体上也

[1]（明）黄宗羲：《明儒学案》，中华书局，2008年，第1页。

[2]（明）陈献章：《陈献章集》，中华书局，1987年，第882页。

[3] 同上，第16页。

[4] 同上，第880页。

[5] 同上，第699页。

是“自然”作为一个重要概念贯彻于全部思想史的。

首先，天理“自然”，“自然”意味着最高的本体和价值渊薮，是永恒的召唤，是如同“青天白日”“大冬严雪”般的“真”的所在。

其次，“天下未有不本于自然，而徒以其智收显名于当年、精光射来世者也”[1]“夫子道本乎自然，故与百姓同其日用，与鬼神同其幽，与天地同其运，与万物同其流，会而通之，生生化化之妙，皆吾一体，充塞流行于无穷，有握其机而行其所无事焉耳矣。惟夫子学本乎中正，中正故自然，自然故有诚，有诚故动物”[2]。这里的“自然”是“仁者以天地万物为一体”的生命境界，即沟通天人、包容人我的“善”（伦理）的境界。

再次，“自然”就是最高的审美境界和最高的美之所在，所谓“花发水流，无非道之形”，“山峙水流，无非至道”[3]。

不论是在白沙的视野中，还是在思想史的主要篇章中，“自然”的三层涵义往往是互相包裹着的，而且以三者的原初和谐为根本诉求。不论是对于“人”来说，还是对于“文”来说，它们的分离和单方面膨胀，都是不能忍受的，都意味着某种失败。

湛若水《重刻白沙先生全集序》对“自然”作为生命境界、道德境界与审美境界的浑然一体作了揭示：“白沙先生之诗文，其自然之发乎？自然之蕴，其淳和之心乎？其仁义忠信之心乎？夫忠信、仁义、淳和之心，是谓自然也。……盖其自然之文言，生于自然之心胸；自然之心胸，生于自然之学术；自然之学术，在于勿忘勿助之间，如日月之照，如云之行，如水之流，如天葩之发，红者自红，白者自白，形者自形，色者自色，孰安排是，孰作为是，是谓自然。”

在湛氏看来，白沙与白沙之学，集“自然”的三重含义与三种境界于一身。或者说，“自然”之于白沙就如同与生俱来，不可分解，“自然”而“自

[1]（明）陈献章：《陈献章集》，中华书局，1987 年，第 71 页。
[2]（明）湛若水：《白沙先生改葬墓碑铭》。
[3]（明）陈献章：《陈献章集》，中华书局，1987 年，第 765 页。

得”，“自得”而“自然”，自然与自我互构互动，互相激发又互相牵引，共同到达旺盛、饱满。“自然”既是一种道德状态，又是一种美感状态，生命“自然”与审美“自然”互为前提。

因此，对于白沙来说，或者说对于所有与白沙类似的思想者来说，“自得”“自然”之学的提出，不止是求“真”、求“知”的结果，也是他求“善”、求“美”、求“道”的结果；不止是有关思想出处的安排，也是人生出处的安排。而审美“自然”，不仅安顿了尘嚣中的生命，也为审美之学提供了目标和消除异化的方向。

“自然之学”是白沙构造并自安于其审美乌托邦的哲学基础，在一种更通达的视野中，“自然之学”就是审美之学，它表征着白沙对作为世俗生活中心的功利世界的有限撤退与生命力的转移。而且，完全不必把这种取向归结为庄学与禅学，它远不具备那样反现实、反社会、反生命的色彩，而更像是对现实、对社会特别是对生命的更殷勤、更恰当的关注与呵护。通过审美的方式实现自由与超越，获得生命的真实性与生气，在白沙的时代语境中是一种具有可行性的和相对自主性的选择。

以“自然”作为审美之维，首先意味着一种审美创造的标准：“古文字好者，都不见安排之迹，一似信口说出，自然妙也”[1]“大抵诗贵平易，洞达自然，含蓄不露，不以用意装缀，藏形伏影，如世间一种商度隐语，使人不可摸索为工”[2]“言，心之声也。形交乎物，动乎中，喜怒生焉，于是乎形之声，或疾或徐，或洪或微，或为云飞，或为川驰。声之不一，情之变也，率吾情盎然出之，无适不可。有意乎人之赞毁，则《子虚》《长杨》，饰巧夸富，媚人耳目，若俳优然，非诗之教也”[3]。

平易，含蓄，不装缀，不饰巧夸富，无意于人之赞毁，率情而出，这是白沙交代出的诗教的基本要素。

[1]（明）陈献章：《陈献章集》，中华书局，1987 年，第 163 页。

[2] 同上，第 74 页，《批答张廷实诗笺》。

[3] 同上，第 5 页，《认真子诗集序》。

《夕惕斋诗集后序》《认真子诗集序》是白沙的诗学纲领，所有的主张都指归于“自然”：“受朴于天，勿凿以人；禀和于生，弗淫以习。故七情之发，发而为诗，虽匹夫匹妇，胸中自有全经。此风、雅之渊源也。而诗家者流，矜奇眩能，迷失本真，乃至旬锻月炼，以求知于世，尚可谓之诗乎？晋魏以降，古诗变为近体，作者莫盛于唐。然已恨其拘于声律、工对偶，穷年卒岁，为江山草木、云烟鱼鸟粉饰文貌，盖亦无补于世焉。若李杜者，雄峙其间，号称大家，然语其至则未也。先儒君子类以小技目之，然非诗之病也。彼用之而小，此用之而大，存乎人。天道不言，四时行，百物生，焉往而非诗之妙用？会而通之，一真自如。故能枢机造化，开阖万象，不离乎人伦日用而见鸢飞鱼跃之机。若是者，可以辅相皇极，可以左右六经，而教无穷。小技云乎哉？”“诗之发，率情为之，是亦不可苟也已，不可伪也已”[1]。

诗的极致，诗的本原，就是不作伪、不苟且的浑朴自然的呈露，诗就是抵达造化“初衷”的“自然”，包括自然而然的人伦日用，包括“鸢飞鱼跃”“四时百物”，在“天何言哉”的状态里呈露。如是，可以“左右六经”，可以“辅相皇极”。

也只有在这种状态下，诗才不会沦为炫饰的小技。

对“自然”的强调，保证了在处于理性化的思想与理智化的功利考量包围中，人的感性发育所需要的充足性和全面性，而充足的感性特征正是审美的前提。同时，“自然”所包含的超越性要求又契合审美对自由与无限的要求。

降低到物欲、肉欲的感官化及功利性，与超越到宗教神学的感性取消，都不是审美所能接纳的。正是在这一点上，“自然”作为诗学维度，体现了将理性与感性、肉体与精神、存在与超越、有限与无限相统一的审美品质。

与此相一致，“自然”“自得”的心性状态，是一种与审美要求相一致的状态，“排除各种知性概念，虚以待物，破除自我中心，以物观物而不要以

[1]（明）陈献章：《陈献章集》，中华书局，1987 年，第 10 页。

人观物。”内心虚静，直觉开放，一切以自己的性情做主，审美书写成为了一种开放的自我书写，审美趣味泛化为人生趣味：“吾书每于动上求静，放而不放，留而不留，此吾所以妙于动也。得志弗惊，厄而不忧，此吾所以保乎静也。法而不囿，肆而不流，拙而愈巧，刚而能柔。形立而势奔焉，意足而奇溢焉”[1]“作诗当以雅健第一，忌俗与弱”“若论道理——须将道理就自己性情上发出，不可作议论说去，离了诗之本体，便是宋头巾也”[2]。

当“诗性”与“人性”相泯合，审美创造便可能得心应手，“得其圜中”而不自觉，技术、非美感的议论，都将随性情而动，随性情而妍媸。

四、“自然”及其反动：言说与反言说

作为一种事关性理的写作，白沙自己的诗，难免说理尚意，有宋诗的特征，但白沙对宋诗的“头巾气”有清醒的警觉和批判，因为说理尚意完全不合“自然之学”的旨趣。

在一种绝对的“自然”要求下，言辞、著述，甚至审美创造本身，也是一件需要看管乃至取消的“玩物丧志”之事，大诗是天地，“圣人与天本无作，六经之言天注脚”[3]。人因循、生化于天地，就有自由自得，就是完满自足的。

此时，审美创造反而可能是矫情多余的举动，越是刻意地追求，越是失算，所谓“诗之工，诗之衰也”“六经一糟粕”“辞愈多而道愈窒”[4]。

高明的生命境界与审美境界是无迹可求的，而“诗”是“迹”，甚至“经”也是“迹”：“此心此理之微，生生化化之妙，物引而道存，言近而旨

---

[1]（明）陈献章：《陈献章集》，中华书局，1987年，第80页，《书法》。

[2] 同上，第72页，《次王半山韵诗跋》。

[3] 同上，《题梁先生芸阁》。

[4] 同上，131、20页。

远，自非澄心默识，超然于意象之表，未易渊通而豁解也”[1]。

白沙的仰慕者，因为不懂得这一点而常常敦促白沙著述，白沙只能无以言对[2]。

其实，白沙的“自然之学”，原本就是一种体验之学、涵茹之学，与理性化、逻辑化的理论表达是对立的。即使是他有限而节制的诗歌创作[3]，在某种意义上，也是对他的“自然之学”的反动。他的言说是悖论式的言说，本身就是困境。正像他一方面强调生命的自然须放弃人为、放弃理智，去获得一种“植物性”，因为“造化一场变化”“大块无心，物自来去，何足留情”[4]，人实在是沧海滴水，不能不委运随化；一方面又深深懂得，浮屠犹以“到彼岸为标准”，道学中人“耻为一身计，痴拥万年情”[5]，不可不自我挺立，成就圣贤事业。否则，“与虫蚁并活而已”“人具七尺之躯，除了此心此理，便无可贵，浑是一包脓血裹一大块骨头。饥能食，渴能饮，能著衣服，能行淫欲”[6]，禽兽而已。

20 世纪的废名正有类似的感慨，他说：“人之情总在人间。无论艺术与宗教，其范围可以超人，其命脉正是人之所以为人也。否则宇宙一冥顽耳”[7]。

言说与反言说，“自然”与“作为”，这是中国思想史中的绝大命题，困扰和成就了无数思想者。用言说的方式（包括以诗来言说）表达不言说与不可言说的渊默，用不言说的方式表达一种“言说”；以“自然”为归依设计“作为”，以“作为”凸显与表征“自然”，这既枘凿，又充满张力。它可以

---

[1]（明）湛若水：《白沙子古诗教解序》。

[2] 白沙《刘进盛书来，劝著述，用旧韵答之》曰：“一入商量便作疑，可堪垂老更求知。追陪水月惟须酒，管勾风花却要诗。”对著述的事似乎是顾左右而言他。他在《道学传序》还表达过对说“焚书一遭”者的“了解之同情”。

[3] 白沙《杂诗序》云：“自成化辛卯秋九月以来绝不作诗，值兴动辄遏之”，但有时候“情危境逼，因缘成声”。

[4]（明）陈献章：《陈献章集》，中华书局，1987 年，180 页。

[5] 同上，850 页。

[6] 同上，61 页。

[7] 止庵编：《废名文集》，东方出版社，2000 年，132 页。

导致无所作为，也可以导致无限作为，而落实为具体的人生和审美创造，则构成大千世界，无数风光。

在古典的小农经济时代，拥有田园牧歌式的生活条件，人生的审美化与审美的自然化常常是一个被不断重复书写的主题，它们以及与它们相关的理念、愿望、冲动、践履构成了一种话语和话语方式，表征着那个时代和那种生活的精神高度、可能性与诗意，为我们留下了可以深入未来的思想资源与审美资源，它们所昭示的境界甚至将成为我们永恒的乡愁与相思之地。

白沙的“自然之学”正是此中的华彩篇章，充满了沉默的智者意味，又充满审美者的温柔明媚，非常人性化，也非常温暖。它所显示的既建构又解构、既谨严又烂漫的品质，可以为任何一种人生的审美的乃至理论的设计提供帮助。而白沙本人，好诗酒，喜欢花草，留意“边缘而琐屑”的事物与情感，惯于沉溺梦乡[1]，甚至有点反智，有点神神道道[2]。晚年对衡山异常向往，说“老脚一登祝融峰，不复下矣”[3]，像宗教冲动，更像是抑制不住的审美冲动。

他的“自然之学”与其说是一种思想的创发，不如说是一种人生的真实的践履，一种让人心仪的人格风度，一种价值归依。

这种践履、人格风度与价值归依的展开，意味着多少消解了存在的依附与负累，同时也消解了生命的广大和凝重；意味着自我解放，也意味着自我收缩乃至自我取消，扩张了审美，也限定乃至窒息了审美。

“自然”同时可以向着反面的方向延伸，最高的“自由自在”，对应着最大的“自觉自为”，“自然”的极致，无法规避的一个选项常常是“自然”的斮丧和反动，而在“道学”特定的旗帜与目标下，所谓“风流”，也终究难免可能是戴着枷锁的舞蹈。

---

[1] 白沙有很多诗纪梦，梦友人、梦先贤、梦名山乃至梦幻化，相信“梦亦是真”。何建南《白沙子与中国术数文化》一文有详述，见《陈献章研究论文集》，湖南大学出版社，2001 年。

[2] 白沙诗文中屡屡露出神秘主义的蒙昧倾向，张诩作《白沙先生行状》也附会了不少寄托神圣、归结不朽的灵异之说。

[3]（明）陈献章：《陈献章集》，中华书局，1987 年，第 193 页。

无礼者死——先秦两汉时期《相鼠》的政治理解[1]

王　勉[2]

[摘要] 历史上《鄘风·相鼠》常被用来刺讥占据高位的无礼之人，但在具体的赋诗与引诗实践中，《相鼠》却呈现出特殊的意义。大多数情况下，《相鼠》被视为一种政治预言，本文区分了“在场赋诗”与“场外引诗”两种情况，以庆封、刘宇、涉佗、赵飞燕为例，分别讨论了《相鼠》中的政治隐喻及现实关切。本文认为《相鼠》文本中蕴含对生理欲望的强烈焦虑，在《相鼠》的赋诵与引用中，这种焦虑与赋诗者、用诗者在时代变革中的身份认同危机相契合，进而转化为对现实政治对手的敌意，用诗者通过对《相鼠》的阐释获得了一种想象中的胜利。

[关键词]《相鼠》　赋诗　引诗　阐释实践

子贡曰：“纣之不善，不如是之甚也。是以君子恶居下流，天下之恶皆归焉。”

——《论语·子张》

当代关于《诗经》的最重要研究来自中国古典文学领域，这些研究放弃

[1] 本文为教育部人文社会科学青年项目“文化诗学视域下的汉代《诗经》解释学与《春秋》家政治哲学综合研究”（项目批准号：17YJC751045），湖南省社会科学成果评审委员会一般课题“汉代奏议引《诗》修辞术研究”（项目批准号：XSP21YBC017），湖南省教育厅科学研究优秀青年项目“汉代奏议《诗》学阐释实践研究”（项目批准号：20B016）阶段性成果。

[2] 王勉，文学博士，长沙理工大学文学与新闻学院讲师。

了漫长的注经传统，转而考察文本的创作背景和文献状况，有时甚至将《诗经》文本作为证据，与其他文本记载或出土文物提供的材料相结合，以论证某种古老时期的仪式或风俗。这些研究为今人理解《诗经》提供了富有启发性的观点，并且继续对今人理解悠远的古代文化发挥重要影响。然而古代的阐释者显然不具备这种相当成熟的现代民俗学研究方法，他们又是如何理解《诗经》文本的？至少在毛传与郑笺之前的时代，这相当令人好奇。这一问题将引导我们面对历史上种种具体的《诗经》阐释实践，讨论关于《诗经》文本的理解如何在具体的语境中实现。一旦将《诗经》文本与《诗经》阐释实践相结合，我们将可能看到《诗经》文本的哪些部分得到了异乎寻常的关注，哪些部分得到了意想不到的发挥，哪些部分则受到了冷落甚至忽视——进而意识到这些选择背后蕴藏的古代阐释者干预现实的意图。

在本篇里笔者将考察《鄘风·相鼠》，并试图说明《相鼠》蕴含对于生理欲望的强烈焦虑，这种焦虑被转化为对于礼教的渴求，这也许能解释与《相鼠》有关的历史人物为何大多在道德方面备受指责。同时，《相鼠》其中一句被引人注目地多次强调，并与一些历史事件建立了联系，进而使《相鼠》成为一种政治预言。本篇还将指出，在场使用《相鼠》与在评论中使用《相鼠》是两种极为不同的情形。前者如叔孙豹与东平王傅赋《相鼠》，保留着用诗者对无礼之人的善意与希望；后者如涉佗之死，《左传》的评论仅具有解释历史事件与教化读者的现实动机。比较特别的是刘向，“鼠”作为一种政治隐喻体现于《列女传》的双关修辞与《五行志》的异象中，具有强烈的现实针对性。在结语中，本篇将指出在先秦两汉时期的《相鼠》理解中始终伴随一种文化保守主义者的基本焦虑，并决定了《相鼠》的批判性品格。

一、危险的共存

尽管不能确切知道《相鼠》产生的时间，但根据内容推测，那个时代与如今有着巨大的不同。现代社会中鼠类的生存地域相当有限，潮湿、阴暗、贫穷、混乱、不洁的地区是它们的乐园，而在广泛使用捕鼠夹与老鼠药的多数地区，鼠类已几乎绝迹。《相鼠》产生于距今 2000 多年的农耕文明时期，那时人们对这种偷窃食物，传播疫病，啃咬几乎一切东西的啮齿类动物的痛恨也许并不比现代人少，但对鼠而言那依然是一个远比现代友好得多的时代。“相鼠”意谓仔细端详鼠的外貌特征，虽然并不能确定历史上是否存在类似于相人、相马、相蛐蛐的相鼠专家，但这至少意味着当一个古代人堂而皇之地仔细观察一只鼠时，这并非一件特别不可思议的事。古代多鼠的另一个证据是东汉时期的《说文解字》专设“鼠”部，收罗 20 个意指鼠的字，另一部字书《尔雅》中“鼠”属有 13 个字。这些字表示各种类型的鼠：如在地下行走的鼠，会飞的鼠，毛皮如豹纹的鼠，长得像鸡的鼠……大部分字今天已很难理解。鼠类的生存高度依赖人类社会，这些大量与鼠有关的字表明古人对于鼠非常熟悉，这建基于人与鼠漫长的共同生活经验。

在春秋时期的文献记载中，鼠依赖人而生存的普遍状态获得了一种修辞学意义——“鼠”指代与君主关系密切的近臣。正如亲近人类为鼠提供了生存必需的条件一样，与统治者的亲近为近臣带来了天然的权力地位。《晏子春秋》曾记录齐景公与晏婴讨论内政的对话[1]，晏婴声称齐国最大的隐患在于“人君左右”，他将这些近臣比喻为“社鼠”，即将巢穴建立在祭坛的鼠。晏婴认为消灭社鼠将不可避免地导致祭坛的损坏，类似地，铲除近臣也将削弱君主的权威，对社鼠应该采取的态度与其说是痛恨，毋宁说是一种有限度的宽容[2]。晏婴坦率地承认社鼠无法根除，尽管从长期看，社鼠会导致人类社会物质财富的不断消耗，但除鼠带来的收益显然远低于成本，最好的办法是人类与社鼠和解。《晏子春秋》固然是小说家言，但将齐景公的近臣描绘为令人无奈的社鼠或许有部分历史依据。根据《左传》记载，齐景公由崔氏、庆

---

[1] 在《韩非子》与《韩诗外传》中进行对话的人物变成齐桓公与管仲，但是“社鼠”都隐喻春秋时期齐国君主的近臣。

[2] 张纯一撰，梁运华点校：《晏子春秋校注》，中华书局，2014 年，第 143 页。

氏贵族拥立即位，他的前任君主齐庄公被崔杼设计杀死，而在齐景公执政的整个时期，齐国的实际掌权者始终是同姓贵族。晏婴曾亲历崔杼弑君，参与崔氏、庆氏、高氏、栾氏之间的残酷倾轧。他所说的“左右之臣”与君主的亲近可能具有比字面更加深刻的意义：这种亲近根源于齐国贵族与君主同宗的血统，甚至不妨具体理解为崔氏与庆氏大夫。这些近臣的肆无忌惮来自君主的长期纵容，他们强大的野心与影响力将动摇君主的统治，但这种根植于血缘的亲近关系是周代封建国家的建政基础，任何试图削弱或改变这种亲近关系的努力都可能引起其他同姓贵族的警觉，从而带来更加广泛与彻底的政权崩坏。社鼠最终成为齐国难以根治的痼疾并直接导致田氏代齐的毁灭性后果，在齐景公死后，社鼠正式宣告自己是祭坛的所有者，人类被彻底驱离。

将齐景公时期的同姓贵族比喻为鼠并非晏婴的独创。根据《左传》记载，公元前546年齐国左相庆封访问鲁国，由于在此次宴会中的举动缺乏庄敬，负责接待的叔孙豹在宴会中赋《相鼠》，公然将这位齐国的实权人物比喻为一只不知礼仪的鼠[1]。虽然庆封失礼的细节尚不清楚，但联系庆封于次年出奔至鲁，因在宴会中进行“泛祭”这样的国君仪式而遭到叔孙豹的第二次讽刺，推测庆封可能有严重僭越礼制的行为。叔孙豹赋《相鼠》以刺庆封，使得这首诗第一次与一种具体的道德品行和一位特定的历史人物建立了联系。不过在阐明这种联系之前，我们先来分析一下《相鼠》是怎样的一首诗。

《相鼠》全文如下：

相鼠有皮，人而无仪；人而无仪，不死何为？
相鼠有齿，人而无止；人而无止，不死何俟？
相鼠有体，人而无礼；人而无礼，胡不遄死？[2]

---

[1] 李梦生：《左传译注》，上海古籍出版社，2004年，第833页。

[2]（汉）毛亨传，（汉）郑玄笺，（唐）陆德明音义，孔祥军点校：《毛诗传笺》，中华书局，2018年，第74页。

全诗共分为三节，结构内容基本一致。诗中建立了鼠与人的强烈对立，诅咒没有礼仪约束的人应该速死。对于鼠的轻蔑与其说是针对这种具体的动物而言，倒不如说是针对具有如鼠一般特征的人。光滑的毛皮、锋利的牙齿、完整的身体，表现出对先天生理特征的重视，分别隐喻对衣饰的夸耀、对食物的贪欲、对肉体的沉迷，在这些联想中隐含着对于肉欲的深深忧虑。《相鼠》试图表明肉欲属于动物性，与之相对彰显人性光辉的是风雨飘摇的礼仪。“相鼠有皮，人而无仪”，一个纵情享受，罔顾礼仪的人就像一只毛皮光亮的老鼠，他的所有行为仅为了满足生理需求。然而除了这个夸张的断言之外，诗中没有关于礼仪正当性的任何阐述。如果这首诗有作者的话，或许作者觉得这种阐述毫无必要，或许即便是作者也有些不安：除了与肉欲的对立之外，礼仪本身并没有一个坚不可摧的存在理由。“人而无礼，不死何为？”这样的吁求缺乏一种理解的基础，听起来多少有些气急败坏。

毛传将《相鼠》解释为对卫文公的怀念，其实是批评卫国后来执政者缺乏礼义[1]。即便不考虑毛传而仅从文本内容判断，也不难看出《相鼠》所描写的是一个礼仪制度不断受到挑战的时代。人们的行为放荡不羁，传统礼俗分崩离析，恪守古老礼义者与随心所欲者之间出现了巨大分歧，这种分歧严重到前者对后者进行死亡诅咒——这种诅咒以想象的方式在诗中表现，因此多少还算是委婉——在《相鼠》文本内部形成了一个战场，“人”的礼义与“鼠”的肉欲激烈厮杀，礼义显然占据上风；而文本外部的现实战场礼崩乐坏，到处充斥着“鼠”的压倒性胜利。根据《左传》的记载，庆封嗜酒好猎，私生活放荡，甚至与宠臣卢蒲嫳“易内”，也就是交换妻妾的意思；他重视排场，车马装饰精致华美，“美泽可以鉴”[2]。如果庆封是一只鼠，那么他应该有一副好牙口和一身好毛皮并以此为傲。这样看来叔孙豹将庆封比喻为“鼠”非常恰切，但令人意外的是庆封对此的反应：彻底的无动于衷。《左传》

[1]（汉）毛亨传，（汉）郑玄笺，（唐）陆德明音义，孔祥军点校：《毛诗传笺》，中华书局，2018 年。
[2] 李梦生：《左传译注》，上海古籍出版社，2004 年，第 850—852 页。

声称这是因为庆封缺乏赋《诗》言志的经验以及领悟隐喻修辞的必要修养，但抛开这种典型的鲁史立场可能有其他解释。试想在一个价值系统处于重建的时代聆听《相鼠》，一些听者将联想到自己的荒淫无耻而感到羞愧；另一些听者却可能毫无感觉，甚至反过来嘲弄《相鼠》的引用者："我至少以一种真诚的态度面对自己的欲望和这个时代的道德状况，而你却胆怯地把身体缩入传统道德的盔甲中。"这种嘲弄的态度或许体现为一种无动于衷的态度，而不见得是无法理解隐喻修辞后的茫然与羞愧。关于庆封如何理解叔孙豹赋诗还需要更多细致的考察，而且这并非本文的主要任务，让我们先暂时离开庆封，转而考察另一个赋《相鼠》的例子。

二、赋诗者的焦虑

公元前 52 年，汉宣帝之子刘宇被立为东平王，与《汉书》所记载的同时代多数同姓诸侯王一样，刘宇很早就因行为放荡而受到皇帝的严惩。刘宇的罪名是与姬妾通奸，根据《汉书·王尊传》的记录，他多次私令御者驾车，秘密前往姬妾家幽会[1]。皇帝之子与平民女子保持着婚姻外的同居关系，这在汉代被视为私德严重败坏的标志。为了表示对王族的警告以及必要的恩赦，汉宣帝将对刘宇的惩罚转移到他的臣子身上，对刘宇的德行修养负有直接责任的东平王傅和东平王相被处死。这种处理方式来自汉宣帝时期的一个著名判例：担任皇帝不满一年的刘贺被以霍光为首的臣僚废为海昏侯，霍光认为刘贺的臣子必须为君主糟糕的德行负责，于是大开杀戒，据说数百昌邑臣僚中仅有三人幸免于死。诸侯王的傅相，名义是教导这些骄纵的皇子，实际却是他们道德错误的替罪羊。在得知前辈的悲惨结局后，我们可以想象东平王傅相的继任者必然对这份工作怀着刻骨铭心的恐惧。姑息纵容将招致皇

[1]（汉）班固著，（唐）颜师古注：《汉书》，中华书局，1962 年，第 3230 页。

帝的惩罚，而犯颜直谏却往往引起诸侯王的敌意，严重时甚至会死于这些愤怒的学生之手。在这种两难处境中应该怎样安全地进行道德教化？诵读《诗经》就成了一个可行性很高的选择。

在汉代对诸侯王诵读《诗经》，其目的并非教导文辞句读，甚至也不是为了培养文学修养，而是推行符合帝国统治需求的意识形态——忠诚、孝悌与服从，因而《诗经》是受到汉朝皇帝嘉许的教授内容。之前谈到的昌邑王刘贺的老师王式，正是凭借教授《诗经》摆脱死罪。在面对审理者的诘问时，这位《诗经》专家有如下这段精彩的辩解：

> 臣以《诗》三百五篇朝夕授王，至于忠臣孝子之篇，未尝不为王反复诵之也；至于危亡失道之君，未尝不流涕为王深陈之也。臣以三百五篇谏，是以亡谏书。[1]

这段话被《诗经》学和中国古代文学研究者广泛地使用，但鲜有人注意到视《诗经》为谏书的最直接动机是为自己脱罪。当皇帝为皇子的道德败坏追究师傅的责任时，一个《诗经》教师声称自己尽管没有进行任何直接的谏言，但所有政治意图都包含于他的《诗经》教授中，诵《诗》是一种真正委婉的进谏；而在另一种情况下，当一个诸侯王反感喋喋不休的道德劝谕，甚至对此深恶痛绝时，对这个不耐烦的学生诵《诗》对傅相而言至少不那么危险，毕竟这可以被理解为一种修辞学教育而与教化保持距离，因而是保全自身的好选择。

东平王刘宇的太傅选择诵《相鼠》，《汉书》关于这次诵诗并未提供任何可以直接利用的解读，但根据前文对《相鼠》的理解，将纵欲的刘宇与那只仅保留生理特征的鼠联系起来将是很自然的，这显然在暗示刘宇婚外同居的失德行为。然而刘宇在听到如此情感激烈的比喻后未产生任何值得记录的情感波动，这种令人印象深刻的无动于衷与庆封听叔孙豹赋诗的反应相似，

[1]（汉）班固著，（唐）颜师古注：《汉书》，中华书局，1962 年，第 3610 页。

或许两个人早已习惯于被视为无礼之人，或许刘宇早已听够了“谲谏”，以至于对《相鼠》已麻木不仁。当时正在履新的东平王相王尊见到这惊人的一幕，老师充满感情地诵读他认为可能感化学生的诗篇，而学生对此昏昏欲睡，毫不在意。王尊立即对这位兢兢业业的东平王傅说：“毋持布鼓过雷门”。根据颜师古的注解，雷门因悬挂声若惊雷的大鼓而得名，布鼓是以布料作为鼓皮，几乎没有敲击声响的乐器[1]。这句话仿佛是说，对道德败坏的东平王诵《诗》，所产生的效果就像布鼓在雷门产生的声响一样微弱。换句话说，刘宇是比《相鼠》中的鼠邪恶得多的“大鼠”，在他面前读《相鼠》真是小巫见大巫。有趣的是在王莽号召讨伐东平王刘信的诏书中曾谈及刘宇之子刘云毫无孝道观念，竟然称其父为“钜鼠”[2]，这个称号可能与东平王傅赋《相鼠》事件在汉代的流传有关。

无论庆封或刘宇，二人都成为《相鼠》的嘲讽对象，其纵欲的行为成为赋诗者攻击的重点。但从《左传》与《汉书》的记载来看，这两只鼠并未对这种嘲讽表现出任何不安，他们泰然自若地接受了这个具有侮辱性的比喻，至少在承认现实方面展现出令人钦佩的勇气。与之形成鲜明对比的则是不安的叔孙豹与谨小慎微的东平王傅，后者由于同时属于汉宣帝与东平王的臣属，因而不得不在夹缝中努力求生，左右为难。相对而言叔孙豹的心态更加微妙。作为一位精通《诗经》的专家，他习惯于在庄严的场合得体地使用《诗经》，以符合贵族身份的方式对不合礼义的言行进行劝导。这位古板的外交官对于尊卑隆杀的秩序非常敏感，然而他的心态中蕴含一种极为深刻的焦虑，这使得他在解读《诗经》时显得攻击性十足。下面这段文字很好地说明了叔孙豹的这种心态。

穆叔如晋，报知武子之聘也，晋侯享之。金奏《肆夏》之三，不拜。工歌《文王》之三，又不拜。歌《鹿鸣》之三，三拜。韩献子使行

[1]（汉）班固著，（唐）颜师古注：《汉书》，中华书局，1962年，第3230页。
[2] 同上，第3436页。

人子员问之，曰："子以君命，辱于敝邑。先君之礼，藉之以乐，以辱吾子。吾子舍其大，而重拜其细，敢问何礼也？"对曰："三《夏》，天子所以享元侯也，使臣弗敢与闻。《文王》，两君相见之乐也，使臣不敢及。《鹿鸣》，君所以嘉寡君也，敢不拜嘉？《四牡》，君所以劳使臣也，敢不重拜？《皇皇者华》，君教使臣曰：'必谘于周。'臣闻之：'访问于善为咨，咨亲为询，咨礼为度，咨事为诹，咨难为谋。'臣获五善，敢不重拜？"[1]

公元前569年，叔孙豹前往晋国访问，在接待宴会上，晋国的乐工演奏了只有天子赏赐诸侯，诸侯相见时才可以使用的《肆夏》《文王》等乐，叔孙豹出人意料地拒绝对这种过分的礼仪做出任何回应。直到乐工演奏《鹿鸣》这样褒赞臣子的乐时，叔孙豹才对这种符合自己使臣身份的乐做出下拜的回礼。行人子员好奇地询问叔孙豹关于回礼的标准，由此引出了叔孙豹的一大段正襟危言。在这段描述中，我们或许能读出一种与时代格格不入的尴尬。当大多数外交官都习惯于将天子之乐、诸侯之乐的使用权限降低，以与春秋时期列国力量变化的新状况相协调时，叔孙豹却采取激烈的复古立场，对这种通行做法大加谴责。僭越礼制是春秋时期的普遍状况，即便叔孙豹所在的号称保存礼乐传统最为完善的鲁国，后期也有八佾舞于庭的状况，这意味着叔孙豹恪守传统礼制的行动在当时并不寻常。鲁国拥有光辉的历史，而晋国拥有强盛的当下。象征着文明的使臣前往发达而野蛮的国度时，对现实的厌恶和对历史的留恋形成了保留古代礼俗的强大动机，这种恪守不渝的精神毋宁被视为一种对往昔的感伤情绪以及确认自己文化优越地位的决心。换句话说，叔孙豹对王道陵迟，霸道鼎盛的现实越不满，对鲁国地位的衰落越失望，对诸侯僭越礼制的常态就越采取激烈的抗争姿态。

现在让我们回到《左传》襄公二十七年叔孙豹赋《相鼠》刺庆封这一事件。历代《左传》注疏大都先入为主地采取"人"的立场，杜注"庆封不知

[1] 李梦生：《左传译注》，上海古籍出版社，2004年，第646页。

此诗为己，言其闇甚。”[1] 这奠定了后世理解这次赋诗的基调。但笔者认为，赋《相鼠》的重点不在于庆封有如何无礼的行为，以及庆封是否能够理解赋诗的意义，而在于赋诗者的内心焦虑转化为一种不顾一切的抗争姿态。相比于庆封，叔孙豹的处境更应该得到关注——环顾周遭已然遍地是“鼠”，自称为“人”才是这个世界的异类行为。叔孙豹赋《相鼠》时的心态应与他在襄公四年出访晋国的情况类似，即处于一种失望、嫉妒与愤怒混合的情绪中。齐相庆封拥有丰厚的财富，享有超规格的礼仪待遇，以及言行中必然流露出的傲慢态度，这些可能深深刺激了鲁国人。如果连《相鼠》文本中“人”对“鼠”的一种想象优势都无法保留的话，那么叔孙豹面对这样一位大国卿相时的起码信心应该源自何处呢？在《相鼠》文本与赋《相鼠》行动之间进行比较，我们发现庆封与鼠在纵欲方面的相似只是表面性的，二者更加深刻的相似源于《相鼠》文本与叔孙豹对现实世界普遍道德状况的忧虑，以及对这种业已改变的现实道德状况所持的抵抗立场。

三、在场赋诗与场外引诗

《相鼠》文本中有一种显著的不协调，在对无礼之人与生理之鼠的对比之后，立刻转向对于前者的诅咒，这种转变毫无征兆，因而显得非常突兀：“相鼠有皮，人而无仪；人而无仪，不死何为？”它的结构足够简单，情感又如此激烈，在形式上存在剧烈的转变，这为读者留下了十分深刻的印象。无礼之人为何会横死？在横死方面，无礼之人会比恪守礼仪之人有更高的几率吗？这些问题《相鼠》未予奉告，所以这几句诗或许可以理解为处于慌乱情绪中的咒骂，它蕴含着守礼者的身份焦虑和对于现实状况的恐惧，这种不安感最终转化为这种咒骂的语气。然而，在一种在场的语境中赋诗和评论故

[1]（晋）杜预集解：《春秋经传集解》，上海古籍出版社，1978 年，第 1073 页。

事时引诗，无论对于当事人还是读者而言，都是极为不同的状况。接下来我们考察《相鼠》在这两种情况下的意义，并尝试分析其背后的原因。

根据《左传》的记载，庆封作为无礼之鼠的典型代表，其最终下场恰好符合《相鼠》预言——在叔孙豹赋《相鼠》的次年，庆封遭到部下的背叛而被迫出奔，他曾试图将自己心爱的马车赠与鲁国执政者季武子以居留于鲁，但遭到后者拒绝。最终庆封在吴国找到安顿之所，七年后他的城邑被楚灵王占领，自己也被处死。庆封的故事暗示华丽的马车不能挽救无礼者的败亡，犹如光亮的毛皮无法挽救鼠的性命。无礼之鼠必然遭遇横死的预言在其他文献中还出现过。《史记·商君列传》中记载，商鞅在败亡前曾收到赵良的劝告，赵良引用“相鼠有体，人而无礼，人而无礼，何不遄死”，但并未改变商鞅死于车裂的下场[1]。又如前文谈到的《汉书》关于东平王刘宇的记载，东平王刘宇因杀死旧情人被剥夺两个城的封邑，九年后死去，据说他是被自己的儿子刘云毒杀。庆封、商鞅、刘宇都曾收到过《相鼠》的警告，这些警告最终被证实为三人灾难性结局的准确预言。在三个故事中，赋《相鼠》的叔孙豹、东平王傅和引用《相鼠》的赵良作为故事的部分情节，提供了可能改变庆封、刘宇和商鞅未来人生的转机，并在一定程度介入三人的结局，这暗示三人如果在听到《相鼠》后能觉悟并悔过，或将避免最终的悲剧命运。可见在这三个故事中，《相鼠》并非在一种全然否定性的意义上运用，而是流露出引用者的部分善意与希望。

但在另一种情况下，《相鼠》被用来解释人的命运，它没有为故事中人指出任何可能的转机，仅仅是一种案例教学的后见之明。比如《左传》中的“涉佗之死”即属此类。涉佗是晋国的大夫，代表晋国与卫灵公结盟，涉佗认为卫国实力远逊于晋国，其君主的地位甚至低于晋国大夫。当卫灵公抢在自己之前歃血时，涉佗粗暴地阻拦其进行仪式，这导致卫灵公的鲜血流至手腕。涉佗的行为激怒了卫灵公，并很快导致卫国背叛晋国，两国开始交战。

---

[1]（西汉）司马迁：《史记》，中华书局，1982 年，第 2234 页。

晋人在战后检讨战争爆发的原因，涉佗的无礼行为被视为战争导火索，为了取得卫国的谅解，涉佗最终被晋人处死。《左传》这样评价涉佗：

> 君子曰："此之谓弃礼，必不钧。《诗》曰：'人而无礼，胡不遄死。'涉佗亦遄矣哉。"[1]

显然，涉佗的死因并非表面上的无礼行为，晋国公族弱而大夫强，在涉佗看来，像卫灵公这样的小国君主并不比自己更应得到尊重，任何一个晋国大夫或地位卑贱的掌权者都可能在盟约仪式中做出涉佗的举动，对此更恰当的解释应是古老宗法制度与现实国力决定的新伦理秩序的错位。如果在晋国的角度思考，与其说这是僭越礼制所引发的神秘后果，不如说是晋国为了向强大对手妥协所付出的必要代价。然而《左传》借"君子"之口，在《相鼠》文本与无礼者的命运之间建立了一种神秘的联系，涉佗之死使"人而无礼，胡不遄死"这句诗变成恐怖的死亡预言和对于无礼者的严重警告，迫使读者注意到礼在这一事件中举足轻重的地位。如果这位"君子"真实存在的话，他的心态与叔孙豹的嫉妒，东平王傅的惶恐一定极为不同。他确切知道涉佗的结局，不必真实面对春秋时代骄横的权贵，评论涉佗也不会给他带来现实的危险，他只需在故事结尾从容写下四句诗，特别注出其源于《诗经》这部蕴含圣人大义的经典，别有用心地提醒他的读者注意无礼与横死的联系，暗示《相鼠》这首诗早已注定了涉佗的结局。与叔孙豹和东平王傅相比，"君子"明显从容和自信了许多，在他对于涉佗命运的解释与评论中蕴含着一种立法者的强大自信，这可能是在一个政治相对不太动荡，对礼教的信仰已达到相当程度的社会环境中才产生的。

在场赋诗和在故事评论中引诗具有非常大的差别。直面无礼者赋《相鼠》意味着直接参与某种道德或政治实践，《相鼠》相当于一种严厉的死亡警告，并将带来某种现实后果。赋诗者怀有一定的善意，寄希望于听者的悔

---

[1] 李梦生：《左传译注》，上海古籍出版社，2004 年，第 1261 页。

改，庆封和刘宇的例子使我们看到这种严厉的警告既可能改变“鼠”的命运，同时也将赋诗者自身置于险境中。在评论道德故事时引用《相鼠》则意味着对读者进行有意识的价值引导，引《诗》者清晰地了解自己教化者的身份，《相鼠》等同于神圣性的道德规范，不仅为无礼者的横死提供解释，而且对读者施加一种独断论的道德劝谕，这种道德教化以相当间接与缓慢的方式进行，因而引《诗》者不须为此承担巨大的政治风险。

然而在《列女传》记载的两个类似故事中，引用《相鼠》却同时在以上两种意义上进行——既是警告，又是解释；既是在场的言说，又是不在场的言说。这次罔顾礼法的主角是春秋时期卫国的夫人南子和战国时期赵国的王后，毫不意外这两位淫荡贪婪的女人最终也以横死收场。在两个故事的结尾，刘向分别写下了几乎一样的评价：

> 《诗》云：“相鼠有皮，人而无仪。人而无仪，不死何为？”此之谓也。——《列女传·孽嬖·卫二乱女》[1]

> 《诗》云：“人而无礼，不死胡俟？”此之谓也。——《列女传·孽嬖·赵悼倡后》[2]

看起来《相鼠》充当道德法庭的大法官，裁决两位夫人的淫乱与贪婪分别导致了卫国的混乱与赵国的灭亡，她们的横死属于伏辜。类似于涉佗之死，《相鼠》再次在失德与横死之间构建了一种神秘的联系，这种联系是作为故事外的评论者身份予以强调的。但是，《列女传》本身具有强烈介入政治的企图。《汉书·刘向传》曾记载刘向作《列女传》缘起：

> 向睹俗弥奢淫，而赵、卫之属起微贱，逾礼制。向以为王教由内及外，自近者始。故采取诗书所载贤妃贞妇，兴国显家可法则，及孽嬖乱亡者，序次为《列女传》，凡八篇，以戒天子。[3]

---

[1] 王照圆：《列女传补注》，华东师范大学出版社，2012 年，第 317 页。
[2] 同上，第 326 页。
[3]（汉）班固著，（唐）颜师古注：《汉书》，中华书局，1962 年，第 1957 页。

《列女传》耐人寻味地将赵后和卫后归入“孽嬖”类，二人的姓氏具有一种令人瞩目的双关含义。如果将两个故事中的“卫后”“赵后”视作春秋战国时期的南子和赵悼倡后，那么刘向引用《相鼠》所评论的当然是过往时代的道德状况，充其量为汉成帝时期提供一种有限的道德警示与借鉴；但如果将“卫后”“赵后”视作汉成帝时深受宠信的“赵、卫之属”，即卫婕妤和赵飞燕，那么刘向引用《相鼠》就应被理解为对两位得宠的后妃遭遇横死的预言。《列女传·孽嬖》中的双关修辞表明刘向真诚地相信卫婕妤和赵飞燕将如历史上其他鼠一样横死，在他的眼中《相鼠》可能不仅是一种略显夸张的道德劝谕，而更像是关于未来灾难的警告。考虑到刘向生活的汉成帝时期正是外戚大权独揽的时代，《列女传》在“卫后”“赵后”篇末引用《相鼠》无疑是相当危险的政治影射。刘向本人作为皇室宗亲素来反感外戚专权，曾多次以言说灾异的方式上书劾奏外戚，《汉书·刘向传》中不讳言《列女传》的隐藏读者正是汉成帝，可见刘向决不满于做一个对女性典故感兴趣的历史学家，而更倾向于做一个勇敢的现实政治批评者。尽管他并未直面这位骄纵的赵皇后赋《相鼠》，而是披着一件《诗经》专家的外衣，这为他提供了来自经学传统的庇护与必要的转圜余地。

根据以上分析，《列女传·孽嬖》中引用《相鼠》，其实是将赵飞燕视为无礼之鼠的隐晦表达。“鼠”是关于赵飞燕的隐喻，这一观念进一步被公元前 29 年长安城内的异常状况所强化。

> 成帝建始四年九月，长安城南有鼠衔黄蒿、柏叶，上民冢柏及榆树上为巢，桐柏尤多。巢中无子，皆有乾鼠矢数十。时议臣以为恐有水灾。鼠，盗窃小虫，夜出昼匿，今昼去穴而登木，象贱人将居显贵之位也。桐柏，卫思后园所在也。其后，赵皇后自微贱登至尊，与卫后同类。赵后终无子而为害。[1]

[1]（汉）班固著，（唐）颜师古注：《汉书》，中华书局，1962 年，第 1374 页。

这段文字出自刘向所作的《汉书·五行志》，其基本思维模式为灾异谴告，即将一些离奇事物视为具有启示意味的警告，这种联想的主要依据之一是物象之间粗糙的相似性。鼠在桐柏树上筑巢并停止生育后代，刘向认为这有三种象征意味：一是地位低贱者将成为显贵；二是这个地位低贱者将成为汉皇后；三是她将没有任何子嗣。刘向认为这个异象是赵飞燕将成为汉皇后的预兆，后来的事实证实了这个解释。将巢穴由地面迁徙至树顶，而桐柏是卫子夫皇后陵园中大量栽种的植物，这的确可能被解读为地位卑贱者将成为皇后，但为什么独独是鼠引起这种关注？笔者认为，对鼠抱有反感与焦虑的情绪，并认为其所代表的纵欲无礼之人将招致灾难，这与前引《左传》《汉书》等对《相鼠》的理解相似。而有意识地将鼠与赵飞燕联系起来，如前文所述或许来自刘向对《相鼠》的个人理解，这种理解含蓄地体现于《列女传》的引诗中，寄托着汉室宗亲对于外戚干政的强烈担忧。就这样，在《五行志》这种借助物象以预测人事的灾异言说中，我们惊奇地发现《相鼠》的主题获得了全新的理解——“相鼠”并非仅指仔细观察鼠的外形，在刘向眼中“相鼠”更恰当的理解似乎是相“鼠”，即在某种具体政治语境中理解“鼠”的意象。无论《相鼠》还是《五行志》，纵欲之鼠与桐柏筑巢之鼠的政治隐喻实质都是一种权力话语，其目的是在汉帝国支持的经学立场中尽可能地介入政治，以一种想象的方式“解决”现实中的政治危机。

四、结　语

毛传将《相鼠》解读为对卫文公后代不知礼义的刺讥之作；《白虎通义》中曾引用某位汉人的理解，他将《相鼠》视为妻子劝谏丈夫的诗作[1]；在今天大多数《诗经》读本中，编选者一般将不知礼义的封建统治者视为这首诗

[1]（清）冯登府著，房瑞丽校注：《三家诗遗说》，华东师范大学出版社，2010 年，第 26 页。

的讥讽对象。这些理解有一个隐蔽的前提，即任何读者都可以通过阅读《相鼠》文本与相应的经传注疏来获得这首诗的全部意义。但在古代特别是先秦两汉时期，这种前提是需要反思的。理解总是发生在具体的语境中，文本的意义也总是在具体的阐释实践中得以呈现。即便不考虑《诗经》文本在传播过程中的复杂变动，仅仅考察古人对《诗经》的理解与运用，我们也不难发现离开具体的赋诗与引诗实践，《诗经》的意义会出现严重的缺失。以《相鼠》为例，在《相鼠》的赋诵与引用中，庆封、刘宇、商鞅、涉佗、赵飞燕等都曾被作为刺讥的对象，但是他们的道德水平各不相同，一些人甚至未必是"无礼之人"。即便将《相鼠》视为死亡预言，这些人的死亡与其道德水平之间的联系也相当松散而难以令人信服。笔者认为，应该关注的并非被刺讥者的道德水平，恰恰相反，应该关注的是赋诗者与引诗者的现实关切。在本篇中，笔者试图指出《相鼠》蕴含一种对于社会道德状况与政治现状的强烈不安，这是理解这首诗的文本及对其赋诵引用的关键。在庆封和刘宇的例子中，不安源于赋诗者在时代剧变中的身份危机；在赵飞燕的例子中，不安源于皇室宗亲的责任感和对政治权力分配的不满。不安与《相鼠》文本中的突兀转变和激烈情绪相吻合，转化为"人"对"鼠"的强烈敌意，通过针对具体目标的赋诗与引诗，取得了一种想象中的胜利。

“易之三名”与古代文论的话语建构[1]

范春玲　吴中胜[2]

[摘要] 一易而三名，其中的思维方式、言说方式和话语建构对古代文论影响深远。天地是万物之母，这是不易之易。基于法天则天的总思想，文学要以天地为准则。天地之道自然而然，文道也自然而然。万物不断变化，这是变易之易，由此要把握文学发展的过程性、时机性、循环往复性、通变性等特点。万象纷纭，终归一阴一阳，这是简易之易。这种简而化之的言说方式，对古代文论影响很大，文学中的许多看似繁复的问题，文论家们都一言以蔽之，举重若轻，要言不繁。

[关键词] 易之三名　古代文论　话语建构

《周易》与古代文论的关系早已不是新鲜话题，[3]但这是一个绕不开的话题，本文选择几个非常重要的方面来谈一谈。《周易正义》卷首《论易之三名》云：“易一名而含三义，易简一也；变易二也；不易三也。”[4]一易而三名，其中的思维方式、言说方式和话语建构自然对古代文化（当然包括古代

---

[1] 本文为教育部人文社会科学研究规划基金项目“经学与古代文论的经典化研究”（项目批准号：18YJA751012）阶段性成果。

[2] 范春玲，赣南师范大学教育科学学院讲师，主要从事中国古代文学研究。吴中胜，赣南师范大学文学院教授，主要从事中国古代文论研究。

[3] 近年代表性著作有张锡坤、姜勇、窦可阳：《周易经传美学通论》，生活·读书·新知三联书店，2011。

[4]（清）阮元：《十三经注疏》上册，上海古籍出版社，1997年，第7页。

文论）产生深远影响，对于我们理解古代文论中“文”字的多义性和复杂性提供了最好的文化基原参照系。下面，我们就从“易之三名”的角度来解读《周易》对古代文论话语建构的影响。

一、与天地准

《周易正义》卷首《论易之三名》云：

> 天尊地卑，乾坤定矣，卑高以陈，贵贱位矣，动静有常，刚柔断矣，此言其张设布列不易者也。[1]

这是讲“易”之不易一面，天地是万物之母，是文化之根，天下万事万物无论如何变化，其母其根是不变的。《周易》是产生于农耕文化的典型范本：“《象》曰：不耕获，未富也。”（《周易・无妄》）又“包牺氏没，神农氏作，斲木为耜，揉木为耒，耒耨之利，以教天下，盖取诸《益》。”（《周易・系辞下》）农耕文化天然地以天地为根本，认为天地生养万物，因为有天，“品物流形”“六位时成”“各正性命”“首出庶物，万国咸宁。”（《周易・乾・象》）而地之德，“坤厚载物，德合无疆。含弘光大，品物咸亨。”（《周易・坤・象》）“天地交而万物通也，上下交而其志同也。”（《周易・泰・象》）“天地交，泰。后以财成天地之道，辅相天地之宜，以左右民。”（《周易・泰・象》）“天地絪缊，万物化醇。”（《周易・系辞下》）没有天地则万物不生：“天地不交而万物不通也，上下不交而天下无邦也。”（《周易・否・象》）“天地不交，否。君子以俭德辟难，不可荣以禄。”（《周易・泰・象》）“天地不交而万物不兴。”（《周易・归妹・象》）天地为万物之母之根的思想影响很大，如：“万物本乎天，人本乎祖。”（《礼记・郊特

[1]（清）阮元：《十三经注疏》上册，上海古籍出版社，1997 年，第 7 页。

牲》)[1]“天地合而后万物兴焉。”(《礼记·郊特牲》)[2]都是这一思想的承续。

正因为天地生养万物，所以万物的生存发展都要法天则地、顺天应地：“大哉乾元，万物资始，乃统天。”(《周易·乾·彖》)“至哉坤元，万物资生，乃顺承天。”(《周易·坤·彖》)“天地革而四时成，汤武革命，顺乎天而应乎人。”(《周易·革·彖》)“与天地合其德，与日月合其明，与四时合其序，与鬼神合其吉凶，先天而天弗违，后天而奉天时。天且不违，而况于人乎？况于鬼神乎？”(《周易·乾·文言》)“易与天地准，故能弥纶天地之道。”(《周易·系辞上》)“是故天生神物，圣人则之。天地变化，圣人效之。天垂象，见吉凶，圣人象之。”(《周易·系辞上》)这种法天则地、顺天应地的思想对后世影响很大，如“圣人作则，必以天地为本。”(《礼记·礼运》)[3]孔子说：“唯天为大，唯尧则之。”(《论语·泰伯》)基于法天则地的总思想，文学也要以天地为准则。天地之道自然而然，文道也自然而然。如《文心雕龙》开篇说：

> 文之为德也大矣，与天地并生者何哉。夫玄黄色杂，方圆体分：日月叠璧，以垂丽天之象；山川焕绮，以铺理地之形。此盖道之文也。仰观吐曜，俯察含章，高卑定位，故两仪既生矣。惟人参之，性灵所钟，是谓二才；为五行之秀，实天地之心。心生而言立，言立而文明，自然之道也。旁及万品，动植皆文：龙凤以藻绘呈瑞，虎豹以炳蔚凝姿；云霞雕色，有逾画工之妙；草木贲花，无待锦匠之奇。夫岂外饰，盖自然耳。至于林籁结响，调如竽瑟；泉石激韵，和若球鍠。故形立则章成矣，声发则文生矣。夫以无识之物，郁然有彩，有心之器，其无文欤？(《文心雕龙·原道篇》)[4]

[1] 王文锦译解：《礼记译解》上册，中华书局，2001 年，第 345 页。
[2] 同上，第 354 页。
[3] 同上，第 301 页。
[4]（南朝梁）刘勰著，范文澜注：《文心雕龙注》上册，人民文学出版社，1958 年，第 1 页。

“文道”很多，我们就拿诗歌用韵律、文法和文章风格三个方面来说。首先，文章的“韵律”就是自然而然生成。《周易》本身就在不知不觉、自然而然地用韵，堪称“韵书之祖”。清代潘清撰说：“古无韵书，《易经》实为韵书之祖。如《乾》卦九二‘见龙在田’、九三‘君子终日乾乾’、九四‘或跃在渊’、九五‘飞龙在天’，皆在一先。《坤》卦‘西南得朋，乃与类行’，‘行’读作‘杭’；‘东北丧朋，乃终有庆’，‘庆’读作‘蹡’。又‘积善之家，必有馀庆’、‘积不善之家，必有馀殃’，皆在七阳。当其作《易》时，不过取其音韵和谐，便于诵读，岂知声音本于天籁，竟有不期然而然者，即古人亦不知其所以然也。”（《挹翠楼诗话》卷三）[1]清代唐文治说：“《周易》有言：‘师出有律。’近西人组织公事，评骘理由，动称法人。文亦犹之法人也，一端有亏，全体减色。故行文之律，如行师之律，不可不严。矧当今之世，文体日益诡杂，泾渭不分，莠苗并长。一人俗流则终身不能自拔，良可惜已。亟为诸生戒律。”（《国文大义》下卷）[2]可见,《周易》的韵律不是有意为之，而是天然形成的，用的是天然韵律。其次，文法也是自然而然生成的。《周易》“奇而法”的文法也是自然而然的，不是人工刻意追求的结果。清代方以智：“《易》奇而法，谓因物之天然而衍之者也。方圆密显同时变化，人能读此书者少矣。龙、马、狐、豕、杞瓜、葛藟、圭绂、黄矢，跻陵涉川，有谓无谓乎？无谓有谓乎？沧瀣宝珠，随人变色，扬眉举步，何非雷雨日风。”（《文章薪火》）[3]清代唐文治认为,《周易》的“奇而法”是“圣人之情”抒发的结果，也即刘勰所谓“心生而言立”的结果：“韩子云：‘《易》奇而法。’此文自‘八卦成列’起，至‘吉凶者，贞胜者也’，皆言《易》之原理。而下文忽以‘天地之道’一节奇峰突起，实则言乾坤坎离归于既济定尔。此所谓‘奇而法’也。‘圣人之情见乎辞’句，官止神行。下文忽以‘天地之大德’一节奇峰特起。圣人之情安在？大德大宝而已。圣人非觊大宝

---

[1] 张寅彭选辑：《清诗话三编》第9册，上海古籍出版社，2015年，第6001页。

[2] 王水照主编：《历代文话》第9册，复旦大学出版社，2007年，第8233页。

[3] 同上，第3208页。

者，能欲行仁义以宏天地之大德，则固其情也。此所谓‘奇而法’也。《文选》所谓‘潜气内转法’，曾文正所谓‘茹字法’，皆在‘圣人之情’一句内。”（《国文经纬贯通大义》卷一）[1] 再次，文章风格也是自然而然形成的。清代施山说：“文章之健，虽由功力所积，亦关天禀。桐城一派，功力不谓不深，而惜抱尝自恨不免于弱，非关天禀而何？”（《姜露盦诗话》）[2] 刚健出自天赋，其他也如此。所以，无论从韵律、文法还是文章风格来说，诗文创作上的“法天则地”实际就是要顺从作者的内心，自然而然，不要矫揉造作。“将叛者其辞惭。中心疑者其辞枝。失其守者其辞屈。”（《周易・系辞下》）言辞通内心。顾炎武认为：“夫镜情伪，屏盗言，君子之道，兴王之事，莫先乎此。”（《日知录》）[3] 君子之言从心而发，不可违心而作。

其中的“三才”观来源于《周易》：“《易》之为书也，广大悉备。有天道焉，有人道焉，有地道焉。兼三才而两之，故六。六者非它也，三材之道也。……物相杂，故曰文。”（《周易・系辞下》）《文心雕龙・原道篇》这段文字就是法天则地思想的生动表述，天地有文，人也有文，天地之文自然而然，人文也自然而然。又如叶燮《原诗・内编》说：“天地之生万物，舍其自然流行之气，一切以法绳之，夭矫飞走，纷纷于形体之万殊，不敢不及于法，将不胜其劳，乾坤亦几乎息矣。”[4] 叶燮之意，天地如舍自然则天地将息，更何况文学乎？《周易》云：“风行水上，涣。”（《周易・涣・象》）后人从中得出文章要行云流水的道理，如张篤庆云：“按长短句，本无定法。惟以浩落感慨之致，卷舒其间；行乎不得不行，止乎不得不止；因自然之波澜，以为波澜。《易》所云：‘风行水上，涣。’乃天下之大文也。”（《师友诗传录》）。[5] 视天地万物皆有文，而人文只是天地万物之文的一种，与天地万物之文同情同理。

---

[1] 王水照主编：《历代文话》第 9 册，复旦大学出版社，2007 年，第 8259—8260 页。

[2] 张寅彭选辑：《清诗话三编》第 8 册，上海古籍出版社，2015 年，第 6633 页。

[3] 王水照主编：《历代文话》第 4 册，复旦大学出版社，2007 年，第 3234 页。

[4]（清）叶燮著，霍松林校注：《原诗》，人民文学出版社 1979 年，第 22 页。

[5]（清）王夫之等撰：《清诗话》上册，上海古籍出版社，1963 年，第 135 页。

要法天则地，首先当然要认识天地，“仰观俯察”是先民们认识天地的重要方式：“观乎天文以察时变，观乎人文以化成天下。”（《周易·贲·象》）“仰以观于天文，俯以察于地理。”（《周易·系辞上》）“古者包牺氏之王天下也，仰则观象于天，俯则观法于地，观鸟兽之文与地之宜，近取诸身，远取诸物，于是始作八卦，以通神明之德，以类万物之情。”（《周易·系辞下》）通过“仰观俯察”天地万象，先民们自然因观生感：“天地感而万物生，圣人感人心而天下和平。观其所感，而天地万物之情可见矣。”（《周易·咸·象》）“观其所恒，而天地万物之情可见矣。”（《周易·恒·象》）明代宋濂：“人文之显，始于何时？实肇于庖犠仰观俯察，画奇偶以象阴阳，变而通之，生生不穷，遂成天地自然之文。”（《文原》）[1]这种因观生感、因物而生情的理路直接启发了古代文论的“物感说”。陆机说：“遵四时以叹逝，瞻万物而思纷。悲落叶于劲秋，喜柔条于芳春。”（《陆机集》卷一）[2]刘勰说：“物色之动，心亦摇焉。”“物色相召，人谁获安？”“情以物迁，辞以情发。”（《文心雕龙·物色篇》）[3]钟嵘说：“气之动物，物之感人，故摇荡性情，形诸舞咏。”（《诗品序》）[4]等，是古代文论“感物说”的典型表述。

二、生生之为易

《周易正义》卷首《论易之三名》云：

> 为道也屡迁，变动不居，周流六虚，上下无常，刚柔相易，不可为典要，唯变所适，此言顺时变易出入移动者也。[5]

[1] 王水照主编：《历代文话》第2册，复旦大学出版社，2007年，第1527页。
[2]（晋）陆机著，杨明校笺：《陆机集校笺》上册，上海古籍出版社，2016年，第5页。
[3]（南朝梁）刘勰著，范文澜注：《文心雕龙注》下册，人民文学出版社，1958年，第693页。
[4]（南朝梁）钟嵘著，曹旭笺注：《诗品笺注》，人民文学出版社，2009年，第1页。
[5]（清）阮元：《十三经注疏》上册，上海古籍出版社，1997年，第7页。

这是讲变易之“易”，这是易学思想的重要方面。《周易》的变易思想有发展过程性（生命历程）、时机性（抓住时机、与时偕行）、循环往复性、通变性等特点。这些方面都对古代文论都产生了深远影响。

首先是变化发展的过程性。事物的发展变化都有一个从起初到发展再到高潮的过程，就像一个生命历程。就拿《易》之首卦乾卦来说：

《乾》：元亨，利贞。

初九：潜龙，勿用。

九二：见龙在田，利见大人。

九三：君子终日乾乾，夕惕若。厉，无咎。

九四：或跃在渊，无咎。

九五：飞龙在天，利见大人。

上九：亢龙，有悔。

用九：见群龙无首，吉。

这一卦描述了龙的过程性状态，“潜”“见”“终日乾乾”“或跃或渊”“飞”“亢”“群龙无首”，我们可以理解为任何事物都不是一成不变的，都有一个从起初到发展再到高潮的发展过程。这种发展过程观影响中国的文学史观。一部文学发展史，也如生命体一样，从生根发芽到绿树繁阴再到开花结果。如清代叶燮说：

譬诸地之生木然，《三百篇》则其根，苏、李诗则其萌芽由蘖，建安诗则生长至于拱把，元朝诗则有枝叶，唐诗则枝叶垂荫，宋诗则能开花，而木之能事方毕。自宋以后之诗，不过花开而谢，花谢而复开，其节次虽层层积累，变换而出，而必不能从根柢而生者也。故无根则由蘖何由生？无由蘖则拱把何由长？不由拱把则何自而有枝叶垂荫而花开花谢乎？（《原诗·内篇》）[1]

[1]（清）叶燮著，霍松林校注：《原诗》，人民文学出版社，1979年，第34页。

从“根”“萌芽由蘖”“生长至于拱把”“有枝叶”“枝叶垂荫”到“开花”，把漫长的诗歌历史比作树木的生命历程。清代钱泳《履园谭诗》也说：“诗之为道，……萌芽于《三百篇》，生枝布叶于汉、魏，结蕊含香于六朝，而盛开有唐一代，至宋、元则花谢香消，残红委地矣。”[1]“萌芽”——“生枝布叶”——“结蕊含香”——“盛开”——“花谢香消、残红委地”云云，纯然是草木生命历程的描述。比喻形象、具体、生动，也符合农耕文化为背景的中国人的接受心理。

其次是变化发展的时机性。既然事物是变化发展的，在一系列过程中，一定有重要关节点。这些重要的关节点影响着事物的进一步发展，从而形成《周易》的抓住时机、与时偕行的思想，如“故乾乾因其时而惕。”（《周易·乾·文言》）“君子进德修业，欲及时也。”（《周易·乾·文言》）多次提及“与时偕行”（《周易·乾·文言》《周易·损·象》《周易·益·象》）“当位而应，与时行也。”（《周易·遁·象》）“变通者，趣时者也。”（《周易·系辞下》）《周易》特别强调“待时而动”“见几而动”。（《周易·系辞下》）可见，中国的先哲们早就有善抓时机的思想。君子善于把握时机：“几者，动之微，吉凶之先见者也。君子见几而作。”（《周易·系辞下》）这种思想对于中国文论灵感论启示很大，如陆机说：

> 若夫应感之会，通塞之纪，来不可遏，去不可止，藏若景来，行犹响起。方天机之骏利，夫何纷而不理。思风发于胸臆，言泉流于唇齿。纷葳蕤以馺遝，唯毫素之所拟。文徽徽以溢目，音泠泠而盈耳。及其六情底滞，志往神留。兀若枯木，豁若涸流。揽营魂以探赜，顿精爽于自求。理翳翳而愈伏，思乙乙其若抽。是以或竭情而多悔，或率意而寡尤。虽兹物之在我，非余力之所戮。故时抚空怀而自惋，吾未识夫开塞之所由。（《陆机集》卷一）[2]

[1]（清）王夫之等撰：《清诗话》下册，上海古籍出版社，1963年，第872页。
[2]（晋）陆机著，杨明校笺：《陆机集校笺》上册，上海古籍出版社，2016年，第40—41页。

诗文之灵感“来不可遏，去不可止，藏若景来，行犹响起。”这不正是“动之微”的“几”吗？所以诗文创作也要见机而动。刘勰也说：“枢机方通，则物无隐貌；关键将塞，则神有遁心。”（《文心雕龙·神思篇》）[1]神思之“枢机”“关键”不正是作家要牢牢把握的创作时机吗？《周易》这种“待时而动”的思想对于古代作家如何应对人生道路上的关键发展点也有重要启示意义。刘勰说：“是以君子藏器，待时而动；发挥事业，固宜蓄素以弸中，散采以彪外，楩楠其质，豫章其干。摛文必在纬军国，负重必在任栋梁；穷则独善以垂文，达则奉时以骋绩。若此文人，应梓材之士矣。”（《文心雕龙·程器篇》）[2]文人处世，到底是“纬军国”“任栋梁”还是独善其身？这是个大问题。刘勰主张“待时而动”，显然受《周易》的影响。

第三是变化发展的循环往复性。维柯说：“人对辽远的未知的事物，都根据已熟悉的近在手边的事物去进行判断。”[3]基于农耕文化的先民们日出而作，日落而息，年年岁岁，周而复始，看到的无非是四季更替、日月轮回、草木荣枯、花开花落……自然容易形成一种“年年岁岁花相似”、“今月曾经照古人”的循环往复的思维定势。《周易》中说：“是故阖户谓坤，辟户谓之乾。一阖一辟谓之变，往来无穷谓之道。”又曰：“日往而月来，月往而日来，日月相推而明生焉；寒往则暑来，暑往则寒来，寒暑相推而岁成焉。”（《周易·系辞下》）就是这一思维定势的表述。这一思维定势对古代文论也有较大影响。刘勰说：“百家腾跃，终入环内者也。”“是以楚艳汉侈，流弊不还，正末归本，不其懿欤！”（《文心雕龙·宗经篇》）[4]希望从经典中找到前进的动力，从思维的角度来说，就是希望回到事物的原初，开启新的一轮循环。古代文学复古之风盛行，大概与此思想有密切关联。

第四是变化发展的变通性。《周易》追求久大的事业：“有亲则可久，有

[1]（南朝梁）刘勰著，范文澜注：《文心雕龙注》下册，人民文学出版社，1958年，第493页。
[2] 同上，第720页。
[3]［意］维柯著，朱光潜译：《新科学》，商务印书馆，1989年，第99页。
[4]（南朝梁）刘勰著，范文澜注：《文心雕龙注》上册，人民文学出版社，1958年，第23页。

功则可大。可久则贤人之德，可大则贤人之业。”（《周易·系辞上》）如何在不断变化的世界中求得久大呢？一要变通，二要忧患。先讲变通：“天地之道恒久而不已也。……日月得天而能久照，四时变化而能久成。圣人久于其道而天下化成。观其所恒，而天地万物之情可见矣。”（《周易·恒·彖》）“易，穷则变，变则通，通则久。”（《周易·系辞下》）中国人想问题不入死胡同、不钻牛角尖，凡事讲通达，退一步海阔天空，这是中国文化生生不息的重要原因。变通思想在古代文论中有深远影响，刘勰说：“文律运周，日新其业。变则堪久，通则不乏。趋时必果，乘机无怯。望今制奇，参古定法。”（《文心雕龙·通变篇》）[1]叶燮说：“古今世运气数，递变迁以相禅。”（《原诗·内篇》）[2]就是古代文论能变论的代表性表述。再说忧患，“危者使平，易者使倾。其道甚大，百物不废。”（《周易·系辞下》）“君子安而不忘危，存而不忘亡，治而不忘乱，是以身安而国家可保也。”（《周易·系辞下》）所谓“生于忧患，死于安乐”，中国文人“先天下之忧而忧，后天下之乐而乐”，形成一脉接续几千年的民族文化精神。

三、一阴一阳之谓道

《周易正义》卷首《论易之三名》云：

> 易则易知，简则易从，此言其易简之法则也。[3]

这是讲简易之“易”，这是易学言说方式的重要体现。世界万象纷繁复杂，《周易》言之，则浓缩为简单的言说。这种简而化之的言说方式，对古代文论影响很大，文学中的许多看似繁复的问题，文论家们都一言以蔽之，

---

[1]（南朝梁）刘勰著，范文澜注：《文心雕龙注》下册，人民文学出版社，1958年，第521页。

[2]（清）叶燮著，霍松林校注：《原诗》，人民文学出版社，1979年，第4页。

[3]（清）阮元：《十三经注疏》上册，上海古籍出版社，1997年，第7页。

举重若轻，要言不繁。下面，我们就以“阴阳”和“刚柔”两对概念为例，来谈《周易》的简易言说对古代文论的影响。

《周易·系辞上》云：“一阴一阳之谓道。”其对立统一的思想也甚为鲜明。万事万物都是一阴一阳相摩相荡而化成，万事万物都是两两相对的矛盾体，又是相对独立的存在：

> 天尊地卑，乾坤定矣。卑高以陈，贵贱位矣。动静有常，刚柔断矣。方以类聚，物以群分，吉凶生矣。在天成象，在地成形，变化见矣。是故刚柔相摩，八卦相荡。鼓之以雷霆，润之以风雨，日月运行，一寒一暑。乾道成男，坤道成女。乾知大始，坤作成物，乾以易知，坤以简能。(《周易·系辞上》)

万事相对而生、万物相对而立，是天地之大道，宇宙之根本。在圣人先哲那里，两两相对是万事万物的根本规律。基于万事万物之根本规律，诗文中的偶对现象就顺理成章了。沈约《宋书·谢灵运传论》说：“至于高言妙句，音韵天成，皆暗与理合，匪由思至。”[1]说的即此意。对此，刘勰有比较详细的阐述：

> 造化赋形，支体必双，神理为用，事不孤立。夫心生文辞，运裁百虑，高下相须，自然成对。唐虞之世，辞未极文，而皋陶赞云：“罪疑惟轻，功疑惟重。”益陈谟云：“满招损，谦受益。”岂营丽辞，率然对尔。易之文采，圣人之妙思也。序乾四德，则句句相衔；龙虎类感，则字字相俪；乾坤易简，则宛转相承；日月往来，则隔行悬合：虽句字或殊，而偶意一也。至于诗人偶章，大夫联辞，奇偶适变，不劳经营。(《文心雕龙·丽辞篇》)[2]

刘勰说，天造地设之万事万物，“支体必双”“事不孤立”，人类的言辞

[1]（南朝梁）沈约撰：《宋书》第6册，中华书局，1974年，第1779页。
[2]（南朝梁）刘勰著，范文澜注：《文心雕龙注》下册，人民文学出版社，1958年，第588页。

是世间最富于灵性的，自然应该成双成对。许多古圣人的言辞都是自然生成而非人工着意之物。比如“罪疑惟轻，功疑惟重”“满招损，谦受益”和易之系辞，都有骈俪的特点，或“句句相衔”，或“字字相俪”，或“宛转相承”，或“隔行悬合”。这些圣人的妙言，皆非有意营构，而是自然成对。清代庞垲说：“天地之道，一闢一翕；诗文之道，一开一合。”（《诗义固说》）[1]天地之道一开一合，诗文之道也是一开一合，都是自然之理。清代邓绎论文之阴阳偶对也是从《周易》引出：“纵即大中之奇而建皇极，横即乾坤之耦而生万象。羲、黄相嬗，始为卦爻，字画以尽天地之理而成天下之文。其体博而用神，思精而道费，不待探颐索隐、钩深致远，而阴阳不测之妙已粲陈于吾前，开宇宙而功万世者，可谓至矣。邹孟氏生于纵横之世，为纵横之言，盖有见于天苞地符之本，述四圣之微言，因奇耦而知阴阳之化、刚柔之情、仁义之德，观六爻之动而知三极之道，由尽心知性知天事天立命之理而合乎穷理尽性至命之道，与尽己性人性物性、赞化育、参天地之变通神明、左右逢原而无人不自得者，又可以纵横少之也乎。”（《藻川堂谭艺》）[2]

《周易》认为，事物的发展不仅两两相对，而且刚柔相济。“刚柔交错，天文也。文明以止，人文也。”（《周易·贲·彖》）“刚柔相推，变在其中矣。”“刚柔者，立本者也。”（《周易·系辞下》）“刚柔相易。”（《周易·系辞下》）这一思想对古代文论影响也很大。曹丕说：“文以气为主，气之清浊有体，不可力强而致。譬诸音乐，曲度虽均，节奏同检，至于引气不齐，巧拙有素，虽在父兄，不能以移子弟。”（《文选》卷五二）文之体气有清有浊，他人不可替代。沈约主张：“民秉天地之灵，含五常之德，刚柔迭用，喜愠分情。”（《宋书·谢灵运传论》）[3]刘勰认为：“刚柔虽殊，必随时而适用。”（《文心雕龙·定势篇》）[4]“刚柔以立本。”（《文心雕龙·镕裁篇》）[5]清代施山

[1] 郭绍虞编：《清诗话续编》，上海古籍出版社，1983年，第729页。
[2] 王水照主编：《历代文话》第7册，复旦大学出版社，2007年，第6132—6133页。
[3]（南朝梁）沈约撰，《宋书》第6册，中华书局，1974年，第1778页。
[4]（南朝梁）刘勰著，范文澜注：《文心雕龙注》下册，人民文学出版社，1958年，第530页。
[5] 同上，第543页。

说："健为天道，天道非健不行，而文体亦非健不立。《国风》《左传》《戴记》，间有主丰神而不主魅力者，然柔而不弱、和而不媚，盖寓健气于柔和之中也。陶、谢、庾、鲍，望古遥集，其所绍述盖在于兹。太白五律，亦承斯派。馀自典谟以降，凡绝代文字，或清而健，或逸而健，或庄重而健，皆纯乎健矣。"（《姜露盦诗话》）[1] 他是从《周易》"天行健"引申而发，主张文学作品要有刚健之气。清代姚永朴也是从《周易》申论文章"刚柔"：

> 自《易·贲》卦《彖传》言："柔来而文刚""分刚上而文柔"。刚、柔交错，"天文也，文明以止，人文也。观乎天文，以察时变；观乎人文，以化成天下。"《说卦传》又言："分阴分阳，迭用柔刚，故易六位而成章。"文章之体之本于阴阳、刚柔，其来远矣，顾后世文学家未有论及此者。（《文学研究法》）[2]

姚永朴认为，文章分阴阳刚柔，其来远矣，但后世论者多不及此。

《周易》曰："夫《易》广矣大矣，……广大配天地，变通配四时，阴阳之义配日月，易简之善配至德。"（《周易·系辞上》）"范围天地之化而不过，曲成万物而不遗，通乎昼夜之道而知。"（《周易·系辞上》）《周易》之义广矣大矣，深远地影响着中国古代文论的话语建构。

---

[1] 张寅彭选辑：《清诗话三编》第 8 册，上海古籍出版社，2015 年，第 6633 页。

[2] 王水照主编：《历代文话》第 7 册，复旦大学出版社，2007 年，第 6980 页。

编后记

本辑学刊名为“文体与文学研究”，不仅仅是因为与当中一个重要的专栏同名，更因为这体现了编者对文学研究的某种理解。就像法国哲学家雅克·朗西埃在谈到福楼拜的写作时讲到的，文体“并不是对一个话语的修饰，而是观看事物的一种方式：一种‘绝对’的方式”。也就是说，“文体”不是作家如何使用逗号、分号或反问句的一般修辞方式，也不是一般意义上如何使用头韵、尾韵或抑扬格五音乐步的方式，而是所有这一切的使用，也包括体裁在内，不管成功与否，都是作家观看事物的“绝对”方式。文体问题不再是简单的体裁或语言修辞问题，某种意义上它就是我们面对文学最表层也最深层的东西，我们的文学研究，只能从“如何说”中推断“说什么”。

本辑中的“文体与文学研究”，涉及的主题涵盖中西古今，但都与“文体”问题有关。当然，它并不是预先拟定主题的专题文章，并不完全反映上面所讨论的有关“文体”的文学研究主张。《“举隅法”与宇文所安的中国古典文学研究》一文认为，“举隅法”是著名汉学家宇文所安从中西比较诗学的视野出发提出的对于中国古典文学传统的认识，是与传统西方文学的隐喻法相对应的一种认知形态。显然，宇文所安对中国古典文学所提出的这一概念，首先便属于文体研究的范畴。

本辑另依文章讨论主题设了“外国文论与比较文学”“中国文论与文化”两个栏目，各位学者从自己不同的研究角度对相关主题进行了深入并有意义的讨论。

编者

2020 年 7 月

著作权使用声明

本刊已许可中国知网以数字化方式复制、汇编、发行、信息网络传播本刊全文。本刊支付的稿酬已包含中国知网著作权使用费，所有署名作者向本刊提交文章发表之行为视为同意上述声明。如有异议，请在投稿时说明，本刊将按作者说明处理。